反思性实践

教师成长之路

邓 超 钟 姝 著

西南大学出版社
国家一级出版社 全国百佳图书出版单位

图书在版编目(CIP)数据

反思性实践:教师成长之路 / 邓超,钟姝著.

重庆:西南大学出版社,2024.8. -- ISBN 978-7-5697-
2661-9

Ⅰ. G451.2

中国国家版本馆CIP数据核字第2024RX3510号

反思性实践:教师成长之路

邓超　钟姝　著

责任编辑: 曹园妹

责任校对: 秦　俭

装帧设计: ○ 起源

排　版: 杨建华

出版发行: 西南大学出版社(原西南师范大学出版社)

地址:重庆市北碚区天生路2号

邮编:400715

市场营销部电话:023-68868624

经　销: 全国新华书店

印　刷: 重庆长虹印务有限公司

成品尺寸: 185 mm×260 mm

印　张: 18.25

字　数: 378千字

版　次: 2024年12月第1版

印　次: 2024年12月第1次印刷

书　号: ISBN 978-7-5697-2661-9

定　价: 58.00元

一位教师要走向成功，
起决定性作用的是第二次成长（代序）

当今教师大致有三种类型：职初教师、骨干教师、卓越型教师。

职初教师——入职不久，还不能独当一面的教师。

骨干教师——能独当一面，但还不能指导别人，也帮不了别人的教师。

卓越型教师——不仅能做好教育工作，还能让自己进步的教师。

教师成长的正常路径应该是：一位普通教师从开始对校长专业引领意识模糊，到逐渐清晰，并接受引领一步步走向卓越。

我在担任校长之后，开始意识到：教师成长是有规律可循的，每一位教师主动地自发展、自成长，需要群体的氛围。教师团队是呈金字塔式结构的，以团队合作形式发展后，才能推出金字塔上的卓越型教师。为此，我们不难得出以下四点结论：

一位优秀教师的成长至少需要两个成长过程。

一位教师要走向成功，仅有第一次成长是不够的，起决定性作用的是第二次成长。

当前教师成长遇到的瓶颈，不是第一次专业成长，而是第二次专业成长。

某些方式和途径，对教师第一次专业成长是有效的，但对第二次专业成长则效果不大，或者无效。

教师成长有三个阶段：第一次成长期、高原期、第二次成长期。

一、教师成长三个阶段的主要特征

（一）教师进入第一次成长期的标志

1.熟悉教材。这是教师第一次专业成长最基础的内容。

2.对教学的基本步骤与方法的掌握。这是教师第一次专业成长最重要的内容。

3.对学生关注。这个阶段的教师开始形成所谓的学生观。

4.有与同伴合作的强烈愿望。其标志是校长和同伴的认可。

5.开始追求学生的考试成绩。有的教师甚至把学生的考试成绩当作最大的成功指标。

(二)教师进入成长高原期的标志

1.教师很难感觉到像前一个时期那样快速成长,相反,发现自己在不断重复。

2.能保持中等状态的教学效果,但即使更努力,也没有明显的提高,不过一般情况下也坏不到哪里去。好比两块萝卜放在一起煮,萝卜还是萝卜,味道没有改变,这时候需要放进一块骨头,教师成长的味道就不同了。

3.工作内容和范围长期没有变化,自己也不知道还有什么事情可做。偶尔有一些新的尝试,也看不见什么效果。

4.从同伴那里学不到更多的东西,觉得同伴懂的自己也基本上都懂。

5.工作热情明显下降,但能维持基本的工作状态;部分教师感到工作疲惫。

6.开始关心教学理论,但没有哪一种理论能完全说服自己,觉得这些理论都与自己切身的感受不一致。

高原期是教师职业生涯发展的一个重大障碍。首先,高原期对教师具有自蔽性,身处高原期的教师不能清晰觉察到自己的处境。其次,大约有二分之一甚至更多的教师,终生没能走出这个阶段。最后,在教师专业成长的高原期,教师的生活有的也会出现诸如离婚、生病、生活困难等不如意的变化,想要走出高原期,格外艰难。

(三)教师进入第二次成长期的标志

经过一段时间的探索和积淀,部分教师成功地进入第二次成长期。

1.原先不太关注或不感兴趣的事物,突然或者慢慢开始成为重要的生活内容和工作内容。

2.生活圈和工作圈开始突破原来的格局,向外扩展。

3.对教育教学和人生事业的理解开始与同伴区别开来,甚至有明显的不同。

4.不仅对教学问题感兴趣,而且对教材、课程资源、教学评价、师资队伍建设、一定区域内的教学管理等问题感兴趣。

5.开始对某一种理论有热情,甚至成为某种理论的追随者。

6.非常注意收集自己在教育教学过程中产生的资料,并且非常珍惜自己的资料。

7.对朋友或者工作伙伴开始有挑选,而且这种挑选不完全是因为他们与自己的亲疏关系。

8.在工作甚至生活中的一些方面追求与他人不同的看法和做法,表现出对一些固定的看法和做法的不满意。

9.开始在内心怀疑自己过去的一些信念,能接受他人对自己的批评甚至否定。

10.更关注自己的内心,有时会像观察别人一样观察自己。

11.对自己常常有陌生感,感到自己变化很大。

12.既不自卑,也不像过去那样自傲,能客观看待自己。

二、教师第一次成长与第二次成长的比较

(一)第一、二次成长的主要区别

1.第一次成长的方式主要是模仿;在第二次成长中,教师反思自己的教育教学行为及效果这一环节不可或缺。

2.第一次成长主要靠经验的积累,第二次成长主要靠"用理论"来反思自己的经验。

3.第一次成长主要表现在行为方式的变化,第二次成长主要表现为看问题的立场方法的重大变化。

4.第一次成长很多是自然开始的,第二次成长则有很多是在受到较大挫折后开始的,或者是在受到外力的强力推动后开始的。

5.第一次成长所依靠的外部支持主要是同伴的示范,第二次成长所依靠的外部支持则主要是专家的指导。

(二)第一、二次成长的有效性调查分析

通过多年的观察与统计,我们从教师发展常见的形式出发,对两次成长的发展阶段相应的效果进行了对比分析,得出了以下调查结果(见表0-1)。

表0-1 教师两次成长发展阶段的各种形式及成效

调查情况	第一次成长发展	第二次成长发展
听课评课	非常有效	无效
上公开课	非常有效	无效
集体备课	非常有效	无效
在校内师徒结对	非常有效	无效
到大学或教育学院脱产学习	一般有效	一般有效
读书	无效	非常有效
参加由专家组织的课案研讨	无效	非常有效
教学反思	一般有效	非常有效
听专家报告	一般有效	非常有效
由专家个别指导	一般有效	非常有效
撰写论著	无效	非常有效
参加校外学术组织	无效	非常有效
开展课题研究	无效	非常有效
参加名师工作室的培训	无效	非常有效
撰写教师个人博客	一般有效	一般有效
制定个人发展规划	一般有效	一般有效
参加校内外教辅材料的编写	无效	非常有效
参加教学管理活动	无效	非常有效

三、关于卓越型教师成长的几点思考

大量的调查和数据都说明了二次成长是成为卓越型教师的不二法则。二次成长成就卓越型教师的关键点分别是读书、教学反思、课例研习、参加学术研讨会以及论著写作。

以下分别从五个方面进行论述。

(一)读书是教师专业发展的必经之路

读书是一个艰辛的历程,要有从生活的最底层崛起的勇气和力量,要持之以恒地将读书作为生活的主题。古今中外所有专业人士最经济、最直接、最快速的成长法则就是读书。

读书可以分为以消磨时间为目的的休闲式读书、以认识事物为目的的学者式读书以及以解决问题为目的的问题式读书。其中教师问题式读书有五步：一是在身边找问题；二是带着问题读书；三是在读书中获取某种观点、立场与方法；四是根据这种观点、立场与方法进行反思；五是在反思中改善行动。

世界上没有一本书是可以解决你所有问题的全能的处方。有时，我们会"逼"老师读书。

一开始，我在语文组里给老师们介绍要读的书。中午吃饭时，我就去和老师们交流读书心得。一些老师没有读书，或没认真读书，在我面前一问三不知，显得没有学问，非常丢面子。过几天，我午餐时又去跟老师们交流，没有读书的老师非常怕我这个校长走到他们的面前，纷纷低下了头。就这样，读书的老师越来越多。

为了鼓励教师读书，我曾在杭州西湖中租了一艘大船，让老师们在船上跟我读两天书，谁都不准下船。后来，我开始邀请我们所读之书的作者到学校跟老师交流，洋泾中学的语文老师的发言非常有深度，有见地。

一系列的举措使学校的语文老师获得了读书的成就感，进而爱上了读书。

（二）教学反思是第二次成长的关键

反思是自己"看"自己。反思的前提条件是把自己分离为"现实的自我"和"理想的自我"，进而构建一个"理想的自我"。以"理想的自我"为鉴，观察、判断和评价"现实的自我"。

教学反思有四个层次：一是备课、上课、自我评价、改进的普通反思；二是更专业的备课、上课、反馈、改进，再上课、对比、总结反思；三是高级的教学诊断反思，包括记录、观察、切片、描述症状、同类相并、病理分析、同类病案检索、治疗等内容；四是最高级的反思，表现为教学案例资源库的建设能力，能对教学进行分类，能进行课案原理说明。

(三)课例研习最有效

培训教师最有效的手段是使其进行课例研习。课例研习表现为三种形式。一是上课评课。上课评课的焦点在教师;教师作为上课者,评课的作用是磨炼上课的技术;教师作为评课者,评课的作用是对课堂技术的模仿。二是观课评课。观课评课的焦点是教师、学生、教材之间的关系;教师作为观察者,从他人的课上受到启发。三是析课评理。析课评理的焦点在教学目标、教学内容、教学方法之间的关系;教师作为评析者,它的作用是实现从经验到"意识"的飞跃。

(四)参加学术研讨会是重要契机

卓越型教师专业成长有五要素:学问(这是一个人的底子)、见识(决定一个人的态度)、才华(决定他人是否认识到你的价值)、胆略(能否把握住机遇)、品德(能把事业做多大)。

见识决定态度,态度决定气度。陌生化情境为教师提供逼迫自我的外在条件。参加学术研讨会,教师可以在现场体验中获得巨大灵感;在学术平台上进行分享交流,有利于形成一个学习共同体,帮助教师体验成功;参加学术研讨会还可以扩大自己的工作圈与交际圈,成就自己的发展舞台。

(五)论著写作是教师成长的重要台阶

教师写作的实质是将默化知识向明言知识转化的过程。默化知识向明言知识转化的意义在于:固化经验,经验因固化而不断积累;促进反思,明言的过程就是反思的过程;提升知识层次,明言就是由个体知识到类别知识的转化;强化教师的成就感;有效传播,意会是手把手,明言是"心贴心";明言可以让教师寻找到学习共同体。

卓越型教师写作是"三个面向"的写作:面向自我(不是面向专家),写给自己看;面向问题(不是面向命题),重视思考的程序;面向事实(不是面向理论),思考研究理论和实践的矛盾。

教师写文章的过程应该是六个环节的完整链条。第一步,观察你在实践中遇到什么样的问题。第二步,用理论思考这个问题的实质是什么。第三步,从你对问题实质的理解出发,思考自己应从哪一个方面入手对实践进行改善。第四步,观察改善的结果。第五步,对这一过程进行反思并得出初步的结论。第六步,前瞻需要进一步研究的问题。然后,再进行一轮循环,这样就能取得进步了。

教师写作应该是一种"临床教学"研究。从个案出发,做具体的研究;采用行动研究方式,研究如何改善行动;用理论进行反思,而不是研究理论;聚焦任务,弄清工作任务是什么;利用综合性的视角,不是单纯的认知视角;具有问题意识,发现问题并解决问题。

李海林

2022年5月

(原载 2022 年 5 月 13 日《中国教师报》。作者系上海新纪元双语学校校长,中国民办教育协会民办教育研究会副理事长,上海市民办中小学协会副会长,教育部"国培计划"专家库专家。有改动)

序:在实践中反思,在反思中成长

教师的成长有没有规律可循?哪些是教师专业成长最核心的内容?教师怎样才能走出成长的高原期?

国内外专家学者、名师大家关于教师专业成长的著述可谓汗牛充栋,我们能从中找到某些答案或受到启示。但是,如同孩子的成长千差万别一样,每一个教师的成长路径也各不相同。作为一名普通的中小学教师,我不敢班门弄斧,妄谈教师的专业发展,只能分享自己三十多年中小学教育教学的实践与思考。

悠悠三十载,漫漫教坛路。我换了三所学校,教过十多个班级、上千名学生,转瞬之间从"愣头青"变成"油大叔",功业未建而不知老之将至,唯一不变的是对教育事业的热爱和一颗永不泯灭的童心。一路走来,边实践边思考,有喜悦和欢乐,有痛苦和迷惘,但更多的是遗憾!

一切过往,皆为序章;心之所向,素履以往。

我此生最大的遗憾就是读书太少!农村的孩子,一是缺乏书籍,二是无人引导。我的学校教育经历只有十一年,五年小学、三年初中、三年中师。小学阶段,我读得最多的课外书是连环画。初中时,为了跳出农门,一心埋头苦读几本中考课本,也几乎没有读什么课外书。父亲37岁从民办教师考入中师时我刚上初二,妹妹读小学,父子三人举债读书,母亲一人种地,家里经济拮据,我不敢奢望读高中、考大学。中师三年,除了读应付考试的二十多门课的教材,课余时间都去追求"全面发展"了,很少光顾学校的图书馆,错失读书的黄金时光。后来走上讲台,面对学生各种各样、层出不穷的问题,方才感到"书到用时方恨少"。现在想起来,中师三年没有多读书,真是太可惜了!

中等师范培养的是小学全科教师,除了学习各科基础知识、教育学、心理学以及各科教学法外,还有音、体、美、舞蹈、书法等艺体学科。中师毕业生可能教小学、初中的各个学科，所以只能当个"万金油"——各科都懂些皮毛，但都不精通。然而，正是中国的几代"万金油"，曾经甚至至今仍在撑起中国农村基础教育的大厦。中师毕业后走上讲台，我感觉一片茫然，学的教育学、教学法基本派不上用场。正如美国一位知名的教师培训专家所言，师范教育其实对你如何当好一名老师也许没什么帮助，因为那些教材和导师只告诉你"该做什么""不该做什么"，并没有告诉你"该怎样做""不该怎样做"。倒是普通话、三笔字等教师基本功，以及在生物兴趣小组、科普文学社等社团活动培养的实践能力、练就的文字功底使我终身受用。科班出身的师范生，在校主攻的是学科专业知识，导师并没有教你如何当好一名教师，你需要一段时间的适应才能进入教师角色，更不用说从事教师职业的非师范生，他们摸索的时间会更长。十几年的学校教育，教过我的恩师有数十位，他们的音容笑貌至今历历在目。那些表达清晰、语言生动、能写会画、能歌善舞的老师深受欢迎，而那些语言索然无味、字迹难看、五音不全、僵化死板的老师，学生们自然不喜欢，他们成为我从事教育工作之初的正反榜样。

1992年8月，十七八岁的我中师毕业，被分配到外乡一所中心小学。全校四五百个学生，两排土砖瓦房教室，一座由老庙改建的办公室，一排筒子楼教师住房，一块坑坑洼洼的土操场，打个篮球一不小心就要到山下的溪沟里去捡球……生活条件艰苦，学校管理混乱，教师队伍涣散，没有谁在乎教师的成长。虽然如此，我的境况仍比那些分配在边远村小、个人包班教学的老师强多了。

每天放学后，一大群单身教师便聚集在一起，不是昏天黑地地喝酒打牌，就是天南海北地调侃吹牛。我心中仍放不下那个大学梦，闲暇之余，便躲进筒子楼，一门心思复习备考，除此之外就是练字、爬山。当我踌躇满志、信心满满准备走向成人高考考场的时候，校长却不同意我报考。我失望之极，一时间心灰意冷、意志消沉，也加入无所事事的单身教师队伍，意欲随波逐流、虚度岁月。直到有一个周末，我在县城电影院听了于漪老师的一场报告，她满腔热情地勉励青年教师努力探索教育规律，为教育事业奋斗终生，我被她那执着的精神所感染。当时不方便记笔记，第二天回到学校，我几乎一字不漏地将于漪老师的报告记在了笔记本上。

上不了大学，还是要争取拿到大学文凭。我想，未来对教师的文化水平的要求会越来越高。20世纪90年代，社会掀起学历提升热潮，途径很多，自考、电大、函授……自考最难，但最经济、最灵活，且能真正学到东西。我一没钱，二不想混文凭，所以选择了自考。在那个资讯还不发达的年代，自考课程除了教材、大纲或教辅，几乎没有其他的资料和资源可用，有的课程甚至连教辅也买不到，全凭自学理解。

自考之路，艰辛而漫长。要想工作、学习、家庭三不误，就得付出艰辛的努力。有的科目，如古代汉语、训诂学、中国古代文论选读等，一次考试很难合格。专科课程相对容易些，本科课程很难，最难的是大学英语，我几乎是从零开始。那时候，我成家不久，刚刚生子，有时边抱着襁褓中的孩子，边啃着自考的书本。很多时候，自己都想放弃，但仍咬牙坚持，坚持，再坚持。我断断续续，一共考了十多年，考了两个专科、一个本科。我在教师进修学校等地方陆续参加了三笔字、简笔画、普通话、计算机等教师基本功培训，并一直坚持英语学习。

将近不惑之年，我甚至还想去考研，但苦于糟糕的英语，主要是缺乏顽强的毅力而不得不作罢，只好拿叶圣陶先生"何必升学"的观点来聊以自慰，"学习是自己的事，自己要学习，在任何环境里都能够自学，都能够学到切实有用的知识"。

所以，我做教师的第一个体会是：不仅要精通专业，博览群书，做一个有文化内涵的人；还要修炼外功，兴趣广泛，做一个生动有趣的人。否则，我们无法适应未来教育的跨学科、开放性、综合性教学。

工作的第一年，学校便安排我教六年级数学。当时的我稚气未脱，比班上最大的学生大两三岁，混在他们中间，也像个孩子。山里的孩子勤劳纯朴，一双双明亮的渴求知识的眼睛让我难忘。早上打开门，门口时不时会放着一袋白菜、几个土豆什么的，也不知是谁拿来的。周末，学校附近的女生到小溪边去洗衣服，常常捎带着把我的脏衣服也拿去了。年末岁尾，哪家杀年猪，学生就热情地邀请我去做客，也不知道他们有没有经过家长的允许。若不答应，他们就赖在我的门口不走，软磨硬泡，直到我答应为止。盛情难却，山路也难行，有时得走两个多小时才能到学生家里。我能体会到学生上学的不易，他们每天早出晚归，为了节约时间，几乎是跑步上学。

学生越是对我好，我越不敢马马虎虎地教他们。毕业复习，全靠自编资料，首先要刻好蜡纸，然后和学生一起油印。他们手上、脸上沾了油墨，一个个都弄得像大花猫。有几个学生成了油印高手，印得又快又清晰，便承包了这项技术活。为师的最初几年，我纯粹凭着一腔热情和对学生的喜爱，摸索前行,和学生一同成长。那两年,我也长高了五六厘米。

虽然舍不得那些纯朴的孩子,但我还是想方设法离开了那个不利于我发展的环境。1996年,我费尽周折调到老家镇上的学校。这里也是我读小学的地方,有幼儿园、小学、初中学生三千多人。我接手了二年级的一个班,学生八九十人,教室里坐得密密麻麻。学校领导很重视教学教研,看到我有一些教学基本功而且爱钻研教学,经常让我上一些全校性和学区性的研究课、公开课。那段时间,我做教学幻灯片的水平大大提升,学生很喜欢我的课堂。

每年上学期,班上要排练六一儿童节的表演节目。我和学生一起编排舞蹈,他们每天放学了就到我家里排练。我们一个动作一个动作地揣摩,四个八拍逐段逐段训练,还提前设计演出服。我们又唱又跳,弄得左邻右舍的老师很有意见。但到了表演那天,老师们看到学生的精彩表演也就释然了。二十多年前,学生表演的《新芽》《庆丰收》等节目的服装、神态、舞姿至今仍然历历在目。

2003年,我考入现在的学校任教。从四年级开始教学至学生小学毕业,这是我教师生涯中最难忘,也是最接近理想教育的三年。很累,但很充实、快乐。第一学期,我们班只有27个学生。他们来自不同的学校,个性鲜明,行为习惯、学习基础参差不齐,有的文静可爱但整天不说话,有的活泼好动坐不稳两分钟,有的调皮任性让老师上不下去课,有的一写作文就要翻字典找"好词佳句",有的考试只能得一二十分……他们的家庭环境、生活条件、成长背景、父母对教育的重视程度等,与我原来教的农村学生有很大的不同。说白了,很多学生患有教育的"疑难杂症",在原来学校抬不起头,家长花钱到这里看"专家门诊"。但不管怎样,在我眼中,他们都是聪明可爱的孩子。

我们都开始了崭新的生活。我几乎充当了"四陪"的角色:陪学,陪吃,陪睡,陪玩。每天,我除了上课,几乎和学生形影不离。早上,我们一起在操场上跑步锻炼。中午,在学生的寝室里午睡。课外活动,和学生一起下棋、打球。晚上,和学生一起读书讨论,直到学生睡下才回家。一日三餐,和学生在食堂一起吃饭。每一周,都要准备"家校联系套餐",把每个学生的表现反馈给家长。周末和节假日,我们去爬山、去远足实践、去参观体验。我经常和学生一起讨论班队活动的方案,排练文艺演出节目……学生在作文和日记里记录了他们的学习生活,我们一起分类整理、配上插图,我写了序言,彩色打印出来,学生的习作集《磐石韵》新鲜出炉,他们爱不释手。期末,我认真地给每个学生手写了评语,还给他们颁发了一大堆奖状,评选出三好学生、进步之星、自理之星、文明之星、艺术之星……

第二学期开学,有很多本地和周边区县的学生来插班,还有上海、广东等地转学回来的学生。当达到规定班额48人的时候,学校就停收了,但仍有几个孩子和家长拖着行李站在教室门口的走廊上,坚决不走,央求学校收下。学校被他们感动了,于是,我们班有了52个学生。学生一天天地疯长,他们的第二本习作集《春天的影子》问世了,他们的习作也一篇又一篇地在《学语文》《少年先锋报》等报刊发表。我的教学论文和教育随笔也接连在市级刊物发表。

到了六年级,每次上课起立问好,我感觉教室里齐刷刷站立的是一片茂腾腾的树林。三年的时光转瞬即逝,我和学生眼里噙满泪水,依依惜别。我的小论文、教学随笔接连发表,主研的课题也结题并获得省级优秀科研成果奖。后来,学生大多考上了重点大学,有的成了公务员、教师、记者、飞行员、国企员工、私企高管,有的成了音乐、美术、设计等艺术人才,还有的在国外深造……

当你用心用情去专注于每个孩子的教育时,你会发现并深切地感受到,原来那些所谓的"低差生""叛逆者",其实很多是不适应某种教学的高智商孩子,是不良的家庭教育或学校教育长期"作弄"和"裹挟",把他们一步步逼到了教室的墙角和校门的边缘。

国学大师辜鸿铭在《中国人的精神》里说,"一个真正的中国人同时拥有成年人的头脑以及孩童的心灵"。我们做教师的更应该生活在这种状态之中。

所以,我做教师的第二个体会是:发自内心地喜欢孩子,把自己变成孩子,把孩子当成孩子,与孩子一同成长。孩子的心如明镜,教师对孩子的爱是无法做作和假装的。

李海林校长把教师的成长分为三个阶段:第一次成长期、高原期、第二次成长期。半数以上的教师终生都没能走出高原期。一位教师要走向成功,起决定性作用的是第二次成长。二次成长成就卓越型教师的关键是读书、教学反思、课例研修、参加研讨会以及论著写作。研究大多数名师的成长经历,他们除了有扎实的良好的基本素质、执着的教育追求、自主发展的强烈愿望之外，很早就有意或无意地处于一个良好的成长环境，并得到外部支持，特别是专家的引领。

教师成长的黄金期应该在从教的前三年，这三年教师基本可以定型。很遗憾，我在从教的最初几年，基本没有方向感。哪个岗位缺人，领导就安排我去哪里，几乎每学期都在换年级、换学科，从三年级到六年级再到一年级，要么教数学、要么教语文。学校很少开展教研活动，我也从没看过一本专业杂志。上课全凭自己对教材、教参的理解，备课流于形式，也很少有机会从同事那里获取指导和帮助。

在乡村学校工作的那几年，我深感自己教学理论的匮乏，经常到母校的教育学教师杨坤生家里请教。他那时虽已退休，但仍在研究一个他已经做了二十多年的教改项目。他每天乐此不疲地埋头研究、写作，成果颇丰。重庆直辖那年，他获得享受国务院特殊津贴专家待遇的荣誉。凡到我们这些晚辈后生，他非常高兴，热情鼓励我们像他一样"把教学当作生活"，告诫我们"不要去做打杂的事情（当管理干部）"。后来，他还成立了自己的教学研究所。耄耋之年，他仍孜孜以求，紧跟时代步伐，不断学习研究，出版了多本专著。

我自告奋勇地加入了杨老师"教、学、做"相结合的教学模式研究项目，独自一人在学校搞起了教学实验。杨老师经常和教科所、电教馆几个志同道合的老先生带着录像设备，坐几十公里的班车到我的学校，现场指导我们上研究课。他要求我们必须严格按照他的教学模式和流程上课，遭到一些人的质疑和批评，一些实验教师感觉模式太机械，坚持不下去。为了录制一堂课，我要反复修改教案，直到满意后再当着他们的面试讲。有时，一个环节上得不满意，杨老师就亲自上阵："你下来，让我来试一下。"三年的实验教学，我改编了一本教材，发表了第一篇教学论文，指导学生发表了第一篇习作，第一次到县外进行教学展示，为后来被选拔为新世纪县首批语文骨干教师奠定了基础……那一届82名学生毕业，成绩优秀，考入重点中学的学生占了整个学区考生的一半。然后我又从一年级开始任教，教室里硬挤了100多名学生。

现在回过头来看自己20世纪90年代的教学实践及经验总结，虽有些粗浅，但竟与当下最时髦的"大概念""大单元"教学理念十分契合，与2022年版义务教育课程标准结构化课程内容、素养为纲、任务导向、立足生活、统整学习等理念不谋而合。这说明，符合教育教学规律的实践和探索具有永恒的意义和价值,它不会随着时间的流逝、时代的变迁而湮没,时代的变化会赋予其新的概念和内涵。或许,这就是古今中外思想家、哲学家、教育家的经典论著中很多教育思想、理念历久弥新、经久不衰的原因吧。

在公办学校从教十一年后,为了给我2岁的孩子创造更好的教育条件,当然也为了自己的发展,2003年5月,我不顾身边大多数人的反对(他们认为我会丢掉"铁饭碗"),考到县城新创办的一所十二年一贯制民办学校。新学校的教育教学理念、工作环境和条件、管理的机制体制、教学研究的氛围、学习培训的资源等,与我原来工作的学校完全不同。民办教育要靠市场求生存,对教师的专业水平要求更高,优胜劣汰的生存法则更突出。以前,在公办学校,只要不犯错误,可以混到光荣退休,有些人"在学校工作了四十年,但在学校却没有根"。

2007年,我开始尝试初中教学,担任两个班的语文教学兼一个班的班主任,每个班63名学生。我的心里一直都是仰视中学老师的,但自己教了初中以后,发现许多初中老师的语文教学与我想象的是两码事:直奔考点考题的僵化教学模式,如理科般的程式化教学流程,课堂上很少听到琅琅书声,师生很少沉浸在优美的语言文字中去玩味语言、体悟情感、熏陶人文情怀,听说读写的能力训练变成了老师喋喋不休的讲解和机械训练。学与不学,学生语文考试成绩反正是不上不下,得百来分容易,上一百二三十很难。难怪学生对语文学习一天天丧失了信心,丢掉了兴趣。学生的绝大多数精力都花在了外语、数学等容易见效的学科上去了,语文学科被严重边缘化。

而我的语文教学依然我行我素。在课上,我花很多时间和学生一起朗读欣赏优美的诗文,到山那边去看海,陪莫怀戚散步,到鲁迅故乡寻梦,去读懂老王的鸡蛋、父亲的背影、阿长的《山海经》,去感受春的脚步、夏的旋律、雨的四季、三峡的壮丽……我鼓励学生写随笔、诗歌、散文,写对联,办手抄报,搞班级辩论赛、诗歌朗诵会……学生的诗歌、散文、小说发表在《作文评点报》《出彩作文》《课堂内外》等报刊上。我学习用"加注法"教文言文,参加"语文活动式教学""双主互动教学"实验、学生问题和问题学生课题研究,参与编写《以读促写》《好习惯课堂》等校本读物……

可惜,最终还是不幸被我的老师言中,在教师第二次成长的关键期,我兼做了打杂的工作。人的精力有限,毕竟我没有魏书生老师那样的本事,管理和教学兼顾而且都做得很好。有失必有得,从事学校综合管理,我经常走进小学、初中、高中各学科课堂听课,参加三个学段的教研活动,开始从更高的视角去审视基础教育的全局。同时,我有更多的机会到苏、浙、沪等教育发达地区学习培训,与遍布7省市的集团兄弟学校深入交流;能经常聆听钱梦龙、李海林、曾宪一、丁如许、孙占林、张爱军、郑桂华、夏雪梅等名师专家的学术报告和培训课程,甚至与他们进行面对面交流并得到他们的指点。在学校中层管理岗位,要理解、领悟、执行集团高层和校长的管理意图,需要一定的教育理论素养和实践认知能力。我逼迫自己读教育教学的理论书,参加教师专业发展、学校特色发展等省市级课题研究,不断总结和反思教育教学实践中的经验和教训。

所以,我做教师的第三个体会是:自身的努力很重要,必须自立自强,把工作当作生活,把教学当成研究;还要有意识地选择成长路径和环境,你跟什么层次的人学习,你才有可能成为那个层次的人。

用心观察身边的教育教学场景,违背教育教学规律的现象随处可见,令人担忧。看到一些朝气蓬勃的新教师登上讲台不久就困惑迷惘,很快败下阵来甚至逃离学校。一些有发展潜质的教师,几年过去便变成"老油条";一些教师成长为骨干教师后,便裹足不前,令人惋惜。我们集团二十多年前就把教师的培养作为一项战略工程来抓,每年投入大量人力财力,从新教师到骨干教师分层分类培养。我作为学员多次参加集团的骨干教师和班主任培训,后来也参与新教师的培训工作,深感培训课程的体系化、科学化水平还有待提升。

当前,我国教育迈入新时代,正朝着建设社会主义现代化教育强国的目标奋勇前进。许多地区都在实施教育强县、强市、强省战略,我所在的云阳县正在打造成渝地区教育强县,是全国十个"国家基础教育教师队伍建设改革试点"地区之一;我们集团也启动了新一轮强校建设计划。强教先强校,强校先强师。基于此,我萌生了编写一本关于教师成长的书的想法,希望能为教师培训和强校行动尽一些绵薄之力,更希望年轻的教师少走一些弯路,不要重蹈我辈的覆辙。

本书从一线教师的视角,在新一轮基础教育课程改革的大背景下,选取青年教师成长的十三个关键点,分三个篇章论述。机制篇,从学校管理的角度论述如何为教师持续发展提供积极支持和帮助,包括激励机制、课程体系、文化氛围等,打造教师成长共同体。教学篇,从教学行为、教学设计、课堂管理、质量监控、课程意识等角度论述,聚焦课堂教学的必备素养和关键能力。育人篇,从德育理念、班级管理、班会设计、特殊学生教育管理等方面展开,着眼提升育人的方法和技能。每个点从描述和剖析教育教学现象或问题入手,结合自身实践、读书思考加以论述,并附反思性或操作性实践案例作为印证,力求做到理论与实践相结合。全书既带有教育教学理论常识普及的性质,又有实践操作的对策建议。有些成果是集团和学校同事们集体实践智慧的结晶,同时带有一些民办教育的特点,个人只是起到整理和提炼的作用。借此机会,特别感谢全国政协委员、国家督学、上海新纪元教育集团董事长陈伟志先生,曾义荣、蒋次美两任校长以及集团和学校其他领导、同事们20多年来对我的指导和帮助,感谢他们分享教育教学实践智慧和提供宝贵资料。

一代人有一代人的际遇,一代人有一代人的使命。年轻一代教师赶上了一个好时代。"国将兴,必贵师而重傅。"在建设社会主义现代化教育强国的新征程上,党和国家已将教师队伍建设作为十分重要的基础性、战略性工作来抓,大幅度提升教师的经济待遇和社会地位,要让教师成为令人羡慕的职业。同时,也对教师的准入资质、职业境界、专业标准提出了更高要求,通过不断健全教师教育体系、强化职前培养和职后发展有机衔接,来推动教师终身学习和专业自主发展。教师作为"反思性实践者",更需要增强发展的自觉性、能动性,通过读书、实践、反思、历练,不断提升教育素养,创新教育方法,积淀教育智慧,努力成为打造中华民族"梦之队"的筑梦人。

如果年轻的同行能从本书中受到丝毫的启发,或感悟到教师专业成长背后的些许逻辑,我将十分欣慰。衷心希望年轻的同行们,一辈子坚守教育理想,在实践中反思,在反思中成长,创造教师职业的价值和尊严,与学生一同享受教育之旅的幸福时光。同时,本书也可供学校管理干部、教师培训机构、专家学者研究参考。限于本人水平,错误和疏漏之处甚多,恳请读者方家匡正。

教育人生路漫漫,与尔同行正当时。

邓垚

2023年12月于三峡梯城

目录

第三篇　育人篇　与学生一同踏上幸福之旅

教师成长需要持续激励

"只有真正喜欢这个工作,工作才会成为快乐,仅仅为谋生而做的工作是不快乐的!"(引自周国平《快乐工作的能力》)"教天地人事,育生命自觉"(引自叶澜《教天地人事育生命自觉——关于"教育"是什么的多维审视》),这两句话不仅适用于学生教育,而且适合于教师的教育培养。学校要做的事情是从逼迫到引导,让教师经历专业成长和蜕变的过程,让成长最终变成教师的自觉行为。被动催生能动,磨砺衍生能力,愿教师的成长在磨砺中从苦痛走向快乐!

第一章　聚焦专业，创新机制，
激发教师成长的内驱力

朱永新先生说："教育品质不是取决于学校建筑多么漂亮、教学设施多么先进，而是取决于站在讲台上的那个人素质如何。"对于民办学校而言，教育教学质量是其生存和发展之本，教师的专业化水平尤为重要。民办学校教师职前素质参差不齐，专业发展普遍面临动力不足、平台不够、机制不健全等问题。基于上述认识，重庆市中山外国语学校充分发挥集团化办学体制和资源优势，以课题研究的方式，积极探索教师专业发展的校本机制，有效促进了教师的专业发展。

一、现实问题：素质不齐，平台不够，动力不足

1. 职前素质参差不齐

重庆市中山外国语学校于2003年开始办学，是一所十二年一贯制民办学校，在校学生5500人，教职工500余人。315名专任教师主要由三大群体构成：一是直接在高校选聘的应届毕业生，这部分教师占50%以上；二是面向社会招聘或引进的成熟教师，中老年教师居多，主要教授高中学段；三是有编制的公办支教教师。教师年龄结构和专业水平呈现两极分化态势。

高校扩招以来，就读一般师范院校的学生，以高中成绩中等的学生为主，加之职前教育（以师范院校为主）提供给学生的课程门类不多、实习课时不足、主持岗前培训的教师自身素质不够高，时间和教学条件得不到保障等，都会一定程度地导致教师专业发展行为流于形式。[1]教师职前素质本身就存在先天不足的问题。由于民办学校不能解决"公家"身份问题，优秀大学毕业生极少愿意从事民办教育工作，没有区位和待遇优势的民办学校在教师招聘方面更是被动窘迫。引进的成熟教师多年形成的教育教学观念和行为，很难一下改变。民办教师队伍中的不同群体由于文化背景、职业价值取向存在差异，也需要一个磨合的过程。

---

[1] 刘万海.教师专业发展：内涵、问题与趋向[J].教育探索,2003(12):105.

2.资源平台不够

民办学校限于管理水平、财力资源等条件,对各类教师专业发展的定位不明,缺乏系统规划,搭建的平台不够,不能大面积满足教师的需要;民办教师参与教育行政主管部门举办的"国培计划""骨干教师培训""名师工作室"的机会很少;教师专业发展校本研修存在形式单一、缺乏较高水平的专业引领、不能满足教师个性化需求、对教师缺乏吸引力等问题。此外,应试教育背景下,以分数论英雄的教育功利性价值取向更是让民办学校教师普遍感到工作时间长、要求高、压力大,教师参加研修培训的时间和精力得不到保障。

3.内外动力不足

新入职的大学毕业生进入教育行业,特别是进入民办学校,在相当长一段时间内的职业定位不明晰,仍把参加公务员、事业单位公招考试作为他们首要的奋斗目标,其教师职业信念和专业理想短期内难以树立,他们仅仅把工作当成暂时谋生的手段。有经验的成熟教师在从教10年以后,特别是在获得较高的职称后容易产生职业倦怠。教师专业发展动力不足的主客观因素包括:国家事业单位人事制度、收入分配改革具体办法不够完善,公办学校与民办学校之间缺乏教师流动机制,教师职称评定社会化有待探索,职称动态管理机制缺失;教师劳动的长期性、复杂性、创造性,教育成效的延时性,教师行业的收入和社会地位相对低下;学校缺乏文化引领和机制激励等。

二、解决策略:以校为本,实效培训,完善机制

1.价值引领,专业指导,转变教师专业发展的被动局面

教师专业发展是以教师专业自觉意识为动力,以教师教育为主要辅助途径,教师的专业知能素质和信念系统不断完善、提升的动态发展过程。[1]"教师的发展,既需要外部动力,也需要内部动力""相比之下,内在动力比外在动力更重要、更关键"[2]。重庆市中山外国语学校把"以教师的专业发展为本,提升教师的职业境界"作为学校重要的核心价值观之一,组织"职业生涯规划""为自己工作"等专家讲座,让教师树立生存危机意识,认识到专业发展是其安身立命之本,是适应新课改和提高教学质量的需要,持续引领和强化教师专业发展的内在需求。

---

① 刘万海.教师专业发展:内涵、问题与趋向[J].教育探索,2003(12):104.
② 成尚荣.教师专业发展应有大视野与大格局[J].中小学管理,2013(12):18.

（1）课题研究引路子

重庆市中山外国语学校通过"教师专业发展的校本激励机制研究""民办学校'自主教育'办学特色研究""问题学生与学生问题研究""高效能课堂教学研究""双主互动课堂教学模式研究"等一批国家、市、县、校四级课题研究，引导教师研究课堂、课程、学生，以课题研究不断引领教师提升自己的专业素质。截至2014年，学校累计开展国家级子课题研究2项、市级规划课题研究11项，县级重点课题和规划课题研究18项，让教师人人参与课题研究。

（2）全员考评压担子

制定了校本研修的月考核指标，从活动预案、教学诊断表、课后反思等十个维度量化评价，以一个月为一个考核时段，与教研组的津贴挂钩。建立教师教科研常规考评机制，做到"定量指标与定性指标""教科研成果与教科研态度""自我评价与教研组""教研组自主考核与教科室监控""物质奖励与精神激励"等相结合，激发全员研修的积极性和主动性。

（3）捆绑考核结对子

对不同层级的教师进行不同的专业发展规划，列支专项经费，实行教师培养导师制。把培养、指导、帮扶教师作为首席教师、学科带头人、市县级骨干教师的重要职责和考核指标，每位指导教师每年结对帮扶一名青年教师或教学技能较弱的教师，帮助其制定职业发展规划，指导其备课、上课和命题等，帮扶对象的专业发展和教育教学效果与导师捆绑考核。

（4）多种策略搭梯子

设立"教科研成果奖励基金""课题研究奖励基金"，每年9月统计并发放奖励，从制度上激励教师；以教师教育教学中的实际问题为着眼点，先后开展了"课堂导入的艺术""教学目标的科学设置""分层布置作业的方法""学生参与度研究""目标达成度研究""转化问题学生的策略"等主题研究，从内容上吸引教师；每学期多次请专家学者进行教学示范、举办讲座，增强教师研修意识，普及研修方法，从方法上引领教师。

2.以校为本，搭建平台，提高校本研修的实效

教师真正的专业成长不在职前培训，也不在脱产学习，教师能力的显著提高在任职学校的教育教学实践中。[①]我们采取"以校为本、输出为辅、内外结合"的培训形式，以"聚

---

① 戚群，李建平.新课改推动教师走校本教研之路[N].中国教育报，2003-03-01(03).

焦问题、连环跟进、同伴互助、专家引领"为主要路径,建立"课、研、训"合一的教师培训的有效模式。

(1)开展三种类型的课堂教学实效性比较研究

初始阶段,我们采用传统的骨干教师示范课、青年教师汇报课等形式。改进阶段,采用连环跟进式的研训方式,基本流程为:个人备课—上课—说课—同行评课提出修正策略—再上课—再讨论修改—再上课。成型阶段,将课堂教学分为若干要素,形成多个主题,展开研究。如,课堂教学目标的预设与表述、课堂提问的有效性、预设与生成的处理、课堂教学中现代化媒体的合理运用、专题复习、试卷讲评等。制定"以学生学习状态和效果为核心"的评课标准,引入"课堂观察"的各种量表和工具。

(2)培养教师勤于反思的习惯

教师的专业发展主要有赖于两个方面的促进:其一是外在力量对教师专业发展施加的影响。外在力量主要是来自教师组织的压力,表现为以制度的形式对教师的专业发展进行规划和组织,体现了社会进步和教育发展对教师角色与行为改善的规范、要求和期望。其二是教师对自身专业发展的内在追求,它源于教师的自我角色愿望、需要等。而反思性教学正是从内在的方面促进教师的专业发展。[①]学校引导教师从"理论"和"行动"两个维度进行反思,围绕"我为什么做我所做的""我为什么这样做我所做的""我这样做的效果怎么样""我应当怎样进一步做好我所做的"四个问题,采用教育叙事、微格教学、行动研究、同伴讨论、文献研究五种方法进行反思,特别强化公开课后的教学反思、考试后的四级质量分析反思。

(3)提供资源建设学习型组织

学校除了安排教师积极参加行政主管部门的各种培训外,还设立教师学习提升项目经费,每年投入培训专项经费30余万元,分期组织班主任、骨干教师到上海、浙江等地集中培训。经常选派教师外出参加各种专项培训、考察,每年选送3—5名教师到英国培训一个月。不定期邀请全国各地高校的专家、名师到校作专题讲座和课堂教学诊断。定期向教师推荐专题文献,以教研组为单位,每学期人均列支50元购买教育教学专业理论书,举办教师读书笔记展。教研组、教师大会、行政例会专题"学习分享"形成制度,引领教师过"阅读生活""专业生活""自主的生活"。

---

① 刘耀明.基于教师专业发展的反思性教学[J].集美大学学报(教育科学版),2003(04):51.

（4）开展多个层级的同课异构

校内开展多个层级的同课异构师资培训活动：每学期的教师培训，各个学段开展不同专题的学科带头人、骨干教师、青年教师同课异构活动；定期开展新课程背景下，利用新媒体新技术的教师全员赛课活动。在区域内发挥学校的示范引领作用，探索出一套以激励教师专业发展为旨归的送教下乡六步运行机制，人选安排上尽量轮换，让更多的教师有锻炼和展示的机会。与重庆、上海、四川等地名校开展"有效课堂教学""复习备考策略"等不同主题的同课异构师资培训活动。2008年以来，重庆市中山外国语学校教师到贵州、四川等地上展示课和作专题讲座200余节/次，极大地促进了教师的专业能力提升。

（5）参与专业竞赛展示教师风采

组织不同层次的教师特别是青年教师参加各级赛课和专业竞赛活动。近几年，重庆市中山外国语学校青年教师在国家、市级优质课赛课和教师（班主任、辅导员）专业技能大赛中，夺得一等奖10多人次，在区县级赛课中获得一等奖百余人次。教学教研成果获市政府二、三等奖各1项，市、县教委一、二、三等奖10多项，教师论文每年在市级以上刊物发表或获奖30余篇。80多名教师成长为市县级骨干教师、学科带头人，培养出市县级名师10余人、正高级教师5人、特级教师3人、"重庆市未来教育家"培养对象1人。

3. 以制度为保障，开辟通道，建立以专业发展为导向的长效激励机制

激励机制是教师努力工作的动力源泉，它可以激发教师的巨大潜力，提高其工作积极性和效率，促使教师跨越式发展。[1]集团和学校从组织、制度、经费等方面为教师专业发展提供保障，建立了奖惩性、发展性评价激励机制。

（1）成立三级学术组织

集团层面，聘请专家顾问团队，成立教师培训部；学校层面，成立学术领导小组、专业发展与教学质量评估监控小组；学科层面，成立以首席教师和学科带头人为主要成员的学科专业委员会，共同制订各个层级的教师职业发展规划、中短期培训计划，对干部和教师竞聘上岗、评职晋级等进行专业评估。

（2）实行全员聘任上岗制度

每年秋季，起始年级实行全员聘任上岗制度。自上而下，董事会聘任校长，校长聘任副校长、学部部长和中层干部，学部部长聘任年级主任，年级主任聘任班主任，班主任和

---

[1] 孟学英.校本教师专业发展的管理策略[J].当代教育科学,2004(04):40.

学科教师双向选择,竞聘上岗,学校最后进行综合平衡。对专业水平提升慢、教学质量低的教师提供一次待岗学习和轮岗工作的机会,两次过后自行淘汰。实行《教师校内职称职级制度》《教师转岗留级待岗制度》,中高级岗位设置不受国家规定和指标限制,评上的享受相应的职称职级待遇。

(3)开辟教师专业发展通道

具有不同教龄、不同性格、不同优势、不同发展愿望的教师,其成长路径和发展方向也不相同。[①]重庆市中山外国语学校从2008年起开始实行《干部竞聘上岗和干部职级制》《集团学科带头人(首席教师)评选制度》,从学术和管理上为教师开辟两条成长通道,有30多名教师通过竞聘上岗走上了管理岗位,34人成为集团学科带头人和首席教师。参照东部地区校长职级评定办法,每两年一次通过专业考核、答辩、测评等方式对干部职级进行认定,职级与薪酬挂钩。每四年一次评选集团学科带头人、班主任带头人、首席教师,评上的享受3000—12000元/年的职级待遇;任期满后进行考核,合格者晋级,享受更高的待遇,不合格者取消享受职级待遇的资格。

(4)星级教师评选激励制度

针对教育行政主管部门每年职称评定和表彰奖励教师名额少、重精神轻物质奖励的现状,学校反复讨论后制定并实施《星级教师(干部)评选制度》。每年根据教师的师德表现、专业水平、教育教学业绩和为学校发展作出的贡献,评选表彰星级教师和管理干部,评选比例占教师(干部)的20%。以5年为一个周期,共设5个星级,每评上一次增加一个星级。在学校每年的教师节(集团桃李节)庆祝大会上集中表彰奖励星级教师(干部),一星级至五星级一次性给予3000—15000元的奖励,一个周期内如果从一星级晋升到五星级,可以获得50000多元的奖励。5年周期届满,全部重新评定,以此激励教师(干部)持续不断地成长进步。

[本文系重庆市"十一五"规划课题"教师专业成长的校本激励机制研究"成果,原载《重庆与世界(学术版)》2015年第1期,原标题为《重庆市中山外国语学校教师专业发展校本探索个案研究》,有改动]

---

① 陈维礼.名师校本培养的路径探索[J].中小学管理,2013(11):31.

案例与反思

教师入口：农村教育之"痛"

最近耳闻目睹几位教师的从教经历，再度引发了我们对农村中小学教师入口现状的忧虑。

有两位教师，都是20世纪90年代初毕业于省重点师范大学。一位是中文系本科生，文学功底很好、擅长写作，但"茶壶里煮汤圆——嘴里拿不出"，学校不得不安排这位"高才生"一直做图书管理员；另一位是数学系的本科生，是解高中数学难题的高手，但上课时没有几个学生愿意听他的课，学校一次又一次调整他的岗位，从教高中到教初中再到教小学，从教数学到改教艺体学科，他仍然算不上一个合格的教师。前年，学校到教育部某直属师范大学签约了几名研究生，其中一位政治教师极不受学生欢迎，原因是学生听不明白他的"普通话"，看不惯他不如小学生书写的板书，学校领导感到他是块烫手的山芋。今年，他另谋高就，主动提出辞职，学校自然求之不得。

其实，在中小学不会教书的本科生、研究生比比皆是。朱永新在《中国教育缺什么》中直言不讳地指出："中国教育缺的东西太多。缺钱，缺人才，缺公平，缺教育观念。"一方面，我国落后地区中小学校依然面临教师数量不足、质量欠佳的困境；另一方面，师范院校培养出来的大量毕业生却找不到工作。以重庆市中山外国语学校为例，学校每年都要到师范院校选聘应届毕业生，却很难招到优秀的毕业生，即使招聘来了，他们也不安心于教学工作。看上的不愿来，愿来的又看不上，这就是落后地区学校招聘教师的尴尬现实。

造成农村学校教师供需矛盾突出的深层原因是什么？

我国从1999年开始进行的师范教育改革，采取了开放型的教师培养体系，即非师范类的大学毕业生通过教师资格考试也可以成为教师；中师升格为师专或撤销，严重削弱了小学教师的培养；教师学历是提高了，但如何培养，值得研究。陶西平在《告别排浪式的教育改革》中进一步分析了导致这种局面的深层动因——"一刀切"的决策惯性，对教育规律缺乏尊重……①

中国教育现代化、均衡化的重点在农村，农村教育最薄弱的是师资队伍。培

---

① 陶西平.告别排浪式的教育改革[J].中小学管理,2015(02):58.

养中小学生的"核心素养""思维能力""创新精神",无论我们如何高谈阔论,都显得苍白无力,连做教师的师范生都没有"核心素养",怎能指望其去培养学生的核心素养?

最近几年,教育主管部门、师范院校探索"免费师范生培养计划""特岗教师计划""城区农村教师交流""优秀大学生支农支教""顶岗实习工程""小学全科教师培养模式"等,试图从农村教师结构、人才培养模式等方面作一些创新和突破,其实是基于农村教师培养现状的一种理性回归,但始终不能大面积地从根本上解决问题。我们应清醒地看到,农村中小学的教师主要来源于二本及以下的师范院校,而这类师范院校的生源是成绩一般的高中毕业生,大量非一流的人才在从事农村基础教育工作,这是我国的教育之痛。

为了民族的未来和国家的前途命运,到了破釜沉舟解决师范生培养问题的时候了! 这是众多基层教育工作者的呼声。

农村的教育问题还得靠农村人自己来解决。

师范教育改革之前,初中毕业生经过层层选拔,成绩优秀者考入中师。为何这些优秀学生愿意读中师?因为他们绝大多数来自农村,读书升学是农民子女改变身份和命运的唯一出路。国家对他们进行免费培养,毕业时统一分配工作。他们能胜任小学绝大多数的学科教学,多数能扎根农村学校工作一辈子。高校扩招以来,许多农村家庭花了大量的精力和财力培养出一名大学生,原指望能跳出农门,毕业后却找不到工作,回到农村成了"狗屎做的金箍棒——既不能闻(文)也不能舞(武)"的一类人,继续"啃"老。农民开始盘算着,与其让子女把时间和金钱下注在前途未卜的大学校园,不如让他们具备了基本的写算能力就去打工创业来得更实惠,这也是农村新一轮读书无用论泛滥的原因。现在,主要靠公招补充教师队伍,一份试卷能看出一个教师的素质吗?为什么我们不能筛选最优秀的农村高中毕业生就读师范院校,为农村定向培养教师,让农民子弟吃个定心丸?

多年以来,"追求知识的加速跑"已成为教育不能承受之"重"。殊不知,美国心理学家斯滕博格却说:"过多的知识可能阻碍思考,使个体无法挣脱固有的思维的藩篱,结果导致个体成为自己已有知识的奴隶而非主人。"高等师范院校是沿着知识本位的人才培养惯性进行师范生教育,出现一个个站不稳讲台的"高才生"也就不足为怪了。为何不能借鉴中等师范学校的教师培养模式?

中等师范学校"面向小学、服务农村,多种能力、一项专长"明确的办学宗旨,以及着眼学生素质、紧密联系实践的培养模式十分切合农村学校的实际需求,培养的学生很受农村学校欢迎。中等师范学校降低了文化课程的难度,增加了教育学、心理学和各学科教学法等教师专业知识;注重能力型、实践型课程的开设,将普通话、三笔字、艺术修养等作为教师应具备的基本能力素养;中师学生选修一至两门艺术特长课,每学期要到小学去见习、听课、观摩教育教学活动,毕业前由教师带队集中到小学实习各学科教学一至两个月。经过这样训练和培养的毕业生,走上工作岗位能很快上手,成为教学骨干。由于农村中学缺乏师资,一些原本是为小学培养的中师毕业生会直接教初中,甚至高中,边教边参加高等教育自学考试,拿到大学毕业证。许多中师生至今还是高中的教学骨干,其素质和能力远远超过扩招后的本科生。

知识可以弥补,素养却需要长期培养和积淀。师范院校的毕业生学历越来越高,综合性大学的毕业生也可以取得教师资格,但取得教师资格和做一名合格的教师还有较大的距离。

(原载《重庆与世界·教师发展》,2015年第9期,有改动)

第二章 五措并举,新手上路:新教师培养策略与实操

新老交替,薪火相传,教育事业后继有人才能实现教育的可持续发展。新教师培养是教育系统一个永恒的课题,更是民办学校一项长期性、常态化的战略工程。对于当下的中国民办教育而言,资金、硬件条件已不是主要问题。谁拥有一支素质较高、相对稳定的教师队伍,谁就有可能办出有品质的教育,在激烈的竞争中生存和发展下去。

2022年,中国正式进入人口负增长时代,未来相当长一段时间内中国出生人口持续下降的趋势基本是不可逆的。据专家预测,到2035年,义务教育阶段在校生规模将比2020年的1.4亿减少约3000万;全国小学、初中需求数分别为9.28万和4.79万,较2020年分别减少5.14万和0.38万。这将意味着,未来十年,义务教育阶段的学校、教师都将为生存而战。

《2022年全国教育事业发展统计公报》显示,全国共有幼儿园28.92万所,比上年减少5610所,下降1.90%;在园幼儿比上年减少177.66万人,下降3.70%。共有普通小学14.91万所,比上年减少5162所,下降3.35%,小学教学点比上年减少6690个;招生比上年减少81.19万人,下降4.55%;在校生1.07亿人,比上年减少47.88万人,下降0.44%。全国共有初中5.25万所,比上年减少391所,下降0.74%。民办义务教育阶段学校比上年减少1626所,在校生比上年减少317.25万人。

国家进一步规范民办学校办学行为,因各种历史原因在民办学校任教的公编教师将全部退出,民办学校为了学校的可持续发展,每年都要招聘大量的以高校毕业生为主的新教师,对他们的培养主要靠民办学校自身。从这个意义上说,中国民办教育不仅为国家培养了下一代,而且为国家培养和储备了大批优秀师资队伍。

民办教师由于无"皇粮"可吃,流动性相对较大。民办教育机构之间存在着激烈的人才争夺,教师出于自身的职业安全感等因素不断跳槽。据不完全统计,重庆市中山外国语学校从2003年建校以来,教师公考、转行、辞职,以及外流到公办学校、行政机关、事业单位、其他民办机构的人数已经超过200人。每年都有新教师入职,最多的一年新入职40多人,正所谓"铁打的营盘流水的兵"。明知培养出来了会流失一部分,但还是要培养,而且要加速培养,让他们快速成长、站稳讲台、短期成熟。培养成就了教师,也成就了学

校。集团和下属各校通过近20年的探索和实践,总结出一套行之有效的新教师培养办法,既保证了教师的整体素质不因教师的流动而降低,又保障了学校的教育质量不受大的影响。

一、岗前培训,让新教师融入学校圈子

民办学校的新教师来源复杂,有的是师范专业、非师范专业的应届毕业生,有的曾在其他公办学校、民办学校、培训机构任教;职前素质参差不齐,表现在职业理想信念、专业素养能力、工作经历经验差异大;年龄结构呈两极分化,要么是公办退休返聘,要么是应届大学毕业生。因此,对他们进行岗前培训十分有必要。学校模块化设计培训课程,注重核心专业能力的实操演练(新教师岗前培训课程大纲见表2-1),意在让新教师从"社会人"变成"教育人",并迅速融入学校文化圈子,成为"自己人"。

表2-1　新教师岗前培训课程大纲

课程模块	具体内容	培训形式	考核方式
开班典礼	培训动员,介绍课程及要求	会议	
文化理念、规章制度、工作标准	学校办学历程及业绩	专题介绍、观看宣传片、制度文本学习、参观校史陈列馆等	检查学习笔记、网上问卷测试
	校训及教育教学理念解读		
	学校核心制度解读		
	师德及教育教学常规要求		
	教学质量标准及考核办法		
	……		
专业成长与学科素养	名师的成长之路	经验分享	1.设计一堂课的教学方案及教学展示评分 2.做近两年高考、中考试题或抽考试题,教务主任批改评分 3.选择某个知识板块或一至两个考点分析教学策略及交流展示 4.分组模拟一次以听评课为主的备课组活动,教科室主任点评 5.网上测试
	课程标准解读及教学目标设计	经验分享分组实操	
	课堂教学设计与展示	经验分享分组实操	
	中高考试题的解读与练习	案例分享实操演练	
	上试卷讲评课及课外辅导的经验	经验分享分组实操	

续表

课程模块	具体内容	培训形式	考核方式
专业成长与学科素养	怎样说课与评课	经验分享 分组实操	
	全科阅读的背景解读及应用举例	专题讲座	
	优秀青年教师的成长分享	经验分享	
	怎样做研究型教师	专题讲座	
	……		
家校关系与师生关系	教师人际关系及家校关系处理	专题讲座	1.设计一次主题班会方案,学生处主任评分 2.分学段展示主题班会设计,点评交流 3.网上测试
	班主任家校沟通能力的培育	经验分享	
	班级管理与班级文化建设	经验分享	
	怎样设计主题班会	经验分享 实操展示	
	心理健康教育通识培训	专题讲座	
	全员导师制工作内容及标准	专题讲座	
	……		
现代教育技术手段运用与学科教学的融合	学校主流教学模式解读	专题讲座 实操演练	1.每个学员设计一个"信息技术与双主互动教学模式深度融合"教学方案 2.分学段抽签上课、评课
	学科教学中信息技术的应用培训	专题讲座 实操演练	
	基于信息技术与双主互动教学模式融合的教学设计	经验分享 实操演练	
	……		
培训总结考核评价	培训结束前,每个学员聚焦一个主题写一篇培训感悟,分学段演讲。培训结束后对学员进行全面考核。考核总分值100分,其中培训笔记15分、教学策略10分、培训感悟15分、教学设计及上课20分、班会设计及交流分享20分、主题演讲20分,总得分85分及以上为优秀,75—84分为良好,65分及以上为合格,65分以下为不合格。最后召开总结会议,开展学员联欢活动		

1.学校文化理念

通过听专题讲座、实地参观等方式,让新教师了解集团和学校的办学历程、现状、业绩、实力等概况,以及学校的办学理念、教育理念、育人目标等,增强其作为新教师的自豪感、使命感和责任感。

2.工作制度标准

包括职业道德、工作纪律、行为规范、教育教学常规、绩效考核等核心制度,让新教师明确工作的标准和要求。

3.核心素养实操

包括学校的主流教学模式、教学设计、信息技术、考试命题、主题班会设计与开展等,侧重于程序性知识培训,主要通过专题讲座示范、分组完成实操作业并讨论、课堂教学展示交流等方式完成。

4.同伴经验分享

以"名师的成长之路""如何做教学研究""成长在新纪元"等为主题,通过专题讲座、经验交流等方式,让本校干部和已经成熟的青年教师分享经验。讲座或培训结束,让学员写出心得,并通过主题演讲比赛等方式进行展示,评比检验培训效果,评选出优秀学员。

二、职业规划,引领新教师主动发展

新教师的成长,内在动力比外在动力更重要、更关键。

1.核心理念引领

聚焦学校"以学生的终身发展为本,为民族的未来负责;以教师的专业发展为本,提升教师的职业境界;以学校的可持续发展为本,使学校做强"的"三为本"核心理念,组织"职业生涯规划""为自己工作"等专题讲座,让教师树立生存危机意识,认识到专业发展是其安身立命之本,持续强化教师专业发展的内在需求。

2.事业愿景激励

用学校的《中高考质量奖励办法》《学校与学部利益共享制度》《教师校内职级与薪级制度》《星级教师评选奖励办法》《学科带头人评选制度》《中层干部竞聘上岗制度》等激励制度引导教师成长,创学校、教师、学生协同发展共同体。

3.职业生涯规划

新教师入职前，学校领导要与其单独谈一次话，问新教师几个问题以考察其基本素质：你是谁？你为何来到我们学校？你准备在我们学校做成什么事？你想对校长说什么？你想对伙伴们说什么？然后指导教师根据新教师各自的情况为其制订一个3年、5—10年甚至30年的职业发展规划，帮助新教师确立发展路径。集团下属各校为教师发展开辟了专业发展与管理发展两条通道。专业发展通道：优秀青年教师—校级骨干教师—集团骨干教师（学科带头人）—集团首席教师—市县级骨干教师（学科带头人）—集团核心员工（学术委员会专家）—品牌名师；管理发展通道：优秀青年教师—备课组长—教研组长（年级主任）—后备干部—中层干部—学部部长—后备校长培养对象—副校级干部—校长—总校长（集团高管）。

4.成长方法引导

美国心理学家波斯纳提出了教师成长公式：成长=经验+反思。如果一个教师仅仅满足于获得经验而不对经验进行深入的思考，那么，即使其拥有20年的教学经验，也许只是一年工作的多次重复。学校注重引导新教师从"理论"和"行动"两个维度，采取叙事法、微格教学、行动研究、同伴讨论、文献研究等五种方法进行反思。

三、教学建模，让新教师迅速入格

新教师的成长，必须聚焦于教育教学实践的场域当中。教师教学个性的形成一般遵循"无格—仿格—入格—定格—破格—出格—无格"的路径。新入职的教师缺乏教学实践经验，课堂教学需要摸索很长一段时间才能入格。因此，给新教师一个脚手架——教学模式就很有必要。

教学模式是对大量的教学实践活动的概括，在一定程度上反映了教学活动的普遍规律。我校多年来一直用"双主互动"教学模式培养新教师，按照五个环节，一步一步指导教师实操，使新教师的教学有法可依、有章可循，大多数新教师不仅快速站稳了讲台，一些新教师还在短期内超越了成熟教师的成绩。多名从二本、三本等普通院校毕业入职的新教师，经过我校一年的培养，在主城名校教师招聘、公招考试中，凭借"双主互动"教学模式的理念和课堂组织形式在众多应聘者中脱颖而出。

四、研修帮扶，新老教师协同发展

实施"青蓝工程"计划，实行"帮扶结对"导师制，为不同层级的教师制订不同的专业发展规划，颁发导师聘书，举行庄重的拜师仪式。把培养新教师作为首席教师、学科带头人、骨干教师的重要职责，让他们每年结对帮扶一名青年教师或教学技能薄弱教师，指导其职业发展规划，备课、上课和命题等。成熟教师在指导新教师成长的同时，也促进了自我提升。此外，学校还完善帮扶结对考评激励机制，将师徒教学绩效捆绑考核，明确导师、青年教师、学部三方职责任务，如表2-2。

表2-2　学校"青蓝工程"三方目标任务

身份	目标任务	考核方式	考核要求及分值
帮扶导师	每周听徒弟新授课1节以上，课后及时交流，共同研究教学改进措施	导师做好听课记录，包括听课时间和内容，教务处每月检查	必做项，10分
	每周至少和徒弟开展教学研讨交流2次，内容包括但不限于备课、编写教案（学案）、课件制作、微课录制、布置及批改作业、辅导课外活动	督促徒弟做好研讨笔记，教务处每月检查。2次教学研讨交流中，至少有一次是对本周重点教学内容的备课研讨	必做项，10分
	每学期和徒弟共读一本教育教学理论书，并交流读书心得	指导徒弟结合教学实践写一篇读书心得，学期放假前交教务处	必做项，10分
	每学期和徒弟一起开展"问题式"课题研究	指导徒弟学期末前围绕小课题撰写一篇教育教学论文，学期放假前交教务处	选做项，10分
	每学期指导徒弟面向全校上一次汇报课（第一学期为两次，一次规范课、一次观摩课）	第一学期的规范课和观摩课分别在10月和12月前完成，观摩课需融合信息技术，突出与学科的融合，相关过程资料发教务处存档	必做项，30分
	每学年指导徒弟至少参加一次校级及以上的赛课活动	收集整个赛课活动中的备课、磨课、赛课等过程资料以备检查，包括活动照片、研讨记录和不同版本的教案学案、荣誉证书等	必做项，20分
	每月填写好"培养指导青年教师情况记录表"，并上交教务处		必做项，10分

续表

身份	目标任务	考核方式	考核要求及分值
青年教师	尊重导师,主动争取导师的帮助,帮助导师做一些力所能及的事,虚心学习,有疑必问。严格执行教学常规,工作态度认真	每学期,教务处向导师了解青年教师的学习情况	必做项,10分
	每周听导师授课不少于2节。提倡多听课,特别是同教材的课、同备课组教师的课以及名师的示范课	做好听课记录,以备教务处检查,缺课扣2分/节	必做项,15分
	每周至少和导师开展教学研讨交流2次,内容包括但不限于备课、编写教案(学案)、课件制作、微课录制、布置及批改作业、辅导课外活动	做好教学研讨交流笔记,教务处每月检查。2次教学研讨交流中,至少有一次是对本周重点教学内容的备课研讨,尤其是对教学重点、难点、考点、易错易混点的分析,缺一次扣2分	必做项,15分
	第一学期至少上两次公开课,一次汇报规范课、一次汇报观摩课。汇报课要主动向教务处提出申请,在教科室备案后才能进行。教务处负责通知同组教师听课	整理好准备上课的过程资料,以备教务处检查。未完成公开课要求,扣10分/次	必做项,15分
	每学年至少参加一次校级及以上的赛课活动(第一学年必须参加)	收集整个赛课活动中的备课、磨课、赛课等过程资料以备检查,包括活动照片、研讨记录和不同版本的教案学案、荣誉证书等。资料不全扣0—5分,无故不参加扣10分	必做项,15分
	每月填写好"青年教师专业成长情况记录表"交教务处	未上交记录表扣2分/次	必做项,10分
	每学期读一本教育教学理论书,做好读书笔记,并在期末前写一篇读书心得交教务处	检查读书笔记和心得,未做读书笔记扣5分,未上交读书心得扣10分/次	必做项,10分
	每学期和导师一起开展"问题式"课题研究	做好课题研究记录,期末前围绕小课题撰写一篇教育教学论文,学期放假前提交教务处	选做项,加分
	整理并充实自己的成长档案,内容必须含有"青年教师专业成长情况记录表"、各期教学计划、听课笔记、研讨笔记、读书心得、公开课及赛课教学设计等资料	成长档案每学期由教务处收集并检查,必含内容缺失,按2分/项扣分。除了必含内容,教师还可补充其他内容,如"我的教育教学故事"、小课题开展、教学论文、"我的教育教学成果"、"我的荣誉证书"等,教务处可给予0—5分的加分	必做项,10分

续表

身份	目标任务	考核方式	考核要求及分值
学部	启动本学部"青蓝工程"计划,解读计划实施要求和细则	每年9月完成,将启动仪式照片、结对名册、制作的聘书、详细方案等资料打包发教科室	必做项,10分
	设计好月检查记录表,每月检查"青蓝工程"计划双方的职责和义务的完成情况	检查内容含听课记录、教学研讨记录、读书笔记、"青年教师专业成长情况记录表""培养指导青年教师情况记录表"以及公开课相关资料,将填写完成的检查记录表存档以便后期使用	必做项,30分
	每学期召开一次关于例题、习题和试题研究的专题培训会	将培训过程资料(包含培训图片、讲师PPT或稿件、青年教师发言稿等)发教科室存档。同时督促备课组定期召开相关备课组活动,帮助青年教师提升学科专业水平,并收集该期备课组活动记录交教科室存档。	必做项,30分
	每月召开一次青年教师成长座谈沙龙或月总结会		选做项,10分
	每学期召开一次"青蓝工程"计划经验交流会	将会议照片、记录以及教师交流发言电子稿等资料打包发教科室	必做项,10分
	每学期组织一次专项考核,进行量化考评	参考教科室给定的"青蓝工程"计划双方职责及评分,各部制订具体考核量化表,对表现突出的结对师徒,学校颁发"优秀指导教师""优秀青年教师"获奖证书,将相关资料交教科室存档	必做项,10分

实施专题性的新教师校本培训研修项目,搭建"自我学习、自我研修,自我诊断、晋级自励,相互交流、名师指点"的新教师线上线下研修平台。如,信息技术与课堂教学深度融合的专题培训和校本研修,新教师需定期开展信息技术应用与教学融合的校本教研活动,每人需完成不少于50学时的研修任务,包括30学时集中研修和20学时网络研修两部分,研修内容分为基础研修(表2-3)与专题(校本)研修(表2-4,2-5,2-6)。

表2-3 新教师信息技术运用基础研修

基础研修:必修项目		
研修主题	培训内容	考核方式
技术支持的课堂互动讲授	希沃电子白板的功能应用(系列培训,非常重要)	签到,缺席一次扣5分;汇报观摩课中至少使用5项功能,否则视为不合格;使用录屏功能提交不少于5分钟的课堂片段实录
信息和数据的收集与统计	EXCEL的数据统计	针对教学相关问题,独立设计并发布一份问卷,收集并分析相关数据
	如何利用问卷网或问卷星设计和发布问卷	

续表

基础研修:必修项目		
研修主题	培训内容	考核方式
设计答题卡	答题卡助手	根据需求利用软件独立设计一份答题卡,打印后发学生填写,扫描收集数据
演示文稿的设计与制作	PPT、WPS的制作与美化	制作一份符合要求的PPT或WPS,从数据或思维的可视化、美观等角度评价
微课程的设计与制作	屏幕录像专家的使用技巧	每位教师任选一种软件,制作并提交一个5分钟左右的微课课件,须有教师本人的头像标志
	Focusky软件的功能及应用	
数字教育资源的获取和管理	如何有效利用百度网盘、云笔记等APP进行数字资源管理	掌握一种管理数字教育资源的APP
音视频与图片的处理应用	音频处理(GoldWave)	能在制作演示文稿、微课和课堂实录等活动中运用
	视频拍摄与后期剪辑(剪映APP)	
	图片拍摄与后期处理(PS)	
技术支持的家校合作与交流	钉钉软件的基本功能及应用	开展一次远程教学或家校沟通活动,并提供相关数据和图片

表2-4 校本研修一:信息技术微能力的选择与突破

研修主题	信息技术微能力的选择与突破
研修目标	聚焦教学问题,完成2—3个微能力的选择,并应用微能力有效解决教学问题,实现教育教学水平提升
研修简介	教师反思自身存在的教学问题,完成自我评估;结合选择的2—3个微能力进行教学设计并应用于实践;最终形成微能力解决教学问题的成果
建议学时	5学时
预期成果	《信息化创新教学设计》(初稿)
环节一 自我评估	完成一份基于测评的改进计划,说明自己拟解决的教学问题,以及选择了哪两个微能力,计划将如何应用这两个微能力解决教学问题
环节二 小组测评	教研组利用问卷、访谈等方法,测评教师亟待提升的微能力点,综合确定本教研组共同研修的2—3个微能力点
环节三 实践应用	教师围绕本组所选择的微能力点进行教学设计,在设计中体现利用微能力解决教学问题,完成一份《信息化创新教学设计》(初稿)

表2-5 校本研修二:信息技术应用案例评析

研修主题	信息技术应用案例评析
研修目标	引领教师深入分析信息技术与学科融合的教学案例,基于实践应用发现问题,研讨并解决问题;学习先进经验,激发应用灵感,促进创新实践
研修简介	教研组组织教师开展案例学习(不少于2个): 1.本教研组教师实践应用的典型案例 2.一线名师信息化教学案例 教研组引领教师开展案例评析活动,照镜子、知不足、学经验、深实践
建议学时	10学时
预期成果	《信息化创新教学设计》(第二稿)
环节一 案例观摩	观摩信息技术与学科融合的课堂教学案例,重点关注本组选择的微能力点
环节二 案例评析	教研组组织教师开展案例评析活动,组内解决共性问题。教研组组长及专家开展个性化指导,逐一解决个性问题
环节三 报告撰写	根据案例观摩和组内评析的情况,结合个人信息技术应用情况,修订并完善《信息化创新教学设计》(第二稿)

表2-6 校本研修三:信息技术融合创新课堂研课磨课

研修主题	信息技术融合创新课堂研课磨课
研修目标	通过研课磨课活动,激发教师探讨课堂教学方法、切磋教学艺术的积极性,提高教师对优秀课堂教学的剖析、评价、诊断的能力,促进教学反思和实践改进能力,提升教学质量
研修简介	围绕主题"研课磨课",按照提交课堂实录、观课评课和自我反思三个环节,教研组组长组织本教研组研课磨课活动
建议学时	15学时
预期成果	一套信息技术与学科教学深度融合的精品课例资源包:《信息化创新教学设计》(第三稿)、课件、微课、导学案、课堂实录(视频)等
环节一 观课	开展信息技术与教学深度融合的课堂教学,在实践中应用微能力解决问题。以教研组为单位,新教师作为主讲教师,其他学员观课
环节二 评课	对主讲教师进行评价,填写听评课记录表单。要善于发现课堂中的亮点,同时围绕课堂中的问题给出自己合理的意见或建议,深入剖析,共同研讨
环节三 反思	学员根据听评课记录及数据统计反思课堂教学的不足,打磨优化《信息化创新教学设计》(第三稿)
环节四 磨课	开展课堂教学再实践活动,反复研课磨课,生成精品课例资源包:《信息化创新教学设计》(第三稿)、课件、微课、导学案、课堂实录(视频)等

五、考核评价,促进新教师持续成长

新教师的成长和成熟,仅靠一次两次短期岗前培训是远远不够的,需要明确阶段性成长目标,严格考核评价,持续跟进培养,严把入职关口。

1. 完善组织,制订培训考核方案

学校成立新教师岗位履职能力培训培养工作领导小组,由校长任组长,分管副校长、学部部长、教务处、教科室、人力资源部、教研组等负责人为成员,学校教师发展中心(教科室)为牵头处室;制订方案,明确职责分工,指定专人负责。指导和帮助新教师制订个人的成长规划,建立每一位新教师的个人成长档案,确保培训培养和过关考核工作顺利开展。

2. 明晰标准,提出职初成长目标

组织新教师学习教育部印发的《小学教师专业标准(试行)》和《中学教师专业标准(试行)》的 3 个维度、14 个领域、63 个点的基本要求。集团对新教师明确提出"一个月能上课,一学期上好课,一学年上优课"的最低目标和"一年入轨,两年定型,三年优秀"的短期成长要求。第一年培训期结束,对新教师的教学水平及履职能力进行全方位考核。依据考核成绩,评定优秀、良好、合格和不合格四个等次,同一个学段的"优秀"等次不超过20%。

3. 抓住重点,设置进阶培训项目

新教师入职第一期,重点是备课、上课、命题、辅导、批改作业等教学常规业务培养,一个月上汇报课、半学期上过关课、一学期上展示课,提高新教师的课堂教学水平;第二学期,重点培养新教师参与例题、习题、试题研究的能力,提升其学科专业水平和基本的课程能力;积极组织信息技术培训,提升新教师教育教学与信息技术的融通能力,让新教师参加"信息技术与双主互动教学深度融合"的赛课活动。

4. 全面考核,制定考核评价量表

新教师岗位履职能力过关考核,在突出其考核课堂教学水平和学科专业能力的同时,还要从德、勤、能、绩四方面,对新教师师德表现、承担学校德育工作、教科研工作等进行全面考核,具体内容见本章末"新教师岗位履职能力过关考核评价表"。

5.规范程序,层层把关能力考核

坚持过程性考核和终结性考核相结合,每位新教师根据考核内容和目标要求,先自我评价并填表,准备好相关印证材料,每年6月30日前交学校考核小组。学校考核小组按照"新教师岗位履职能力过关考核评价表"的要求,对新教师岗位履职过程中的德、勤、能、绩等方面进行考核赋分。学校7月10日前报集团课程中心复核,复核结果报送集团领导审核后由集团统一发文确认,集团人力资源部存档。

6.结果运用,严把教师入职关口

考核等次为"优秀"的新教师,学校和集团予以表彰奖励;考核等次为"优秀"和"良好"的新教师,学校为其确定下一阶段的发展路径,制订二年成长计划;考核等次在"合格"及以上的新教师,可享受学校薪酬方案和签约协议中规定的福利待遇,但需参加下一年度的新教师培养过关考核,考核等次为"不合格"的予以辞退。

此外,学校为新教师成长搭建多种交流展示平台,在送教下乡、校际交流、专业竞赛等活动中,让新教师有更多的锻炼展示机会。我校很多刚入职的新教师在县级及以上赛课中获得一等奖,有的新教师两三年就成长为县级骨干教师、优秀教师。

新教师考核评价量表示例

新教师岗位履职能力过关考核评价表

学校　　　姓名　　　年龄　　　段学科

项目	具体内容	考核材料	考核办法	分数	考核单位
A.德(5分)	师德	师德考核鉴定表	师德考核结果		学校
B.勤(20分) B1—B4每项5分	参加集团教育行政部门、学校组织的各级各类培训,完成学校各项工作	B1:个人发展规划	查材料		学校
		B2:听课笔记 (全年40节以上)	查材料		
		B3:参加校本教研活动 (全年20次以上)	查材料		
		B4:参加集团、当地教育行政部门组织的专业培训	查材料		学校、集团课程中心
C.能(65分) C1—C2:每项10分 C3:45分	教育教学基本技能	C1:教育教学常规(备课、批改、辅导、命题、信息技术与教学融合等)	查材料 访谈		学校
		C2:"三题"研究、"三磨"活动等	查材料 访谈		
		C3:课堂教学能力	听课 赛课		
D.绩(10分)	教育、教学、教科研实绩	教育教学工作实绩、论文评选、获得荣誉等	查材料		学校
总分:		总评等次:			学校
集团复核意见:					集团课程中心

注:总分100分,分优秀、良好、合格、不合格四等,其中优秀占比不超过20%。

考核小组负责人签字:　　　　　　学校(盖章)

年　　月　　日

第二篇 教学篇

在课堂上找到专业自信

　　"学习的快乐,工作的快乐,都是智力活动的快乐,都是在发展和享受自己的能力。"(引自周国平《快乐工作的能力》)教师的最高境界,就是拥有"教育智慧"。教师的职业尊严和专业自信,首先来源于自己的课堂。下课时,如果你带着微笑、自豪、满足的神情走出教室,那么你一定又与学生享受了一段难忘的幸福时光。在实践中不断反思,在反思中增长智慧,让智慧唤醒课堂,让智慧引领教师成长。

第三章 课堂教学的逻辑审视

教学首先是科学,其次才是艺术。既然是科学,就有其规律性。教学的规律就是围绕主体适应社会发展的成长规律而展开的"学"与"教"的规律,这种规律虽然在不断发展变化,但仍具有其不变的基本逻辑。教学的逻辑性,首先是外在的形式的逻辑:围绕教学目标,"引起意向—明释内容—调适形式—关注结果"构成一个完整的时间逻辑;其次是内在的逻辑,包括学科本身的结构和学生的心理结构,即遵循一种问题解决的路径,具有一种"处方"的性质。[①]所谓"教学"是以教材为媒介,教师与儿童之间的交互作用过程,不可能自始至终机械地推移。[②]

面向新时代,着眼新课改,立足新课标,课堂教学必将呈现更多的新样态,也必将赋予课堂教学更多新的内涵。本文所说的教学逻辑,不是上某一堂课的时间逻辑,而是从促进学生能动学习、深度学习和教师专业可持续发展的角度,阐释需要我们重新审视的一些基本问题,包括教学行为、教学模型、课型结构等,让我们的教学从"教得有效"到"教得更好"。

一、教学行为:学生能动学习的视角审视

教学的基本要素都与教师的教学行为密切相关,因此,有专家把"教学"这个概念定义为教师引起、维持或促进学生学习的所有行为。[③]教师的教学行为从某种意义上说,具有"即兴艺术"的性质,要求教师在现场同学生一起创造不可预测的学习的进度。[④]"能动型教师"的教学行为应当遵循的基本准则包括:营造学习环境积极地支持学生学习;关注学生之间的差异;课程旨在支援学习;评价与教学不可分离;基于学生的多样性而变更教学内容、方法与评价方式;师生协同活动;致力于班级达成水准与个人达成水准的平衡;师生灵活地活动。

① 崔允漷.有效教学[M].上海:华东师范大学出版社,2009:12.
② 钟启泉.核心素养十讲[M].福州:福建教育出版社,2018:87.
③ 崔允漷.有效教学[M].上海:华东师范大学出版社,2009:20.
④ 钟启泉.核心素养十讲[M].福州:福建教育出版社,2018:89.

教师要面临的第一个问题就是"引起意向"。从教学的导入"明确提示新的学习内容和目标要求"到整个教学活动能否持续地吸引儿童"对学习内容、学习活动的关注"，能否激发学生的学习动机将直接影响教学的效果。没有吸引大多数学生参与的课堂，教学只是教师一厢情愿的独角戏；不能调动学生学习的积极性，教学效果就会大打折扣。

学生喜欢一位教师的课，首先是从喜欢这个人开始的，喜欢这个人又是从他的教学行为开始。如果教师的课堂自始至终让学生感兴趣，那么教师的教学就成功了一半。教师走上讲台，一开口、一板书、一举手、一投足，学生立刻会判断出你是属于哪种类型的教师。

第二个问题是教学要遵循学习的规律，"维持"和"促进"学生的学习并关注学习的结果。学习科学研究表明：学习的发生是持续的，伴随着思考的每一个时刻，一小步一小步地在前进；学习的发生也不是线性的，从较少的理解到较多的理解，它的发生经常是多方面并驾齐驱的；学习和学习事件是异质的；学习科学家把学习看作从根本上需要通过中介的（mediated）活动。[1]因此，教师通过科学的教学设计，调动有效的教学资源，创设有利于学习的环境和活动，来"明释内容"，在教学实施过程中，根据学生的反馈及时予以评价并不断"调适形式"。把教学设计蓝图变为现实的过程，最终依赖于教师的教学行为。

教学行为包括呈示行为、对话行为、指导行为等，折射出教师的教育理解、专业素养、伦理修养、教育智慧等综合素养。预测教师对学生的影响程度最有效的一个指标就是教师对自己教学行为的看法，这种看法被称为"教师效能感（teacher efficacy）"。一个有意识的教师会通过各种方式，如不断调适教学行为、自我评估教学成效、尝试新的教学策略等来不断提升效能感。

1. 陈述

陈述，也称为讲述，属于呈示行为的一种。有专家通过大量课堂观察得出"三分之二律"，即课堂时间的三分之二用于讲话，教师讲话时间又占三分之二。[2]教师的讲述对课堂教学效果和学生接受知识信息的重要性不言而喻。教师受个性、教育背景、口头表达习惯等因素的影响，呈现出不同的课堂语言风格。以下是几种比较典型的不受学生欢迎的陈述行为：

"四平八稳"式：讲课慢条斯理，语速不紧不慢，从头到尾一个语调一个腔调，就像催眠曲，让人昏昏欲睡，特别不受低年级学生欢迎，很难引起他们持久的注意和学习兴趣。

---

① R.基思·索耶.剑桥学习科学手册(第2版)[M].徐晓东,杨刚,阮高峰,等译.北京:教育科学出版社,2021:178.
② 崔允漷.有效教学[M].上海:华东师范大学出版社,2009:140.

"嗯嗯啊啊"式：讲课习惯性地带有口头禅，"嗯""啊""这个""那个"，一堂课要说几百个，既浪费时间，又让学生厌烦。

"噼里啪啦"式：讲课语速飞快，如竹筒倒豆子，或像机关枪"哒哒哒"，传送信息过载，让学生高度紧张。

"含糊吞吐"式：惯用"不很多""不十分""也许可能""大概差不多"等词语，用词不准，表意不明，学生听得云里雾里，不明就里。

还有"蚊子嗡嗡"式，"夹杂方言"式……

教师的陈述行为中还存在使用"语言暴力"的现象。有研究者对教师使用"语言暴力"问题进行过专门调查，48%的小学生、36%的初中生、18%的高中生表示，教师使用过语言暴力。[①]

以上描述的仅是教师讲述的外在表现形式，而教师在阐释概念、证明原理、讲解方法等时展现出的话语体系和风格，更深层次影响到学生对知识的理解和接受程度，进而影响到整个课堂教学效果，以下这个案例足以说明。

A、B两位老师是同一个小学数学备课组的同事。A老师讲课时逻辑思维严密、表述规范、用语专业，尽管他十分敬业，课外长期坚持辅导学生，但教学效果始终不令人满意，很多学生不能理解他所讲的概念和方法。B老师不属于表演型教师，语言简练朴实，多次接手成绩排在年级末尾的班级，往往不到一学期结束就能将班级成绩提升到年级第一，而且学生学得轻松愉快，经常没有周末作业。同组的老师一直弄不明白他到底有什么诀窍。一名在A老师班上的"学困生"经常找B老师辅导所学的同一个内容，B老师一讲他就懂，而且能很好地理解和掌握所学的内容，说明他并不是所谓的"学困生"。学生回去对家长说："A老师讲半天我都弄不懂的问题，B老师一句话我就听懂了！"原来，B老师在教一个新内容、揭示一个新概念时，善于运用与学生生活密切相关、通俗易懂的话语来解释，而且和学生已经学习的某个概念或知识点建立类比联系，比如在讲"比"这个概念时，建立与分数、除法的类比联系。

案例中学生的话道出了教师讲课的秘诀。有的教师将简单的内容复杂化，绕来绕去把学生搞得晕头转向；而优秀的教师往往能深刻理解教育内容，会用生动的例子提示教育内容的知识，让学生理解该知识的道理……使儿童的学习逼近教育内容，[②]从而将复杂

①张雪梅.教师语言暴力调研报告[J].中国教师,2006(06):52.

②佐藤学.课程与教师[M].钟启泉,译.北京:教育科学出版社,2003:390.

的问题简单化,陌生的知识生活化、情境化,深入浅出,通俗易懂,生动有趣。正如苏霍姆林斯基说的那样,"教师要学会对准学生心弦的音调"。

该案例也说明了概念教学对理科学习尤为关键。学生学习的难点是对概念的理解,对低年级的学生来说,要在活动中学习和理解概念,而不是将概念停留在师生的口头上。学习科学家将概念分为"正规概念"和"功能性概念"。比如,在数学中,"位值"(数位)被定义为正规概念,即在不同位置数字的值等于10的幂的倍数。数学老师经常借助小棒一类的对象:1根、1捆(10根)、1盒(10捆或100根),把小棒打捆装盒或拆盒分发,然后让学生用数字表示。这里的根、捆、盒就属于功能性概念,为学生理解数字提供了能共同理解和解决任务的"锚",从而帮助学生理解正规概念——位值。[1]

陈述行为不仅体现出教师的教学基本功,也呈现出教师的伦理性品格和人文性关怀,要求"尊重学习者主体性,支援学习者深度学习"的更高的教学行为:不仅要站在教师"讲"的角度,更要站在学生"听"的角度去观照;不是以知识"搬运""灌输"为目的,而是站在学生的认知、语言、思维等发展水平和层级去体察。所谓"看菜吃饭、量体裁衣""到什么山上唱什么歌"就是这个道理,否则就是一厢情愿。

要改变一个人的表达习惯很难,但教师是吃"开口饭"的,必须有意识地进行自我矫正练习,课堂语言要尽量做到逻辑清晰、连贯流畅、用词恰当、表意明确、语速适中,适时使用肢体语言,将学科专业术语转化为学生的话语体系。如能做到抑扬顿挫、声情并茂、热情洋溢、幽默风趣,就更能增强语言表达的吸引力。

2. 板书

自17世纪夸美纽斯提出班级授课制以来,粉笔和黑板就一直是课堂最重要的教学工具。随着多媒体在教学中的普及运用,许多教师完全用PPT代替了板书,一堂课下来基本上不用粉笔板书。一些没经过"三笔字"基本功训练的教师,偶有板书也是歪歪扭扭、杂乱无章,甚至不讲笔顺、错别字频出;或字偏小、笔画太轻,模糊不清,坐在后面的学生根本看不清楚;或背对学生长时间板书,将密密麻麻一黑板的板书呈现给学生。

板书是为了呈现一课的学习要点、过程、结构,为学生提供学习内容的线索提纲,刺激学生的视觉,长时间强化注意,有助于学生加深理解、发展思维能力、巩固记忆。特别是对理科教学来说,一些公式的推导过程、解题的思路和步骤,是需要教师一步一步板书出来,既给学生一个清晰的解题过程,又给学生示范解题的步骤和规范格式。因此,板书也需要在教案里面单独设计,尽量简化、形象。如,采用对比式、提纲式、总分式、图解式、表格式,在黑板上合理布局,条理清晰、字迹醒目、适时呈现,与教学进程相匹配。教师一

---

① R.基思·索耶.剑桥学习科学手册(第2版)[M].徐晓东,杨刚,阮高峰,等译.北京:教育科学出版社,2021:146.

手漂亮的板书,不仅能给人美的享受,而且对学生的书写也会产生潜移默化的影响。总之,教师要把黑板当作一块在上面反映你与你的学生们在课上共同生活的银幕,并记住,你的学生的学习活动的成效和他们对你的态度如何,在很多方面都取决于你怎样借助运用黑板的艺术来吸引学生,怎样姿势优美地站在黑板前面,怎样熟练地和美观地在黑板上绘画和书写必要的图形、例题和字母。①

现代教育技术手段赋予传统"板书"更丰富的内涵和样态。除了用粉笔、水性笔等实物形态书写外,电子白板、交互式触屏一体机等都有替代黑板的功能,可直接用手指或虚拟工具书写、绘图;视频展示台、学生平台终端可直接投屏学生作业或作品,可代替粉笔的书写;借助软件工具,如 PowerPoint 的 SmartArt 菜单工具、Mindmanager、MindMaster、Xmind 等,绘制思维导图、思维地图、概念图、鱼骨图、时间线等,应用"思维可视化"方法,提升学生学习效果。既节省当堂板书的时间,提高课堂教学效率,又让抽象复杂的知识更直观形象,帮助学生建立知识结构体系,培养思维的逻辑性、发散性。

3. 问答

几乎所有的课堂都是在师生的对话中展开的,"在学校教室里经常发生的一类型事件被标记为 IRE 或 IRF(I 代表启动,R 代表回应,E 代表评价,F 代表反馈)"②,一堂课就是在无数个 IRE 或 IRF 的轮回中展开。问答行为十分考量教师的专业水平和教学机智,不问或问得过少的课是"满堂灌",问得过多又变成"满堂问";问得太浅,学生不假思索就能回答,七嘴八舌闹喳喳,提问太难,鸦雀一片了无声,课堂气氛过于沉闷。

一次完整的问答行为的过程包括:发问、候答、叫答、作答、理答。

首先,关注提问的质量。问题的难易水平与学生的认知目标直接相关,影响学生的思维过程和深度以及回答问题的积极性;教师表述问题的清晰度和明确性,影响学生作答的质量,如果使用语法结构复杂的语言提问,或一次提出一连串的问题,学生抓不住问题的关键和核心。发问的频次影响学习的进程和效率,高效教师会问更多核心性、过程性的问题,以问题驱动教学进程,促进学生深度思考;低效教师会问更多不需动脑就能回答的类似"对不对?""是不是?""好不好?""要不要?"等无效问题。

其次,候答和叫答。候答时间要与问题的难易程度匹配。低难度的问题,候答时间为 3—5 秒;高认知水平的问题,候答时间至少要 15 秒。候答看似容易做则难,特别是对新教师,"5 秒钟的停顿似乎像一个世纪!"③叫答宜采取随机的方式,如按照座次、学号等

① 阿莫纳什维利.孩子们,祝你们一路平安![M].朱佩荣,译.2 版.北京:教育科学出版社,2005:84.
② R.基思·索耶.剑桥学习科学手册(第2版)[M].徐晓东,杨刚,阮高峰,等译.北京:教育科学出版社,2021:134.
③ 克里克山克,贝勒尔,梅特卡夫.教学行为指导[M].时绮,等译.北京:中国轻工业出版社,2003:330.

顺序,范围广,能照顾不同层次的学生,才能让大多数学生专心听讲。

最后,理答。当学生自信地回答出正确答案时,教师要肯定这个答案,不过多赞扬,不能老是用"很好""你真棒"一类无效的语言,最好是点评答案好的原因,既让学生信服,又再次向全班学生强化问题作答的关键;当学生回答正确,但很犹豫时,教师要及时反馈或用别的问题鼓励学生确定答案;当学生回答自信但答案不正确,或不自信、表达不清、思路不明时,教师要给予鼓励的眼神,或对问题换一个说法进行提示,或通过追问,让学生一步步将问题回答完整,教师再重新组织语言,给回答问题的学生和全班学生一个准确完整的答案;当学生回答既不正确且敷衍塞责时,不要试图去纠正错误答案,应直接给出正确答案或另外叫答。

问答的关键是设计核心问题(也称为主问题或基本问题),包括一个学习单元、一堂课等多个层面的基本问题,分为专题性基本问题和综合性基本问题。基本问题可以从课程标准里面反复出现的关键名词,如,从重要概念中导出;在教材内容中找到学生要学习的"答案"——关于一个大概念以及与之相关研究的重要问题。问题的设计宜尽量使用"儿童语言",让每个学生都理解问题并看到问题的价值,还要考虑问题的逻辑顺序,使一个问题能自然过渡到另一个问题。同时,要选择和设计与问题明确相关的探究活动、评估任务。最后围绕这些基本问题组织项目、课程、学习单元和课堂,使"内容"成为问题的答案。基本问题能架构教学目标,提出、探讨基本问题是教师和学习者的义务。"无论老师讲得多么有趣或个性化课堂多么生动,如果没有沉浸在围绕基本问题设计的课程中,灌输式教学和盲目活动的双重弊端随时都可能出现。"[1]

在 IRE 或 IRF 系统中,存在的主要弊端是将学生定位为一个被动的参与者。教师要尽可能想办法调动学生的积极性并使其参与到对话当中,如鼓励学生勇于探究、质疑问难,创造探究性对话、可解释性的对话(对学生的回答进行拓展、反问,或要求其他学生解释前面的学生的回答,或换一个说法重新表达,师生归纳整理然后提供给全班)、学术生产力(对于某个科学问题的辩论、质疑等)的对话情境。[2]如果课堂上经常有这种方式的对话,那么就更能启迪学生的思维和发展其批判性思维能力。

此外,对话还是教学评价的重要手段。"教师借助对话对每一个儿童的指导、帮助或是否定,应当是教学中教师评价(形成性评价、指导性评价)的中心。"[3]

我们可以对照表3-1对课堂问答行为效能进行自我评价与反思。

① 格兰特·威金斯,杰伊·麦克泰格.追求理解的教学设计(第二版)[M].闫寒冰,宋雪莲,赖平,译.上海:华东师范大学出版社,2017:141.
② R.基思·索耶.剑桥学习科学手册(第2版)[M].徐晓东,杨刚,阮高峰,等译.北京:教育科学出版社,2021:134.
③ 佐藤学.课程与教师[M].钟启泉,译.北京:教育科学出版社,2003:32.

表3-1 课堂问答行为效能评价表

一级指标	二级要素	三级表现指标
问题预设	目标明确	充分考虑学生的身心发展水平;预设时考虑全体学生主动参与,体现学生的主体性;问题预期能发展学生的高水平思维
	内容有效	预设的问题与学科教学目标直接相关,根据教学的重点难点设计开放性问题,预设的问题具有挑战性和启发性
	设问时机	在新旧知识的过渡处设问,在重点、难点、易混处设问,在理解教材的关键处设问
提问方式	发问方式	提问时表述清晰,学生能抓住要害;根据教学情境调整发问方式和内容;创设问题情境,以对话的态度提出问题
	提问语言	提问时通过音调、语速的变化表现情感;语言运用丰富多变;能适时运用幽默的语言
	叫答方式	留有候答时间让学生思考;全体学生都有相同的回答机会,考虑学生差异;叫答时认真倾听、直面学生
提问内容	提问内容	问题具有逻辑性和层次性,能促进学生深层思考;提问内容不仅从文本出发,还从学生和生活出发;提问内容要求能体现学生的推理能力和评价能力
	类型丰富	使用多样化的问题类型以达到不同的教学目标,创设开放性问题引导学生提问,在现场教学中生成与课堂核心内容相关的问题
理答技巧	理答方式	及时提供适切的反馈,公平对待不同学生;鼓励学生大胆提问和创新,积极探索;追问学生的思路,能有效跟进学生的思路进行提问
	学生回答	学生回答问题积极、答案有深度;学生的回答能作为新的教学资源进行现场生成;学生的多样化答案能指向教学内容
提问效果	促进发展	提问使学生对所学知识有更深入的掌握;不同学生的问题意识和主体性都有所增强;学生学会质疑、探究和对话,发展批判和创新思维
	提高质量	有一定数量的开放性问题;提问增进课堂互动,提高对话的质量;监控学生的理解程度;教师教学技能发展,教育智慧和个性品质得以生成
提问反思	方法有效	课中或课后及时进行提问反思;运用录像、听课、学生反应等途径反思;反思时会请教同行专家
	内容明确	反思提问方式与叫答范围应跟进实践;对问题的内容进行反思并吸取经验;对问题的表述进行反思并跟进行动

注:此表参考借鉴了孙占林校长的相关研究成果。

4.讨论

讨论作为另一种常见的对话行为,具有拓展学生所学知识、检测其解决学习的重难点问题的情况,培养学生人际交往能力、口头表达能力、批判性思维等功能。在课堂实践中,讨论行为经常存在以下问题。

第一,为讨论而讨论。

即讨论的问题没有价值,偏离教学目标、重难点或学生的认知水平。

第二,讨论准备不充分。

讨论之前教师对讨论的主题表述不清晰,对讨论的形式、时间等具体要求交代不明,或者没有让学生经过独立的思考就开始讨论。

第三,讨论节奏把控不准。

给予学生的讨论时间太短,不等每个学生充分表达意见就草草收场;少数学生主宰了话语权,交流时成为个人展示的舞台;要么个别学生发言的时间过长,或后面重复前面的观点,或争论不休无法收场;要么讨论到最后,没有任何结果或达成一致性认识。

讨论行为的改进策略包括:

第一,制定和形成讨论规则。

教师有目的有意识地加以引导和培养,形成优秀的讨论规则,包括:讨论时小组成员的分工,明确每个人的任务,如主持人、记录人、发言人等,人人都要发言、只能发言一次,尊重他人、学会倾听等,归纳总结,发言人要代表本组意见等。

第二,设置适切的讨论问题。

要紧扣教学目标和重难点内容,设置通过师生问答无法解决的开放性问题,而且要处于学生的最近发展区内,要让学生能"跳一跳,摘桃子"。比如,可以用多种方法解决的问题、答案不止一种的问题、需要运用发散思维的问题等。一般来说,一堂课的讨论次数以1—2次为宜,并不是每堂课都需要安排讨论。

第三,要做好讨论前的充分准备。

教师要清楚明确地告知学生讨论的话题、时间、讨论和汇报的要求等。

第四,定位讨论时教师的角色。

在讨论中,教师应该是一个参与者、观察者、引导者。如果是全班讨论,教师要参与到讨论当中,根据学生的回答情况,把握讨论的方向不偏离主题,控制讨论的进程,准确点评和引导,把讨论引向深入,最后要对讨论的问题进行归纳总结。如果是分组讨论,教师应观察各组的讨论情况,对没有认真讨论的小组及时介入干预,也可参与到某一个小组的讨论当中。分组讨论结束时,教师总结点评讨论的过程和结果,表扬表现出色的小组,归纳代表性的观点,加深学生对问题的理解和整体印象。

二、入格与出格:从教学模式到教学模型

模仿是人类学习的开始,教师的专业成长也不例外。教师教学模仿有三重境界:"镜像"的投射模仿,依葫芦画瓢效仿,原封不动地复制和拷贝行为;"意象"的内化模仿,对模仿对象内在结构的加工,建立教学模样范例的"结构"或"模式",对教学活动建立一定序列和规律的结构性框架;"离像"的批判模仿,摆脱榜样的框架,突破他者的影响,不仅建构了教学模仿对象设计的模式,掌握其内在规律,而且融入了自己的风格和特色,进入一直"自我超越"的状态。[①]

教学模式是在大量教学实践活动的基础上,总结和提炼了教学活动的普遍规律。乔伊斯等人在《教学模式》一书中指出,教学模式是构成课程和作业、选择教材、提示教师活动的一种范式或计划。如果一所学校已经探索出了比较成熟的主流课堂教学模式,新教师可以拿来就用,少走一些自己探索的弯路,可大大缩短"意象"内化模仿的进程。

这些年来,"教学模式"之所以遭到不少诟病,是因为一些学校或地区用行政手段推动教学模式,把课堂教学的每个环节规定得太机械、太僵化、太刻板,以至于"模式化",背离了教学模式的基本原则。教学模式本身是没有错误的,关键是看如何发挥教学模式对教师专业成长的作用。一般而言,教师教学个性风格的形成遵循"无格—仿格—入格—定格—破格—出格—无格"的路径。教学只有首先入格,才能出格,最终走向教学风格的"自由王国"。教学模式,正是给职初教师站稳讲台搭建的脚手架。

一个教学模式通常包括五个因素:

理论依据——教学模式是一定的教学理论或教学思想的反映,是一定理论指导下的教学行为规范。

教学目标——任何教学模式都指向一定的教学目标。

操作程序——它规定了教学活动中师生先做什么、后做什么及各步骤应当完成的任务。

实现条件——使教学模式发挥效力的各种条件因素,如教学手段、教学媒体等。

教学评价——教学模式所特有的完成教学任务、达成教学目标的评价方法和标准。

我们集团各校经过多年的探索和实践,已打造出各自的主流课堂教学模式,如,浙江瑞安新纪元学校的"三学(自学、议学、悟学)联网"教学模式,四川广元外国语学校的"学、议、练、悟"教学模式,平阳新纪元学校的"精准课堂"教学模式等。我校在综合学习借鉴

---

① 李森,郭敏.教师教学模仿的三重境界及其提升路径[J].中国教育学刊,2022(06):73-79.

国内外多个有影响力的教学模式的基础上，提炼出"双主互动"主流课堂教学模式。按照该模式的教学理念、主要流程、操作要领，一步一步指导教师实践，使新教师教学有章可循，快速站稳讲台，一些新教师的教学质量还在短期内超越了老教师。

"双主互动"教学模式中的"双主"，既指向师生双方在课堂教学中的地位，也指向师生在课堂教学中的作用。就地位而言，教师在"教"的过程中体现"教"的主体性，学生在"学"的过程中体现"学"的主体性；就作用而言，教师在"教"的时候起主导作用，学生在"学"的时候体现主动作用。所谓"互动"，既指师生之间、生生之间、小组之间的多维互动，还包括学生与教材、与导学案、与自我的互动。特别是学生与自我的互动，更是学习的一种高层次境界，学生知识体系的稳固建构必须通过这种方式才能形成。

我校以课题研究的方式，首先在初中学段选班实验"双主互动"教学模式，基本成熟后，在小学段和高中段分年级推广，成为全校的主流教学模式并在本地区产生广泛影响。多年来，"双主互动"教学模式与时俱进，不断升级改版，至今仍表现出旺盛的生命力，深受本校广大师生的欢迎并在本地域产生了较大的影响，主要有以下几个原因。

1. 广泛吸纳当代先进教育教学理念

"双主互动"教学模式吸收了当代教育教学最新研究成果，遵循了教学普遍的客观规律，体现了本校"尊重差异，提供选择，自主教育，和谐发展"的办学理念。其主要理论依据包括以下几个方面。

（1）主体教育理论

主体性是人作为主体在与客体的相互作用中表现出来的能动性，集中体现为人的自主性、主动性和创造性；主体间性——主体与主体间相互交往的特性，是人的主体性的重要组成部分，只有在交往中人自身才能得到发展，人的主体性才能得以展现。主体教育理论特别强调教学活动的社会性，学生正是通过小组合作学习，才能在相互合作与交往中得到发展。同时，交互主体是教学过程的本质属性之一。"双主互动"教学模式的构建特别重视通过创设多种形式的小组合作学习，给学生提供交往的平台和机会，使之相互交流，彼此尊重，共同分享成功的快乐，使学生真正成为学习的主体，健康活泼、积极主动地全面发展。

（2）建构主义教学理论

建构主义认为，学习获得知识的过程，但知识不是通过教师的传授得到，而是学习者在一定的情境即社会文化背景下，借助他人（包括教师和学习伙伴）的帮助，利用必要的学习资料，通过意义建构的方式而获得。建构主义提倡在教师的指导下，以学习者为中心的学习,即既强调学习者的认知主体作用,又不忽视教师的指导作用,但教师已不再是知识的灌输者,而是意义建构的帮助者、促进者,学生也由外部刺激的被动接受者和被灌输的对象转变为信息加工的主体、意义的主动建构者。

"双主互动"教学模式吸收了具有代表性的建构主义教学设计模式——"抛锚式教学",以及国内顾泠沅"尝试回授—反馈调节"教学、邱学华"尝试教学"、江苏洋思中学"先学后教、当堂训练"、山东杜郎口中学"三三六"自主学习模式等。

（3）教育学原理

教育的目的是促进人的全面发展。教学起码要达到让学生"懂、会、用"三方面的基本要求。要有效地使学生通过掌握知识、解决问题去发展智力和能力,就必须改变"满堂灌"、注入式的陈旧方法,倡导和实施学生主动参与、乐于探究、勤于动手的学习方式。让学生在学习活动中越学越爱学,越学越会学,智力、能力的各方面因素,特别是学习能力得到发展。提高学生掌握知识的效率,促进学生智力和能力的发展。"双主互动"教学摒弃了教授主义和灌输主义教学方式,让学生在自学、讨论、合作、探究、练习等活动中主动理解、掌握、运用知识,为学生创设了发展思考、质疑、表达、人际交往等多种素养和能力的情境。

（4）学习科学研究成果

20世纪美国开展的一项关于"学习巩固率"（学习金字塔）的研究数据表明:借助"听讲"方式学习的内容半年后的巩固率是5%,借助"阅读"方式的学习巩固率是10%,借助"视听"方式学习的巩固率是20%,借助"示范"方式的学习巩固率是30%,借助小组讨论方式的学习巩固率是50%,借助实践体验（"做中学"或"实际演练"）方式的学习巩固率是75%,而通过"教别人"或"马上应用",即借助"教育他人"的场所的方式,其学习巩固率是90%。"双主互动"教学中,学生有更多的时间通过自主学习找困惑、小组讨论讲问题、兵教兵讲难点、学习展示讲理解的"做中学",在自学检测、巩固练习和当堂检测中"现场做",最大限度地促进学生"能动学习",因而能够达到最佳的学习效果。

2.融合多种教学组织形式的优势

近代以来,教学组织的形式主要有三种类型:班级授课、分组教学和个别化教学组织。班级授课组织自17世纪夸美纽斯《大教学论》奠定理论基础,经过近两个世纪的实践,在全世界广泛普及至今,具有教学效率高,便于发挥教师的主导作用,学生学习循序渐进、系统完整,教学质量有保障等优越性;但其也有难以兼顾学生个别差异、影响学生主体性的发挥、不利于培养学生的探索精神、创造能力、实际操作能力等局限性。

针对班级授课组织暴露出的重教轻学、机械死板等弊端,人们开始寻求教学组织的变革,分组教学组织由此产生——把学生按照一定的标准(能力、成绩、兴趣、愿望等)编入不同的学习小组进行教学,为学生提供多种学习方式和内容,更好地适应学生的特点和需求。分组教学又分为外部分组和内部分组两种类型。外部分组打破传统的班级编班,包括跨学科能力分组、学科能力分组、选修课分组、综合学校多轨分组等,类似于新高考和校本课程的选课走班、分类分层教学。内部分组就是班级内部根据学生学习能力、兴趣爱好等不同情况分成若干小组。分组教学组织具有调动学生学习的能动性、促进学生自主学习、便于因材施教、照顾学生差异等优点,但也加重了教师负担,对教师教学能力要求更高,不利于构建和谐的师生关系和同学关系,不利于学生全面发展等。

个别化教学组织是改革班级授课组织的另一种尝试,包括早期的道尔顿计划、文纳特卡计划以及后来的个别处方教学、凯勒计划(个人化系统教学PSI),旨在适应学生个别差异和更好地因材施教,但这种教学组织形式的教学成本较高,实施难度大。

纵览教学组织发展的历史,表现出从单一到多元、各种教学组织形式并存、互为补充、共同发展的趋势。未来的教学组织将集个体自学、班组讨论、统一授课、远距离通信交流于一体,贯彻个别化与人际互动相结合的原则,从而促进学生个性和社会性的全面发展,造就能适应社会发展、面对未来挑战的新型人才。①

"双主互动"教学模式融合了班级、分组、个别化三种教学组织形式的优越性,符合未来教学组织形式发展的趋势。我们结合"双主互动"教学模式的基本流程(如图3-1)来看教学组织形式的运用及师生主体地位的发挥。

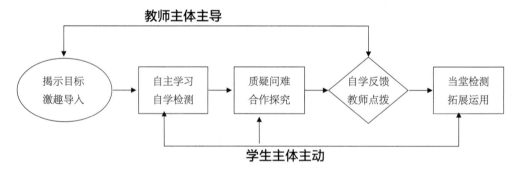

图3-1 "双主互动"教学模式的基本流程

"双主互动"教学模式主要采用以小组为单位的教学组织形式。小组的组建遵循"组内异质、组间同质"的原则,即充分考虑学生学习的基础、能力、性别、性格等特征因素,相对均衡搭配,各组综合实力相当(具体请参见本书第六章案例"积分评价法促进互帮互助的团队建设"),4—6名小组成员形成一个学习发展共同体。

---

① 钟启泉,汪霞,王文静.课程与教学论[M].上海:华东师范大学出版社,2008:163.

从教学流程来看,"双主互动"教学流程的第一个环节"揭示目标、激趣导入"、第四环节"自学反馈、教师点拨"、第五环节"当堂检测、拓展运用"属于全班性的教学组织形式,充分发挥教师的主导作用;第二环节"自主学习、自学检测"为个别学习,第三环节"质疑问难、合作探究"为小组学习,调动个体学习的能动性,发挥"兵教兵"的优势,综合运用了"分组"和"个别化"的教学组织形式,充分尊重了学生学习的主体地位。

3. 能有效促进学生能动学习

加涅等人认为教学是经过设计的、外在学习者的一套支持内部学习过程的事件。设计教学事件是用来激活信息加工过程,或者至少和信息加工过程同时发生并支持加工过程的,并将一节课的教学流程概括为"九大教学事件",试简要归纳如下:引起注意—呈现目标—激活旧知—提供情境—指导学习—引出表现—反馈评价—学习检测—保持迁移。[1]

"双主互动"教学模式的五个基本流程,遵循了加涅的"九大教学事件"的逻辑顺序,符合学习的认知规律。第一个环节"揭示目标、激趣导入"对应前三个教学事件,第二个环节"自主学习、自学检测"对应第四个教学事件,第三个环节"质疑问难、合作探究"对应第五和第六个教学事件,第四个环节"自学反馈、教师点拨"对应第七个教学事件,第五个环节"当堂检测、拓展运用"对应第八、九个教学事件。

"双主互动"教学模式也充分体现了"能动学习"的主要特征,即注重"协同"与"探究"的过程,突出"参与"与"外化",从"教授中心"转向"学习中心"。所谓"能动学习"是"基于学习者的主体性参与与学习者之间能动的交互作用的学习而产生的"[2]。从教学环节来看,五个环节中的二、三、五环节都是以学生个体和小组合作学习为主;从时间保障上看,一堂课有半数以上的时间为学生学习探究;从学习的方式上看,学生通过动脑思考、动手实操、动口表达,做到"学思结合""练检结合""学用结合"。

"双主互动"教学首先围绕学习目标独立自学、完成自学检测题,梳理疑难和困难;接着通过小组同伴促进学、合作学、探究学,完成基本的学习任务;然后分组展示学习成果,并充分暴露共性的问题和困难,教师点拨,全班讨论解决问题;最后当堂检测,巩固运用知识,反馈学习目标的达成度,总结方法策略并促进知识的保持和迁移。

4. 是开放而有活力的教学模型

在"双主互动"教学模式基本成熟后,我们对成熟教师提出了从"教学模式"到"教学模型"的转型要求,即在原教学模式的基本理念和流程框架体系指导下,总结提炼本学科

---

① 加涅,等.教学设计原理(第五版)[M].王小明,等译.上海:华东师范大学出版社,2007:172-181.
② 钟启泉.核心素养十讲[M].福州:福建教育出版社,2018:44.

课堂教学的一般规律和特点,打造"双主互动"教学模型,打造不同学段、不同学科的若干"变式",如新授课、复习课、试卷讲评课等。凡是在课堂上能够体现原教学模式的"目标明确、先学后教、小组合作、自主高效"等基本要素特点的课,都属于该教学模型。我们将"双主互动"教学模式与信息技术深度融合,与"教学评一致性"等理念结合,迭代升级"双主互动"教学模式的2.0版、3.0版,打造"虚实融合的情境化问题设置""数字驱动的智能化精准教学""通过网络个性化的学习模式"等新的教学模型。

不同层次教师的课堂教学风格,就像一个剑客修炼的三个境界,从"握剑在手"到"望剑在心"再到"挂剑在壁",最终形成"无招胜有招"的个性化教学风格。

三、结构化教学:从课堂到课型结构

无论教学的理念多么先进、课程的目标多么完美,最终要落实到教师的课堂、落实到学生的学习。正如弗拉基米尔·纳博科夫所言,伟大的思想不过是空洞的废话,风格和结构才是作品的精华所在。

如果说学科课程标准、培养目标是一个华丽的殿堂,那么课堂则是修筑它的砖瓦。砖瓦需要钢筋水泥作框架,需要勾缝衔接成一个整体,否则就是一盘散沙,筑起的大厦也会轰然倒塌。如果一个教师教学只着眼于一个个点状的课堂,那么就会一叶障目不见森林。因此,需要教师的教学思维从"微观点状"转向"宏观课程—中观单元—微观课堂",结构化设计教学。以课程目标统整项目化学习,将点状无序的零散课堂整合起来,串成一条"珍珠项链"。近年来学界探索实践的基于核心素养的"大单元教学"、基于主题的"项目式教学""群文阅读教学"等,以及新课标要求的基础型、发展型、拓展型等不同类型学习任务群、跨学科综合性学习等,都属于结构化教学的范畴。

李政涛教授提出了从"课堂"到"课型"的观点及若干要素,包括教学目标和内容的体系化、结构化及一致性。[①]

1. 教学目标和内容系列化

什么样的课才称得上"课型"?首先,要有学生立场。教师对每一类课型的教学价值要有整体把握,比如语文的写字教学、口语交际课、阅读课、写作课,对本年级本班级学生学科素养与关键能力的培养有什么功能、需要哪些条件作支撑,教师要心中有数。其次,要有课程意识(详见本书第八章)。学科课程标准对学生每项知识和能力应达到的水平是以年段为单位整体表述的,如何分解落实到每个年级、每个学期、每个单元、每堂课中,

① 李政涛.教育常识[M].上海:华东师范大学出版社,2012:212-216.

需要系列化地建构教学目标和内容体系。系列化主要体现两个维度：一是年级阶段维度，从低年级到高年级，各有相应的课型目标，形成纵向的目标体系；二是内容维度，整合教材内容和教学资源，形成完整的纵向内容体系。

以《义务教育语文课程标准（2022年版）》"阅读与鉴赏"板块"朗读"目标为例，课标在四个学段中的表述差异很小，但有明显的阶段和学段要求，是一个有机的整体，一个由易到难、循序渐进、螺旋上升的过程。我们将"朗读"这一课程目标的教学目标和内容系列化设计如下：

第一学段（1—2年级）：课程目标为"学习用普通话正确、流利、有感情地朗读课文"，教学定位为"学习"，目标应侧重"正确"维度，即读准字音、不添字、不漏字、不重复、不指读、不唱读。教学内容以儿歌、儿童诗、短小的五言诗、童话和寓言故事等中华优秀传统文化短文为主，同时在课堂和日常交际中多为学生创设练习讲普通话的情境。

第二学段（3—4年级）：课程目标为"用普通话正确、流利、有感情地朗读课文"，将"学习"改为"用"字，教学目标应偏重"流利"，即读得连贯流畅，读出词句间歇，不一字一顿，不读断句。教学内容以写景状物类散文、七言古诗、英雄故事、儿童文学作品等为主，在课堂发言、讨论、复述、讲故事等情境中养成使用普通话的习惯。

第三学段（5—6年级）：课程目标为"熟练地用普通话正确、流利、有感情地朗读课文"，添了一个定语"熟练地"，教学目标应偏重"有感情"，即读出轻重缓急、抑扬顿挫等不同的语调，读出作者的感情，读出自己的体验。教学内容以记叙文、优秀诗文、短篇散文、人物传记、浅显的文言文等为主，学生在复述故事、朗诵比赛、班级活动中能熟练地使用普通话。

第四学段（7—9年级）：课程目标为"能用普通话正确、流利、有感情地朗读"，去掉了"课文"二字，显然要求更高，"正确、流利、有感情"三个维度的朗读要求已经从教材延伸到了课外。教学内容以叙事、说明、议论性的文章为主，以及篇幅较长的现代诗、古体诗、文言文、小说等中外名篇，在面对多人的即兴发言、朗诵、辩论、演讲、话剧表演等具体场景中流畅使用普通话。

2.结构化"教"与"学"

所谓课型，就是通过教师结构化地教学，帮助学生结构化地学习，围绕序列化的教学目标和教学内容，形成的具有过程性和规律性的操作体系的某一类型的课。[①]我们用图3-2表示。

---

① 李政涛.教育常识[M].上海:华东师范大学出版社,2012:215.

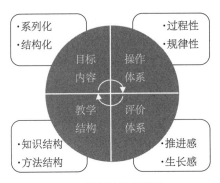

3-2 课型结构模型图

美国认知学派心理学家布鲁纳认为,教某门学科,其任务就是按照这个年龄的儿童观察事物的方式去阐述那门学科的结构。教师只要把握每门学科的基本结构,根据学生表征系统形成的特点来设计教学,那么,任何年龄阶段的学生都能掌握各门学科的基本结构。[1]虽然专家学者对布鲁纳的这种观点一直有争议,但每一门学科都有自己的结构却是无疑的。近年来,网上报道国内十来岁的孩子学完高中课程并考入大学的事例多次出现。这里我们不讨论这种超前教育方式的科学性,但这些事例从侧面证明了布鲁纳观点的可行性。

结构是学科的命脉和魂魄。教师要教给学生的第一个结构就是学科知识内容结构。知识是散乱的、点状的、割裂的,知识结构则是整体的、综合的。如,小学数学"数与代数"课程内容的结构,我们可以用图3-3来表示,从图中可见,各类数的认识、计算、数量关系是互相联系的,后面的知识内容建立在前一类数的学习基础之上。

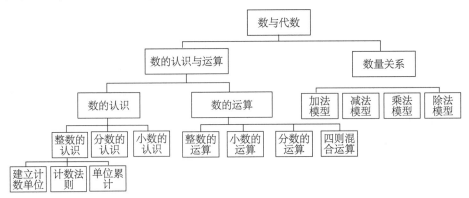

图3-3 小学数学"数与代数"课程内容结构示意图

教师还需要教学生"方法结构"。陶行知先生说过:"我以为好的先生不是教书,不是教学生,乃是教学生学。"[2]学生"学的结构"取决于教师"教的结构",把教法变成学法,实

① 施良方.学习论[M].北京:人民教育出版社,2001:212.
② 方明.陶行知教育名篇[M].北京:教育科学出版社,2013:1.

现教与学的"转化",让学生在课堂上"生长",内化为知识和方法体系,才能最终达到叶圣陶先生说的不需要教的境界。结构化"教"与"学"模型我们用图3-4表示。做到结构化教学,教师头脑中要保持"五个"方面的清晰:教什么结构、不同结构之间的联系、课前学生已有结构、采取什么策略让学生掌握某个结构、下课时学生是否掌握了教师所教的结构。①

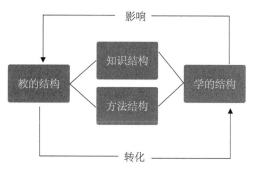

图3-4　结构化"教"与"学"模型图

3.三类基本课型

根据皮连生"六步三阶段两分支"广义知识与教学过程模型,无论是陈述性知识还是程序性知识,一个完整的教学过程分为新知识的理解、巩固与转化、提取与运用三个阶段。②按照这三个阶段的教学进程,我们将所有学科的课堂教学分为新授课、复习(练习)课、试卷(作业)讲评课三种基本课型,每一类课型还可细分为若干亚型,都有不同的教学策略。

(1)新授课

新授课是以知识理解为主要目标的课。新授课一般包括四个步骤:引起注意与告知目标(激发学生注意)—复习旧知识(让学生激活原有知识)—呈现新知识(让学生选择性知觉)—促进新知识的理解(使新知识进入学生原有认知图式)。根据这个基本步骤和学科特点,我们可以总结提炼每一类新课的教学规律,设计新授课的若干亚型模式,如语文的写字、口语交际、阅读、作文等。有的亚型还可以细分,如,阅读有现代文、文言文,现代文还可按照文体细分,作文有作文指导课、作文讲评课等。

(2)复习课

复习课,又分为阶段性、专题性、综合性复习课。复习课普遍存在教师一讲到底、讲

① 李政涛.教育常识[M].上海:华东师范大学出版社,2012:229.
② 皮连生.教育心理学(第四版)[M].上海:上海教育出版社,2011:371-373.

多练少、学生被动、效率不高等问题。"自主整理—小组交流—教师精讲—定时训练"四个环节高效的复习课的主要特点:大容量,快节奏,高密度,有实效。主要思路和策略:教学定位为面向学生,让学生回忆,梳理知识脉络,通过画知识树、思维导图等方式主动建构知识体系;然后引导学生解决问题,精选有典型性和代表性的例题,可采取案例先行的归纳教学法,注意总结有规律性、操作性的解题步骤和方法;精编有针对性的跟踪训练题目,分层设计变式类、拓展性的作业,压轴大题可以分成几个小题训练。

(3)试卷讲评课

试卷讲评课是阶段性测试后的综合课型,主要功能是弥补教学问题、深化知识理解、拓展能力运用、提升思维品质。教师习惯性地采用以下模式进行教学:从头到尾对答案;按试题顺序逐一讲评,少量试题有拓展;简要分析试卷共同的问题及原因,学生自己订正,教师解疑;展示各题得分率,就得分率低的题作详细分析拓展,中等得分率的题作一般性分析,得分率高的题不分析。上述几种模式都未能从根本上把学生当作认知主体,被动接受,效率较低。

试卷讲评课一般教学流程分为"考情分析—要题评讲—课内小测—课外检测"四个环节。上好此种课的关键是课前要进行充分准备。首先,试卷批改要及时,趁热打铁作讲评;其次,要精准分析命题和作答情况,对比分析班级总体和学生个体情况;最后,要认真准备重点讲评的题目,精心设计跟踪训练题目。高效务实的试卷讲评课能调动学生的主动性和积极性,既要讲又要评更要练。讲错误率高的题目、讲解题命题思路、讲学生的错因,评不足、评问题、评优生和进步学生,采取补救措施训练,当堂跟踪练、变式练、隔段时间重新练。

复习(练习)课和试卷作业(讲评)课,是以知识的巩固和转化为主要目标的课,重在对复习与记忆提供指导,进行变式练习,提供知识提取的线索,让学生的认知结构得到重建与改组,促进知识或技能在新情境中的运用。对于这两类课型,很多教师的重视程度不够,拿着一份试题或试卷走进教室就开做、开讲的现象十分普遍。这两类课往往更考验教师的教学水平,特别是对初、高中毕业年级,毕业的最后一学期几乎以这两类课型为主,直接影响教学质量。

我校教师朱能成按照"双主互动"教学模式理念,在实践中总结出"六步探究"高中语文试卷讲评课模式[①],取得了明显效果,其主要流程如下:

第一,自主分析,自主定向。包括两个层次:学生个人,根据本次考试所涉及的考点,

① 朱能成.运用"六步探究"模式,讲评高中语文试卷 [N].现代教育报,2009-09-10(13).

分析失分过半题目的原因,明确重点探究点的目标、背景知识、探究策略,填写个人探究方案;学习小组,分小组分析、汇总、梳理形成本组重点探究方案,一个探究点推荐一名主持人。

第二,分组探究,巡回指导。小组探究过程中碰到共性的疑难问题时,由负责人询问老师,弄明白后再去把组员讲懂。小组共性问题探究完成后,小组长主持解决个人遗留问题。

第三,成果展示,班内解疑。教师根据各小组填写的重点探究方案,确定全班的探究重点;各小组围绕全班探究重点展示探究成果,其他小组补充。

第四,命题测试,巩固延伸。分个人(组内成员交换)、小组(小组长交换)、班级(全部推荐2—4人)三级命制试题,命题原则:针对重点,强化难点,纵横拓展,题型变式。完成测试后,由命题人批改或全班交换批改。

第五,纠错入档,自主小结。个人自主纠错,整理错题并记在错题本,完成个人探究方案小结;小组长督促各探究点主持人完成小结。

第六,信息反馈,教学调整。语文课代表收集并梳理各小组探究的普遍性问题,汇总给老师,老师根据所获得的信息调整教学内容、进度、重难点和方式方法。

此外,还有被教师忽视的早晚自习课,普遍存在以下问题:"放羊式"管理、任务不明,学生随心所欲、纪律涣散;缺乏时间规划和任务检测,限时作业没有落到实处,学习效率不高等。在实践中,我们不断探索和改进早晚自习课的形式,提升学生时间管理和自主学习能力。"激情早读"课,黑板上明确早读内容和背诵的层级目标,并划分为几个阶段,明确时限并兼顾不同水平学生的差异;学生可以采取站立式、走动式读书背诵,要求声音洪亮;小组长检查小组成员的背诵掌握情况,教师检查小组长和抽查其他学生,下课时总结任务完成情况。"五不"自习课:课前,教师或学生根据当天的学习情况安排好自习任务,明确时限和要求,准备好书本和作业;上课铃响,入室即静、入座即学,做到"不下位、不讲话、不交(发)作业、不做与学习无关的事、管理干部不喧哗";下课时对照学习任务自我检查,上交作业,整理好书桌。

四、永远没有完美的课堂:从教得有效到教得更好

1.教得有效的课就是好课

好课的标准很多,但都离不开一个"实"字,也就是要教得有效。前面我们已经谈到的教学行为、教学设计、建构课型等都是为了教得有效。叶澜教授提出课堂教学"五个

实"：扎实、充实、丰实、平实和真实，李政涛教授对这"五个实"的内涵及其实现的条件作了进一步的阐述①，简要归纳如下：

> 扎实的课，是有意义的课，关注学生走出课堂的获得感；
> 充实的课，是有效率的课，让不同层次的学生都有发展；
> 丰实的课，是善生成的课，在师生多维互动中捕捉资源；
> 平实的课，是常态化的课，如家常便饭朴素普通而自然；
> 真实的课，是有缺憾的课，不弄虚作假但永远有待完善。

以下详细论述让教学扎实的五大源泉。

一是做到六个清晰。第一，学生清晰，即"为谁而教"，要对准学生的心弦。第二，内容清晰，即"教什么"，要回归教学原点。第三，目标清晰，即"教到什么程度"，要保持目标的定力。第四，方法清晰，即"怎么教"，要选择适合的方法。第五，环节清晰，即"先教什么，后教什么"，要注意线性流程的衔接关联。第五，指令清晰，即"对学生的学习要求"，要交代具体清楚。

例如，语文学科的教学内容与政治、历史等文科科目有本质区别，要突出语文姓"语"。王尚文老师有一段精辟的论述："语文之外的其他学科所教所学的是教材的言语内容，而语文学科则以教材的言语形式为教学内容；质言之，其他学科重在教材'说什么'，语文学科则重在教材'怎么说'，以使学生从中学习如何具体理解和运用语言文字的本领，培养读写听说等语言能力。"②

二是关注小组合作的七个细节：训练的先后次序，合作前的分工和规则，小组代表发言的第一句话，小组代表发言后的教师评价，全班交流的组际互动，组际差异资源的利用，全班交流时的板书使用。

三是关键之时要停顿：学生有错误时停下来，帮他纠正；学生有亮点时停下来，给他鼓励；学生有困难、困惑或障碍时停下来，帮他解决困难走出困惑。

四是创造及时运用的机会：知识积累和方法掌握在于运用。

五是适度的训练：没有适度的训练，就不会有扎实的生长。

2.上出课的含金量

有的课，特别是一些展示课，教学环节环环相扣，课堂节奏行云流水，学生活动精彩

---

① 李政涛.教育常识[M].上海:华东师范大学出版社,2012:202-211.
② 倪文锦,王荣生.人文·语感·对话——王尚文语文教育论集[M].上海:上海教育出版社,2010:12.

纷呈,课堂气氛其乐融融,学生表现活泼生动……这样的课是不是就是含金量高的课呢?这里面有一定的评判标准:一看教学环节有没有层层深入的"推进感",是不是在一个层面上"滑冰"打转、重复折腾;二看学生在课堂上的"生长感",是"学生本来就好"还是"教出来的好"。含金量越高的课,课的推进感和生长感越强。李政涛教授用五个词来形容课的"生长感"[①]:

织网:从点状生成到整体生成。教师在恰当的时候回归整体,用综合或整体的方式将知识点"编织"成一张"网"。

滚雪球:从个体生成到全体生成。让更多的学生有展示的机会,把学生个体的亮点变成所有人的亮点,把一个人的资源变成所有人的资源。

刨坑:从浅层生成到深层生成。舍得花时间牢牢抓住学生追问、品析、读悟,不是浅尝辄止、蜻蜓点水,而是穷追猛打、引发学生深度思考。

开渠:从单一生成到多维生成。价值取向多维、视角多维、方法多维、思维方式多维。

扭转:从错误生成到有益生成。错误是课堂上最宝贵的资源,抓住契机对错误进行转化,把不利变成有利。

3. 转向基于核心素养的教学

人类社会从农耕时代到工业革命,从知识经济社会到数字经济的信息社会,时代的转型所用的时间越来越短,而知识却呈爆炸性、几何级数增长。我们所教给学生的很多知识似乎一夜之间就过期无用了。传统的教授主义"倾向于将学生培养成适合20世纪初工会化社会经济发展所需求的人才",这种人才"越来越无法适应先进社会的需要"。进入数字经济和信息化时代,仅靠对事实和程序的记忆和模仿就想获得成功是行不通的。[②]一个普遍的现象是,很多人所从事的工作与当初所学的专业并不对口,但他们照样有出色的工作能力和业绩。这背后的原因是,他们当初在学习知识和技能的过程中所积淀的学习方法、思维品质、探究能力、坚持精神等优良品质在持续发挥作用。正如爱因斯坦所言,教育无非是将一切已学过的东西都遗忘后所剩下来的东西。遗忘的是知识,而剩下的才是终身受用的素养。

顺应时代发展的趋势,我国的课程改革从1.0版的"双基",到2.0版的"三维目标",再到3.0版的"核心素养",体现了从知识本位到育人本位的转变。新一轮课改催生的高考改革对人才培养方向、模式及选拔机制都产生了巨大的影响,从近几年高考题型的变化

---

① 李政涛.教育常识[M].上海:华东师范大学出版社,2012:187-190.
② R.基思·索耶.剑桥学习科学手册(第2版)[M].徐晓东,杨刚,阮高峰,等译.北京:教育科学出版社,2021:2.

中,我们已经能明显感受到。高考试题呈现出在真实问题情境中考查学生解决问题能力的特点,更具有灵活性、开放性、融合性,学生靠死记硬背、机械刷题得高分的时代已一去不复返了。随着新课改的持续深入,这种变化对教学的影响会更加深刻和广泛。如果我们的教学目标仅仅定位于应付中考、高考,教师和课本都塞满了为考试准备的内容,却与真实世界的运用愈发疏远,不仅难以培养出未来社会所需要的人才,而且连提高学生的考试成绩这一功利性的目标也难实现,因为标准化的考试损害了学生对知识的热情,教师对学生灵感的激发、对学生批判思维能力的培养等一系列的内容。

2022年4月,教育部印发义务教育课程方案和16个学科的课程标准。新课程标准的显著特点是突出"课程核心素养"和"学业质量标准",强调学生学了知识或技能之后能解决什么问题和知识的综合运用。围绕新课标的改革方向,崔允漷教授认为教学变革的趋势包括三个方面:其一,学习的逻辑不再是单纯的学科逻辑,而是生活逻辑加学科逻辑;其二,素养导向下,必然开展"大单元"教学,通过大观念、大问题、大项目、大任务来组织一个单元,把单元结构化,即素养本位的单元设计、真实情境的深度学习、问题解决的进阶测评、线上线下智能系统的构建;其三,教师备课不再是写教案,而是要编制基于课程视角、学习立场、单元设计的学历案。这种学历案不是我们理解的传统意义上的学案,它是为学生学习提供支持的专业课程计划、认知地图、学习档案、互动载体、监测依据。

对教师而言,课程改革就是"改课"。我们要顺应改革潮流,紧跟时代步伐,更新教学观念,改变教学行为,把核心素养作为检验和评判好课的重要标准(详见本书第八章)。在教学中,让学生的学习条件化、情境化、项目化、结构化,关注"双基"习得的背景、过程及运用情境;让学生在学习知识的过程中"像科学家那样去思考和解决问题",学到更深层的知识,注重学科实践;让学生在学习活动中主动思考,积极建构、设计、创造,即使忘记了所学的知识,依然保持着解决问题的思维模式、方法路径和创造精神。

对话行为的学科实践案例

设计课堂教学核心问题的三个着眼点

布鲁纳说："教学过程是一种提出问题和解决问题的持续不断的活动。"从这个意义上说，是"问题"驱动了课堂教学，但随之而来的教学误区却是"满堂灌"被"满堂问"取而代之。有研究者以课堂提问为观察对象研究后发现：教师的事实性提问占76%，观点性提问占21%，与授课内容无关的提问占3%；学生回答是或否的问题占55%，解释性问题占26%，记忆性问题占19%……60%左右的提问不利于学生的思维发展。[①]

最高境界的课堂教学问题必须切中文本要害，符合学生的认知水平和趣味，能牵一发而动全身，引发学生的探究欲望，有助于学生当前的进步和促进学生长远的发展。教学中，教师一方面起着"脚手架"的作用——"贴近儿童的水准提出问题、诱发儿童思维的教师，在这种儿童'内部语言'的对话中，起着儿童自己的补充性代理的作用"[②]；另一方面，要在准确解读文本的基础上设计核心问题（或称为主问题）对教学资源进行有效整合，引导学生选择恰当的"学习内容"开展教学。这既是对学生"学习权利"的一种尊重，也是教师主导作用的体现。

一、抓文体特征的学习价值点——量体裁衣，读有其格

课堂教学文本，从篇幅看有长有短；从语言形式方面看有文言文、现代文；从文体方面看，有记叙文、议论文、说明文；从文学体裁看，有诗歌、散文、小说、戏剧等。编入语文教材的课文不同于一般的阅读文本，也不同于其他学科的教材文本，是学生学习规范语言的载体。每一类文体在行文上都有自己的规律和特点，教师在设计核心问题时应把握文体特征，充分挖掘其教学价值。比如，有的文本语言很有特点，课堂教学就要在语言的赏析和写作借鉴上着力，如教学《安塞腰鼓》；有的文本表达逻辑性严密，课堂教学就要在思维训练上重锤猛击，如《劝学》；有的文本思想性和哲理性都很强，课堂教学就要在引发学生思考和感悟上下功夫，如教学《人是会思维的芦苇》……

请看一位教研员执教《社戏》时的三个教学环节：

① 徐勇.易先燕.观察课堂提问很有教研价值[J].中国教育学刊,2015(10):106.
② 佐藤学.学习的快乐——走向对话[M].钟启泉,译.北京:教育科学出版社,2004:48.

1.聊聊文中的事。

问题:课文中写了哪些有趣的事?

执教教师这是抓住"怎样理解文末所说的'我实在再没有吃到那夜似的好豆,——也不再看到那夜似的好戏了'"这一关键句发问,引导学生揣摩小说的主题。

2.聊聊文中的人。

问题:文中写了哪些人? 他们各是什么样的人?

执教教师这是重点扣住"在这迟疑之中,双喜可又看出底细来了,便又大声的说道,'我写包票! 船又大;迅哥儿向来不乱跑;我们又都是识水性的!'"这句话,引导学生由语言描写把握双喜这一人物形象的性格特点。

3.聊聊文中的景。

问题:精读第11段,体味描写的具体形象。说说这段文字写得好不好,好在什么地方。

课堂上,执教教师先让学生读书讨论,引导学生体会作者从不同角度、调动多种感官、采用多种修辞手法把景物的美写具体,并出示改文"一路上景色很美,船走得很快,但我却还以为船慢",让学生在对比中体会描写和叙述的区别及不同的表达作用。

从这三个教学环节来看,这位教师设计的核心问题,不仅紧紧扣住了小说的体裁特点,从情节、人物、环境三个角度开展教学,还精选句段设计问题,达到了长文短教和引导学生学会高效阅读的目的。

钱梦龙先生认为,教会学生从不会阅读到学会阅读,从不了解阅读规律和阅读方法到能够遵循阅读规律和比较熟练地运用阅读方法,需要教师"严而有格"地训练。所谓"严而有格",就是使学生一打开文本就知道应该按照怎样的"规格"去读,做到"读有其序,思有其格"。钱老将其归纳为阅读五格,即认读感知、辨体解题、定向问答、深思质疑和复述整理。一旦学生"领悟之源广开,纯熟之功弥深"(叶圣陶语),就必须由"入格"而"出格",摆脱"格"的束缚而进入阅读的"自由王国"。

二、扣体现语文思维品质的重难点——聚焦核心,读有所悟

任何一个教学文本都会有很多的知识点要学,但在有限的课堂教学时间内教师根本不可能做到面面俱到。因此,课堂上教师要紧扣体现语文思维品质的重难点开展教学。首先,一堂课要有一两个核心目标,而且要紧扣训练重点来设计核

心问题。其次,要培养学生的语文核心素养。语文是什么? 柳斌在《语文教学应重视"诵读"》中指出:"语文是一种能力,是通过表达能力、交流能力、获取信息能力等体现出来的生存能力,是通过概念、表达、是非判断、逻辑推理等思维能力体现出来的发展能力。"语文学科的核心素养是什么? 吕叔湘先生指出:"语文教学的首要任务是培养学生各方面的语感能力。"

请看一位教师执教《湖心亭看雪》时围绕三个核心问题开展的教学。

1.独往湖心亭看雪,看的是怎样的雪?

赏析白描手法描写雪后西湖奇景的文字,是学习《湖心亭看雪》的一个难点。课堂上,教师先引导学生品读句子"雾凇沆砀,天与云与山与水,上下一白",学生读出了"万籁无声、森然寒意、威严庄重"等感受。接着又引导学生通过品读"湖上影子,惟长堤一痕、湖心亭一点、与余舟一芥、舟中人两三粒而已",分析了作者描写这些词句的独特视角,引导学生结合中国画"简单勾勒、重在神韵"的白描手法赏析作者描写的精妙之处。

2."湖中焉得更有此人",此人是怎样的人?

课堂上,执教教师引导学生联系前后文,并适当补充介绍背景资料,引导学生读出了这是一个"孤独寂寞、不随流俗、悠闲坦荡"的人,为下一个环节理解文本所表达的情感作铺垫。

3."莫说相公痴",痴是怎样的痴?

"痴"是《湖心亭看雪》的文眼,全文就是围绕"痴"展开的:行为的"痴"——看雪;绘景的"痴"——雪景;情感的"痴"——脱俗、清高。课堂上,执教教师补充介绍了张岱的相关背景以及《陶庵梦忆·自序》《琅嬛文集·自题小像》中的句子,并联系柳宗元的《江雪》、李白的《独坐敬亭山》、陶渊明的《饮酒》等中学生熟悉的诗句,引导学生体会"作者痴迷于天人合一的山水之乐,醉情于世俗之外的闲情逸致"的高雅脱俗、清高自赏的个性人格,并以"句淡雅而味深长,言有尽而意无穷"和"远繁华而甘寂寞,倚天地而立诗心"概括课文的特点和情韵结束全课。

这堂课,三个核心问题都来源于课文中的关键句子,而且紧扣教学的重难点,由景及人,由人及情,层层深入,引导学生在词句的品读中逐步触摸到课文的主旨。阅读教学的归宿是培养学生阅读思维的方法,训练学生的阅读思维能力,发展学生的智力水平。阅读教学中进行思维训练的方法主要有:紧扣课题质疑问难,展开思维;把握思路,理清层次,发散思维并训练思维的逻辑性;抓关键词,挖掘句子含义,训练思维的准确性;采用多媒体教学手段,或通过想象情境,训练思维的形象性;精心设计开放性问题和各种练习,培养思维的创造性。

教师对文本的解读是阅读教学的基础,具有特殊性——这种特殊性,就我的教学体验而言,就是要努力在文本当中找问题……明代学者陈献章说:"前辈谓学贵知疑;小疑则小进,大疑则大进。疑者,觉悟之机也。一番觉悟,一番长进……更无别法也……即此便是科级。"学生独立阅读文本时,语言文字往往一晃而过,他们看似读懂了文本,实际上却还停留在文本的表层,对文本还没有深刻的理解和独特的感悟。这就要求教师在课堂上不仅要会设计核心问题链,还要引导学生对文本的细微之处进行质疑,提出有价值的问题,经历"无疑—有疑—无疑"的教学思维过程。只有这样的课堂阅读教学,学生才会有所悟有所得。学生针对句子提问的角度和方法有:理解内容,抓总起总结句;揣摩中心,抓中心句和主旨句;赏析语言,抓修辞句和文采句;把握结构,抓过渡句和照应句;读出感悟,抓含义深刻的语句。

三、找以读促写的训练点——有效迁移,读有所用

语文教学的终极目标是什么? 是致力于培养学生的语言文字运用能力,提升学生的综合素养,为学好其他课程打下基础。语言文字的运用能力就是学生听说读写的能力。一堂有生命力、有语文味儿的语文课,应关注与发展学生的口头表达和书面表达能力。叶圣陶先生曾说:"阅读是'吸收'的事情,从阅读,咱们可以领受人家的经验,接触人家的心情;写作是'发表'的事情,从写作,咱们可以显示自己的经验,吐露自己的心情。"这段话将读与写的实质揭示得很清楚,并指出阅读与写作是相通的,"读写结合""以读促写"是语文教学必须遵循的基本规律之一。曾宪一提出:"不关注写作的语文教学是虚空的,课文的例子作用也只有在写作训练中才能落到实处。"阅读教学中,教师要找到适当的切入点,揭示读与写的内在联系,在阅读教学中有意识地进行写作训练,引导学生实现深度学习,实现由读到写的有效迁移,从而提升学生的表达能力。

1.积累写作技法

积累写作技法的方法很多。比如:可借用《等待戈多》分析人物的心理危机及其反映的社会危机;可化用《我的空中楼阁》描写美的境界;可活用鉴赏《声声慢》《登高》《锦瑟》的方法分析相似诗歌的情感……

2.句段训练

句段训练的方法也很多。比如:可仿写文中表达很有特色的一句话组成一个排比句;可揣摩人物心理或想象当时的场景写一段文字;可模仿文中的一段话进行一次小练笔;可用文中内容写对联或续写课文结尾……

曾宪一在教学《威尼斯》一文时,就在引导学生整体把握威尼斯这座水上之城、艺术之城的特点后,巧妙设计了用对对联的方式概括文中所描写的自然美的环节,既训练了学生的归纳概括能力,又训练了学生的语言表达能力。请看下面的课堂教学实录片段①:

师:具体地讲,本文的"自然美"美在八幅景点画;老师现已把八幅景点画给出了上联,请你对出下联,前后桌可以商量,时间是4分钟。

(屏显)。

(1)威尼斯近景图:河道交错定街巷,_____。

(2)威尼斯远景图:团花簇拥威尼斯,_____。

…………

师:写好了吗？谁来对第一副?

生:桥梁横亘似彩虹。

生:桥梁横亘实别致。

师:都很好。谁来对第二副?

生:绿波荡漾水中城。

师:很工整。谁来对第三副?

…………

在接下来的师生对话中,教师用"谁还有不同的对子?""比较起来哪个更好?""能换个别的说法吗?""很有创意!""借用原文的词语好!"等富有启发性的语言点评,引导学生更准确地概括和表达。最后让学生从头到尾复述对联并小结,从而加深对威尼斯自然美的具体印象。

再比如,教学《从百草园到三味书屋》,教师可以结合描写百草园景物的段落,引导学生从景物描写的内容(选取典型的景物、景物的特征、详略得当的描写)、方法(抓特征、用修辞、多视角、多感官、动静与虚实结合)、作用(借景抒情、烘托心

---

① 曾宪一.曾宪一教语文[M].上海:上海科学技术文献出版社,2011:329-334.

情、丰富内容、深化主题）三个维度进行赏析，指导学生归纳景物描写的方法，并尝试课后练习写一个描写景物的片段，要求运用课上学到的一两种方法或技巧。

3.篇的训练

篇的训练方法也有很多。比如，可模仿结构、立意、技法等写一篇文章；可改写全文，可反弹琵琶换角度写作，可改变文体风格写作；还可以写鉴赏、评论、感想……

朱熹说："读书无疑者须教有疑，有疑者却要无疑，到这里方是长进。"解读文本时能提出有价值的核心问题，学生才有可能学会提问；教师能教给学生阅读的方法，学生才能学会独立阅读。唯如此，教师才能用好教材这个"例子"，举一反三，破解语文教学"少、慢、差、费"的老大难问题，达到叶老所说的"不需要教"的最高教学境界。

【原载《语文教学通讯》（初中版），2016年第5期，有改动】

结构化教学实践探索

运用"结合型教学"传授整体性语文学法

人的一生中,在校学习的时间只占相当短暂的一段,而在这有限的时间内所学的知识仅能为终身学习奠定初步的基础。无论教师如何善教,学生所获取的知识仍然是十分有限的。由此看来,"授人以鱼,不如授人以渔"。

语文是一门工具性很强的基础课程,特别是小学语文,学生学习的好坏将直接影响其以后其他各个方面的学习。长期以来,我国语文教学的效率低下,正如吕叔湘先生在1978年所说:"十年的时间,2700多课时,用来学习本国语文,却是大多数不过关,岂非咄咄怪事!"然而20多年过去了,吕老所说的局面,并没有彻底改变。这里面的原因是多方面的,学生不会学习是其中一个很重要的原因。

结合型实验教学的做法是"教、学、用"相结合,向学生传授系统的学习方法,进行整体性的学习技能训练,全面培养语文学习能力。

一、结合型识字教学:教给识字方法,训练识字技能,培养识字能力

结合型识字教学包括集中识字、随课文识字、循环识字三个完整的学以致用的教学过程。集中识字安排在课文学习之前,改传统的音—形—义生字教学步骤为形—音—本义步骤,利用汉字构造规律形成字的表象基础,通过查字典,强调记住字的本义。随课文识字,主要是将生字结合到词句中去理解字义,进行概念学习。循环识字则是把重难点字放到句子中去理解、去运用。一个生字的掌握是由认、写、理解字义的吸收过程到说话、造句的运用过程。

例如,《狼牙山五壮士》中的"斩"这个字的教学,第一步先出示字形,左边"车"字旁,右边"斤"字,"斤"在古代是一种砍伐树木的工具;再读字音zhǎn,最后弄清"斩"字的本义是"砍、杀"的意思。第二步,理解"斩钉截铁"这个词时,让学生说出词的基本意思。第三步,结合课文句子"班长马宝玉斩钉截铁地说了一声"理解词的比喻意义,最后让学生造句进行运用。

汉字数量庞大,每个人都不可能把每个字都弄懂,关键是在碰到生字时,知道应该怎样去学习,去掌握。通过这样的训练,学生能按照"看字形,记字音;据字音,忆字形;由字形,思字义;晓字义,会组词,能造句"的方法学习生字,而且对所学的生字掌握得牢固,理解字词善于追根求源。

二、结合型阅读教学：教给阅读方法，训练阅读技能，培养读写能力

1.按文体重组大单元，教给单元整体学法

人教版小学语文教材的编排体系在训练学生技能和培养语文能力方面有了重大的改革和巨大的进步，教材用40个重点训练项目来统整3—6年级的单元教学，力求体现出从"讲读课文"到"阅读课文"再到"单元作文"的技能的迁移训练。但在教材编排上并不十分科学。比如，第六册第一单元由《八角楼上》《艰苦岁月》《赵州桥》三篇讲读课文和诗歌《帐篷》这篇阅读课文组成。又如，第十册第六单元由《给颜黎民的信》《落花生》两篇讲读课文和《小青石》这篇阅读课文组成。这种文体上和写作手法上的巨大差异给阅读、写作技能迁移训练造成了障碍。

相同文体的课文特点和表达方法比较接近。结合型教学以文体为纲，重组教材大单元，进行"教""学""用"三环节教学。例如，第十册写人单元的教学中，首先，通过"教"环节教学《狼牙山五壮士》《丰碑》两篇课文，学生初步掌握了写人课文的特点及阅读方法：

（1）明确写什么人；

（2）通过什么事来写人；

（3）所写人物有什么特点；

（4）课文是怎样围绕人物特点来具体描写的（线索、结构、方法）。

然后，进入"学"的环节，教师指导学生按照上述阅读方法尝试学习《毛主席在花山》一文。

最后，在"用"的环节，让学生运用学习方法，独立自学自读课本《可爱的小柱子》一文，完成检测题，并且综合应用技能完成单元作文——写一个人。

这种学以致用的学法指导具有严密的系统性，避免了盲目性、随意性，学生易于接受、掌握，迁移形成阅读、写作技能。通过几年的训练，任意拿一篇课文给学生，学生就会知道首先辨识文体，然后调取相关文体的学习方法，有步骤地去学习课文。

2.在单篇课文中教给具体的阅读方法

在一个单元整体学法的总体指导下，每一篇课文教给具体的学法。如写人单元，在《狼牙山五壮士》一文中，作者描写人物的具体方法有：一是先概写，再具体写。每个部分作者先总写五壮士，然后具体写每个人的情况。二是正面从五壮士的语言、动作、神态等方面描写，侧面从敌人的惨败情况来突出五壮士的英勇顽

强。《丰碑》一文,作者的具体写法是:以将军为主线来反衬军需处长,从正面描写军需处长被冻死的外貌来突出他生前的崇高品质。对这些具体的写作方法,教师在教学时,应引导学生总结出来,这对学生阅读和作文是大有裨益的。

3.将读写重点训练项目具体分解到单元中

结合型教学将小学语文40个读写重点项目具体化,并分解到各相关单元教学中进行读写训练。

例如"练习概括中心思想"这则读写例话对如何概括中心思想,谈得比较笼统。我们将其具体化为:写景课文的中心思想,就是景物特点及作者抒发的感情;写人课文的中心思想,就是人物的特点;叙事课文的中心思想,就是通过叙事所告诉我们的道理;说明文的中心思想,就是作者告诉我们的知识⋯⋯

又如"详写和略写"这则读写例话中,把"凡是和中心思想关系特点密切的材料,就是重点材料,应该写得详细些"具体化为:写人课文,凡最能突出人物特点的材料应详写;写景课文,凡最能体现景物的材料应详写⋯⋯这样处理,学生不是囫囵吞枣地接受读写知识,而是实打实地进行读写综合训练。

叶圣陶先生说过:"教任何功课,最终目的都在于达到不需要教。假如学生进入这一境界,能够自己去探索,自己去辨析,自己去历练,从而获得正确的知识和熟练的能力,岂不是就不需要教了吗?"

结合型教学正是从"字、词"到"读、写"各个方面都给了学生探索、辨析、练习的方法,进行整体性学习技能的训练,使学生具有初步的较系统的语文自学能力。实践证明,结合型教学在提高语文教学效率和质量等方面都具有十分显著的效果。

（原载《三峡教育》1999年第5期,有改动）

第四章　教学设计的范式转换

多年以来,我们已习惯于以"时间+汗水""刷题+考试"的方式去换取较高的教学质量。有人这样形容中学的教学现状:老师不是在改试卷就是在讲试卷,学生不是在做试卷就是在对答案,"题"海无涯苦作舟,书山有路"考"为径。虽然有些夸张,但学生学得累、教师教得苦,教学质量进入瓶颈却是普遍的事实。在加快基础教育改革、教育评价改革的背景下,2021年,国家出台最严格的"双减"政策,学生在校时长、作业总量、课业负担等得到有效控制,但这也引发了家长和社会的普遍焦虑——减负会不会降低教学质量?2022年4月,新的义务教育课程方案和课程标准发布,带来课程目标、教材内容、评价标准、教学方法的全面改革。

如何做到减负还要提质?如何跟上新一轮课改的时代步伐?唯一的出路是:着眼新课标、新课改的新要求,提升教师专业水平,提高课堂教学效率,让师生赢在课堂,促进学生、教师和学校的可持续发展,从而全面落实立德树人根本任务。崔允漷教授认为,"课改"落实到学校和教师层面就是"改课"。新课标落实到教学至少有两个落差,一是新教材与新课标的落差,二是新教材与新教案的落差。减少这两个落差的关键是提高课堂教学设计的水平——教师的教案必须改变。教案不改,课堂就难以改变;课堂不变,新课程就难以落实。

教学设计是上课的前提,是教学质量的根本保障,但观察教师的日常工作,"一分力量备课,两分力量上课,三分力量改作业"的现象普遍。备课凭经验,教案靠"借鉴",课堂教学目标模糊宽泛,教学活动发挥随意。一堂课上完,教师拿不出自己的教学设计方案,教学目标到底达成了多少,心中无数。课堂教学的效率和效果可想而知。

在教育教学中,哪里有问题,哪里就需要设计!"设计是一个使梦想变成现实的过程!"教学设计是教师专业价值的核心所在。

一、传统教学设计存在的主要问题

备课也好,教学设计也罢,都必须回答好三个问题:我要将学生带到哪里去?怎么去？到了没有？但是，很多时候我们都没有深入思考这三个问题及其内在的逻辑关系。传统教学设计主要存在以下问题。

1.课程目标意识不强

教师备课时首先不是关注教学目标设计，而是花大量的时间和精力去设计教学活动、教学流程，追求所谓的教学技巧。教学目标设计草率，要么照抄照搬教参教案，要么三维目标分条罗列，"无所不包""面面俱到""十全大补"；要么目标表述主体错位、含混不清；要么教学活动与教学目标"两张皮"，教学活动不聚焦目标达成，为活动而活动；要么课堂检测和评价与目标不搭边界，牛头不对马嘴……凡此种种，不一而足。教学目标的陈述也常出现以下问题。

（1）教学目标泛化

把课程目标或学段目标当课时目标，"三维目标"分列表述，缺乏整体性，冗长且不切合实际。

（2）行为主体错位

从教师"教"而不是从学生"学"的角度设计教学目标，教师是学生学习的控制者而不是帮助者，体现出的教学观念是"师本"而不是"生本"。把教的过程或内容而不是学生学习的结果作为学习目标。比如："使学生树立……观点""培养学生……的情感或能力"。

（3）行为动词含糊

行为动词的可测量性、可检测性差。如"提高学生的实验操作技能""懂得……""体会……""领悟……"，这些动词的含义不容易确切把握，缺乏质与量的规定性，很难操作和测量。不会用"能背诵……""会默写……""能说明……""能解释……""能概括……"等师生都明确的显性动词和语言去替代。

（4）行为条件缺失

对完成规定学习行为所需要的条件（情境）缺乏明确的表述。行为条件，通俗地讲，就是"在什么条件下"，特指影响学生学习结果的限制或范围。

（5）表现程度疏漏

不能从准确、速度、质量等维度去确定学生通过一段时间的学习后所产生的行为变化的最低表现水准或学习水平，用以评价学习表现或学习结果所达到的程度（通俗地说就是"能做到什么程度"）。

格兰特·威金斯等人总结了从幼儿园到大学教育普遍存在以"内容"为导向的两种典型的教学设计误区。一种是"活动导向的设计"，在小学和初中尤为突出。课堂热热闹闹，学生光动手不动脑，"活动纵然有趣，但未必能让学生获得智力上的成长"。另一种是"灌输式"的教学设计，普遍存在于高中和大学。教师按照教材或讲稿逐页讲授，尽最大努力在规定的时间内学习所有的事实资料。学生淹没在无休止的事实、观点和阅读汇总中，这种灌输式的教学，"就像是走马观花式的欧洲之旅，没有总括性目标来引导"。与其说是"设计"教学，还不如说是在"撞大运"。这就好比站在讲台上丢下一些内容和活动，然后盼望着总有些内容或活动会起作用。①

2."教、学、评"分离

新中国成立以来，我国教学模式深受苏联教育家凯洛夫"组（组织教学）、复（复习旧课）、新（讲解新课）、巩（巩固新课）、布（布置作业）""五步教学法"的影响，被许多教师戏称为"祖父心口痛"。几十年来，我们基本是按照这个模式备课和组织教学。这种模式主要是从教师"如何教"的角度去设计教学，而很少从学生"怎么学"的立场去思考和设计，更谈不上在教学过程中"如何评"的问题。显然，这种"以教师为中心"的教学设计理念与当代"以学习为中心"的理念不在一个层面上，与之相应的学生"坐而论道"的学习方式也远远落后于追求学生参与、学科体验、学科独特性与精气神的"学科实践"的学习方式。

3.偏重个人经验主义

不可否认，许多成熟教师在教学实践中积累了丰富的教学经验，因此他们认为备课只是年轻教师的活儿，教材教过一遍又一遍，上课只需凭经验，可以不写教案，只需课件或导学案。每新教一届学生，仍然沿袭自己以前的教案，"翻出旧曲谱，与君歌一曲"。殊不知，时代在变，学生在变，教材在变，要求也在变。一些老教师固守传统，教学设计率性而为、没有章法、随意性大；一些新教师模仿老教师，或者买来教案依葫芦画瓢，甚至照搬照抄，很快也把自己变成"老油条"，失去了创造的热情和激情。

4.缺乏专业的备课技术

教学设计跟不上新课改的步伐，缺乏从课程到单元再到课时的整体设计和系统建构，教师教学设计的专业水平亟待提高。不少教师认为备课没有什么技术含量，从教几十年，年复一年写教案，个人专业无进展。正如行内常说的那样，有些教师有20年的教学经验，而另一些教师只有重复20次的1年教学经验。教学设计需要用到课标分析技术、

---

① 格兰特·威金斯，杰伊·麦克泰格.追求理解的教学设计（第二版）[M].闫寒冰，宋雪莲，赖平，译.上海：华东师范大学出版社，2017:16-17.

学情分析技术、教学目标确立与叙写技术、教学活动设计技术、持续性的教学评价技术等，而这些恰恰是彰显教师作为专业技术人员的核心技能。

二、基于现代教学理念的教学设计范式转换

"备课"与"教学设计"虽然意思相近但有区别。传统教育学将备课定义为"教学的准备活动"，就是我们通常所说的写教案。备课主要基于哲学和经验取向的教学论，偏重于教师的"教"，主张"教学有法，教无定法"，主要受孔子、苏格拉底等古代哲学家、思想家以及近现代夸美纽斯、裴斯泰洛齐、赫尔巴特、杜威、凯洛夫等教育思想的影响。现代教学设计主要基于西方近代科学心理学与实证研究取向的教学论。桑代克和斯金纳的程序教学、布卢姆的发现教学、奥苏伯尔的有意义言语学习、维特罗克的生成学习、班杜拉的社会认知、加涅的积累学习（任务分析教学）等各种教学理论流派，对我国教学理论产生了重大影响。20世纪末，"结构—定向"教学论、"学习分类与目标导向教学"等教学理论，主张"学有规律，教有优法"。两种取向的教学论各有优势和局限性，相比而言，科学取向的教学法更多地关注学生的"学"，规则具有可操作性、有助于提高教学效率和教师专业发展。①

1. 现代教学设计理念

"教学设计"是一个工程学的隐喻术语，对备课进行了重新定义。"设计"指人们用于改进其创造物的质量的活动，本质上是为了解决问题，而且是结构不良的问题，设计的产物没有统一的答案，意味着创新。20世纪中叶，系统论被引入教育研究，从系统论的观点来看，教学是一个由许多因素构成的复杂系统。现代教学设计可分为行为主义、认知主义、建构主义三大类基本模式，下面介绍几种具有代表性的模型。

迪克（W.Dick）和凯瑞（L.Carey）把教学设计定义为"用系统的方法描述教学、分析、设计、开发、评价和修改的全过程"，其著作《系统化教学设计》（2005年第6版）的核心思想是：教学本身是一个由学习者、教师、教学材料及学习环境等成分构成的系统，教学过程本身也可视为一个旨在引发和促进学生学习的系统……并建构了"系统教学设计模型"，包括确定教学目标、进行教学分析、分析学习者及环境、陈述作业（行为）目标、开发评估工具等9大环节和1个总结性评价环节。

加涅在《教学设计原理》（2007年第五版）中把教学系统定义为"对用于促进学习的资源和程序的安排"，教学设计是一个系统化规划教学系统的过程。教学系统设计是创建

---

① 皮连生.教育心理学（第四版）[M].上海：上海教育出版社，2011：359-381.

教学系统的过程,它"包括系统理论和问题解决的方法论,这又构成其描述与产生培训和教育的学习环境的基本范式"。①教学系统主要包括:分析(analysis)、设计(design)、开发(development)、实施(implementaion)与评价(evaluation)几个阶段,这就是经典的加涅ADDIE教学设计模型。

史密斯(Patricial L.Smith)和雷根(Tillman J.Ragan)在其专著《教学设计》(2005年第5版)中认为,教学设计指将学习与教学原理转化为教学材料、活动、信息源和评价的系统化的和反思性的过程。作者改进了"迪克-凯瑞"模式,将教学设计模式分为分析、策略、评价三个阶段。第一阶段,分析学习环境、学习者、学习任务;第二阶段,确定组织策略、传递策略,设计出教学过程;第三阶段,进行形成性评价,对设想的教学过程予以修订。

此外,影响较大的还有格兰特·威金斯(Grant Wiggins)和杰伊·麦克泰格(Jay Mc-Tighe)1998年提出并在其著作《追求理解的教学设计》(2017年第二版)中阐述和修订的"逆向设计"模型框架。他们认为教学设计主要包括三个阶段:确定预期结果(确定目标)、确定合适的评估证据(理清证据)、设计学习体验和教学(活动),评价先于活动设计。

与备课概念相比,现代教学设计理念强调了教学准备的系统性、反思性,从偏重于教师的"教"转向学生的"学",走向以核心素养导向的学习中心课堂教学。崔允漷教授指出,如果说我国的教育方针、学生发展核心素养对人的培养目标是"想得到的美丽",那么课程标准规定的课程目标、内容和学业质量标准就是"看得见的风景",而每个学期、单元和课时的教学目标就是"走得到的景点"。实现这个美好蓝图的关键要靠我们一线教师去落实到每个单元、每个课时的教学设计当中。

2.单元设计是撬动课堂转型的关键

钟启泉教授认为,学校课程发展与教学实施存在四个环环相扣的链环:核心素养—课程标准—单元设计—课时计划(此处原为"学习评价",作者在其随后出版的《核心素养十讲》中将其修改为"课时计划")。基于核心素养的课程改革面临的重要挑战之一是"基于课程标准的单元设计",这是撬动课堂转型的一个支点。"倘若离开了'单元'(学习的流程)这个课程设计与教学实施的基础单位,可能产生的第一个恶果是,那些开发出来的所谓'学科'、'课程'不过是一堆垃圾而已,因为构成学科的基础单位就是'单元'。可能产生的第二个恶果是,纠缠于'课时主义'。离开了单元设计的课时计划归根结底不过是聚焦碎片化的'知识点'教学而已。"②

学校教学中的"单元",是基于一定目标与主题所构成的教材与经验的模块或单位。

① 加涅,等.教学设计原理(第五版)[M].王小明,等译.上海:华东师范大学出版社,2007:18.
② 钟启泉,崔允漷.核心素养研究[M].上海:华东师范大学出版社,2018:14.

单元又分为以系统化的学科为基础所构成的"教材单元"(学科单元),以学习者的生活经验为基础所构成的"经验单元"(生活单元)。佐藤学把"单元设计"概括为两种不同的单元编制:"计划型课程"以"目标—达成—评价"的方式来设计,"项目型课程"以"主题—探究—表达"的方式来设计。一线教师在日常教学中所理解的"单元"概念,更多的是指"教材单元",即国家统编教材依据课程标准所规定的内容体系,选取一组有关联的学习内容和学习活动而编排好的章、节,并以"第×单元"明确标示。随着我国课程与教学理论体系的不断成熟、课程标准的迭代升级,国家对教材修订的频次越来越密集,内容编排也越来越科学,逐渐从"内容单元"迈向了"学习单元"。而新课标中要求的综合实践活动、跨学科学习、项目式学习等,包括学校开发的大多数校本教材,属于"项目型课程",以"经验单元"的方式来编制,需要采用"主题—探究—表达"的方式来设计单元教学。

在传统的教学设计中,教师恰恰忽视了单元教学设计,直奔课时计划的设计而去,这就导致教学出现前面提到的第二个恶果。但我们也注意到,一些教师平时教学成绩并不突出,比如月考、中期考试、阶段性测试,甚至前几学期的学生成绩都很一般,而随着年级的升高,其学生的成绩越来越好。其中有一个很重要的原因,这部分教师是着眼于整个学段的目标和内容在开展平时的教学,前阶段在打基础,不急功近利,不显山露水,稳步提升学生的能力和素养,到了后阶段,学生的综合素养逐渐显露,厚积薄发,成绩也自然凸显。这样的教师如同富有战略眼光的指挥员,胸怀全局而不在乎一时一地的得失。

单元是知识结构化的表现。扭转"课时主义"和"知识碎片化"教学惯性的必然出路是:以核心素养为导向,回归单元教学设计,促进学生能动学习和深度学习。即在全面把握学生发展核心素养、学科核心素养目标的前提下,系统梳理标准规定的课程内容和教材呈现的学习材料,强化"学习单元"教学设计。如前面我们提到的结构化教学,进行"大概念""大单元"教学设计——教师一开始应该先将整个学科作为一个整体,列出宽泛的长远目标;然后将这些目标分为几个大的单元,最后再确定具体的行为目标——逆向设计。

3.基于课程标准的单元设计

开展单元学习包括四个重要的环节:确定单元学习主题、确定单元学习目标、设计单元学习活动、开展持续性评价。现将每个环节的具体操作要领归纳如下[①]:

(1)确定单元学习主题

确定单元学习主题的依据包括四个方面:第一,学科课程标准,要全面把握课程性

---

① 刘月霞,郭华.深度学习:走向核心素养(理论普及读本)[M].北京:教育科学出版社,2018:72-91.

质、目标、内容、实施建议和评价建议;第二,学科教材内容,要系统领会教材每个单元的导读提示、主体内容、背景材料、课后思考、探究活动、单元实践等的编排意图;第三,核心素养的进阶发展,要全面理解学科核心素养在学生不同发展阶段的不同表现,找到区别与联系,站在学科整体视角去选择单元主题;第四,学生实际情况,根据学情差异调整单元的大小、学习任务的解构程度和学习时间安排。

确定单元学习主题有四种思路:一是按教材章节的主要内容来组织,即遵循教材的编排体系和思路,新课教学适宜采取这种思路;二是按素养发展的进阶来组织,打通年级甚至学段,跨单元、跨年级进行整合,如,群文阅读、专题复习、高考总复习等可采用这种思路设计;三是按主题式任务来组织,可以是学科内的小系统,广泛联系日常生活、社会生活,如项目式学习、研究性学习;四是真实情境下的学习任务跨学科组织,如综合性、实践性、开放性强的学习任务。

确定单元学习主题有三个关键步骤:第一步是分析课标、教材,梳理单元内容结构,找出单元学习内容;第二步是分析诊断学生已有知识水平、关键能力、学科观念等,初定主题;第三步是结合相关信息综合论证、辨析单元学习的价值,最终确定主题。

(2)确定单元学习目标

确定单元学习目标要考虑四个因素:一是课程标准的要求,二是单元学习的主题与核心内容,三是单元学习所承载的学科核心素养的进阶发展,四是学生学习的基础和发展需求。

单元学习目标有四个基本特征:一是一致性,一致性是指与课程质量标准要求相一致;二是发展性,发展性是指既符合学生实际,又指向未来发展,既指向学科本质理解,又超越具体知识技能;三是结构化,结构化是指与其他单元学习目标相互关联、相互支撑,重点突出,表述具体、明确、简洁,不求大求全。确定单元学习目标的步骤与确定单元学习主题的步骤类似。

(3)设计单元学习活动

单元学习活动的设计要体现深度学习的特征:规划性和整体性,实践性和多样性,综合性和开放性,逻辑性和群体性。

设计单元学习活动的步骤有三:设计具有挑战性的学习任务;预设学生学习过程中的表现和可能遇到的困难,给出基本的应对方案;团队(备课组、教研组)对单元学习活动进行检验、讨论和优化,做到学习目标、内容、活动的一致性和适切性。

(4)开展持续性评价

开展持续性评价有四个关键步骤:一是制订持续性评价方案,依据单元学习的目标,整体设计学习全程的持续性评价方案和工具,包括评价标准、评价方式、信息反馈手段;二是确定持续性评价反馈的内容和方式;三是论证评价方案,包括与学习目标和内容的一致性、指标的可操作性、规范性与开放性等;四是公布评价标准,单元学习之前,教师清楚、明确地让每个学生知道和理解评价标准,便于学生随时对照自评,获得成就感。

苏霍姆林斯基说,"老师要用一生去备课"。"请君莫奏前朝曲,听唱新翻杨柳枝。"我们每位教师要紧跟时代的步伐,不断更新教学理念和方法,将已有备课经验与现代教学设计理念结合起来,积极推动课堂转型,做到"眼中有课标教材,心中有学生学情,手中有教法学法"。

三、教学评一致:让新课标落地的教学设计策略

2022年,教育部颁布《义务教育语文课程标准(2022年版)》,但2022年版课程标准的理念还没有真正落地到课堂教学行为之中,主要表现在:课程目标意识不强,偏重个人经验主义,以内容为导向设计教学,不能系统建构课程—单元—课时的目标体系,课时目标游离于课程目标之外;重"教"轻"学",学生被动学习,学习任务与学习目标"两张皮";教—学—评相互分离,评价与目标不搭边界,忽视过程性评价。遵循"教—学—评"一致的理念,基于课标、教材、学情确定学习目标,学习项目、评价任务、教学活动围绕目标展开,指向目标有效达成,做到教—学—评一致,推动新课标落地是解决上述问题的有效策略。我们以部编版语文教材九年级上册《沁园春·雪》的教学设计为例,具体阐述聚焦目标的教学设计操作策略。

1.目标确立:将课程目标转化为适切的学习目标

课程目标反映的是"培养什么样的人"这一国家意志,其表述宏观且宽泛。教师是借助课程标准、教材等实现课程目标的操盘手,掌握着目标、内容的裁量大权。基于核心素养、课程目标、学业质量标准,将课程目标转化为课时学习目标,在教学之前对预期的学习结果有一个清晰的认识,是教学的出发点、落脚点和着力点。教学首先需要深入理解并分析课标、教材、学情,找寻彼此的呼应,将整体目标分解落实到每一课堂,形成清晰、具体、一致、连贯的目标体系,从应然的"目的"走向实然的"目标",解决"为什么教"和"教什么""学什么"的问题。

(1)课标分析:准确定位课型及目标要求

首先,根据新课标的界定和教材内容,准确定位课型并简要摘录课程目标。如:语文新授课可分为"识字与写字""阅读与鉴赏""表达与交流""梳理与探究"等课型;每一大类还可细分,如"阅读与鉴赏"可根据不同的学习任务群分为"实用性阅读""文学性阅读""思辨性阅读"等,"文学性阅读"还可进一步分为"现代文阅读""文言文阅读"等。课型定位越精准,越容易在课标中找到相应的目标。

其次,要找到学业质量标准中与《沁园春·雪》学习相关的核心素养描述,并作简要摘录,把整体目标、学段目标、学业质量标准三个方面结合起来,准确定位课时目标。

最后,结合学习内容进行具体分析,包括学什么、学到什么程度、怎么学习。

《沁园春·雪》的教学设计,我们先作如下课标分析。

本课定位为"阅读与鉴赏"课,具体类型为"诗词鉴赏"。《义务教育语文课程标准(2022年版)》"阅读与鉴赏"第四学段与本课相关的主要目标摘录如下:能用普通话正确、流利、有感情地朗读……在通读课文的基础上,理清思路,理解、分析主要内容,体味和推敲重要词句在语言环境中的意义和作用。

《义务教育语文课程标准(2022年版)》"学业质量标准"第四学段关于阅读"审美创造"核心素养的相关描述摘录如下:

广泛阅读古今中外的诗歌、小说、散文、戏剧等文学作品,在阅读过程中能把握主要内容,并通过朗读、概括、讲述等方式,表达对作品的理解;能理清行文思路,用多种形式介绍所读作品的基本脉络;能从多角度揣摩、品味经典作品中的重要词句和富有表现力的语言,通过圈点、批注等多种方法呈现对作品中语言、形象、情感、主题的理解。能分类整理富有表现力的词语、精彩段落和经典诗文名句,分析作品表现手法的作用;能从作品中找出值得借鉴的地方,对照他人的语言表达反思自己的语言实践;能通过对阅读过程的梳理、反思,总结不同类型文学作品的阅读经验和方法;能与他人分享自己获得的对自然、社会、人生的有益启示,能借鉴他人的经验调整自己的表达,能根据需要,运用积累的语言进行口头或书面表达。

根据上述课标摘录,本课学习任务主要包括:有感情地朗读、理清思路、分析内容、品味语言。学生学到什么程度?"能用普通话正确、流利、有感情地朗读",具体要求为读准字音,读得连贯流畅,读得抑扬顿挫;通过语音、语调、语速、重读的变化,读出诗歌的节奏、停连、重音、韵律,并融入自己的情感和体会。"理清思路""分析内容",能说出写作顺序并梳理内容提纲,能概括全文主要内容、思想情感。"品味语言",能说出诗歌借助典型意象所营造的意境,找出富有表现力的语言及其类型,赏析这些语言所运用的表达方式、表现手法及其表达效果或作用,并能口头或书面表达自己的理解。

(2)教材分析:明确单元任务及本课学习价值

不但要分析教材文本的特点、学生学习中可能存在的障碍和难点,而且要弄清本课在本学段、本主题、本单元学习中的地位和作用,还要向下向上看此学习内容在整个基础教育中的价值和意义,要全面阅读教材的正文、注释、学习提示、思考练习、补充资料等,注意领会教材编者的意图。

《沁园春·雪》教材分析如下。

本课属于"发展型学习任务群"中"文学阅读与创意表达"学习内容,是九年级上册"活动·探究"单元的第一课。本单元的学习任务有三:学习鉴赏六首诗作,涵泳品味,把握诗歌意蕴,体会诗歌的艺术魅力;诗歌朗诵,学习朗诵技巧,举行朗诵比赛,把握诗歌的情感基调,读出感情和韵律;尝试创作,选择一个对象,写一首小诗,抒发自己的情感,注意句式和节奏。这三个任务目标由低到高、由易到难,"学习鉴赏"是整个单元学习的基础,只有朗读技巧训练到位、鉴赏方法基本掌握,才能更好地达成后面的"朗诵""创作"两个任务。本课是第一个任务的第一课,对于鉴赏其他五首诗歌起到方法引领作用,还要为高中"诗歌鉴赏"打好基础。

(3)学情分析:弄清学习的起点及发展区

主要对学生已有学习基础和学习经验进行分析,通过前测发现学习障碍和问题,找到学生的最近发展区,作为确立本课学习目标、策略、方法、重难点的依据。

《沁园春·雪》学情分析如下。

学生通过八年的学习,背诵、积累了百余篇优秀的古诗文,对诗歌这种文学体裁已经十分熟悉,并积累了一定的朗读技巧和赏析方法;学生在日常生活中通过影视、书法作品等对本课的内容已经有所了解,有的学生早已熟读成诵;通过前测,学生对重点字词读音的正确率为86%,停顿节奏划分的正确率为95%,重点词赏析的正确率为67%,这说明多数学生已经能初步读懂本词,仅对少数重点语句的理解有一定的难度。

(4)目标确立:清晰表述可检测的行为目标

有了上述三步基础性的工作,我们就可以确立本课的目标。受不同学习理论的影响,目标叙写主要有行为目标、展开性目标、表现性目标三种形式,而语文学科适宜采用行为目标。一个成功阐明的行为目标包含四个要素:行为主体(audience)、行为动词(behavior)、行为条件(condition)和表现程度(degree),简称ABCD形式。①

为确保一堂课的学习目标涵盖不同水平的学习内容,避免学习目标过低或过难,我们借助安德森修订后的布卢姆认知教育目标分类法,运用"行为内容矩阵"分析工具②,根据认知水平对目标进行分类,并按照由易到难的顺序进行陈述。总之,目标表述越SMART,即Specific(具体)、Measurable(可测量)、Attainable(可达成)、Realistic(现实的)、Time-bounded(有时间限定),它就越能为教学和评价设计提供有价值的参考。③《沁园春·雪》学习目标与行为表述见表4-1。

表4-1　《沁园春·雪》学习目标与行为表述表

目标细化		学习水平					
		记忆	理解	运用	分析	评价	创造
学习目标	1.通过自读、范读、展读等多种方式,90%以上的学生能正确读写"滔滔、妖娆、折腰、风骚"等词语,能正确、流利、有感情地朗读并背诵全词。	√	√				
	2.抓住"望""惜"等关键字词句和借助课文注释、提示,80%以上的学生能填出内容结构提纲并归纳出全词的思想内容。		√		√		
	3.运用圈点勾画、旁批等方式,从修辞、表达方式、表现手法、表达效果等角度,说出重点词句的含义、情感或作用;70%以上的学生能归纳并运用诗歌鉴赏的一般方法阅读难度相当的课外诗词。		√	√		√	

2.能动学习:围绕学习目标设计教学活动和学习任务

前面已经谈到以内容为导向的教学的两个典型误区:"活动导向"设计,"活动纵然有趣,但未必能让学生获得智力上的成长";"灌输式"设计,学生淹没在无休止的事实、观点和阅读汇总中,就像"走马观花式的欧洲之旅,没有总括性的目标来引导"。与其说是"设计"教学,还不如说在"撞大运"。教师站在讲台上丢下一些内容和活动,然后盼望着总有些内容或活动会起作用。走出上述误区的策略是遵循学习规律,围绕学习目标设计教学活动,促进学生能动学习。

① 钟启泉,汪霞,王文静.课程与教学论[M].上海:华东师范大学出版社,2008:106.
② 斯莱文.教育心理学:理论与实践(第10版)[M].吕红梅,姚梅林,等译.北京:人民邮电出版社,2016:384-385.
③ 赵德成.促进教学的测验与评价[M].上海:华东师范大学出版社,2016:42.

（1）遵循学习规律设计教学流程

加涅等人认为，教学是经过设计的、外在于学习者的一套支持内部学习过程的事件。设计教学事件是用来激活信息加工过程，或者至少和信息加工过程同时发生并支持加工过程的。①他将一节课的教学流程概括为"九大教学事件"②，简要归纳如下：引起注意—呈现目标—激活旧知—提供情境—指导学习—引出表现—反馈评价—学习检测—保持迁移。

《沁园春·雪》我们设计了以下五个教学环节：

第一，激趣导学，揭示目标，对应第一至三个教学事件。包括两个活动：教师简介《沁园春·雪》在重庆发表时的逸事趣闻（引起注意），学生说说关于"词"的常识和学习方法（激活旧知）；教师揭示并解释学习目标（呈现目标）。

第二，自主学习，自学检测，对应第四至六个教学事件。包括三个学习任务：听配乐范读（提供情境）；自由练读、抽读、展读，学生互评、教师点评读音、节奏、停连、重音等（指导学习）；完成自学检测题，组内交流、小组展示（引出表现）。

第三，质疑问难，合作探究，对应第六个教学事件。包括两个学习任务：学生交流学习中的困惑，独立完成《导学案》重点语句的赏析任务，小组交流讨论（引出表现）。

第四，教师点拨，总结提升，对应第七个教学事件。包括两个活动：小组汇报展示学习成果、师生点评，引导学生总结归纳赏析重点语句和赏析诗词的一般方法（反馈评价）。

第五，当堂检测，拓展运用，对应第八、九个教学事件。包括三个学习任务：对照内容结构提纲试背诵全词（学习检测）；赏析《沁园春·长沙》并完成检测题（学习检测，保持迁移）；课外阅读《艾青诗选》，推荐其中一首诗，并给出100字左右的推荐理由，全班交流（保持迁移）。

（2）着眼能动学习设计学习任务

教学设计的精髓是"为学而设计教"，从"被动学习"转向"能动学习"。"能动学习"的教学过程涵盖了四个要素：凝练讲授，教师基于"最近发展区"的理念提供最优的学习环境；周密引领，重点在于提供有助于学生形成知识与技能的脚手架；协同学习，为学生提供共同建构知识，并在新情境中运用业已习得的知识、技能的机会；自主学习，通过反复式、螺旋式、应用性、拓展性练习，以及借助教师具体、及时、可行的反馈，使每个学生成为

① 加涅，等.教学设计原理（第五版）[M].王小明，等译.上海：华东师范大学出版社，2007:172.
② 加涅，等.教学设计原理（第五版）[M].王小明，等译.上海：华东师范大学出版社，2007:180-182.

"自主学习者"。①本课的教学设计,充分体现了学生主体主动、教师主体主导的"双主互动"教学模型理念。五个教学环节中,除了第一、四环节教师有适当的讲授、点评、总结外,课堂大部分时间让学生通过听、读、写、讨论等多种方式进行自主、合作、探究学习并完成任务。

《沁园春·雪》共设计了五个主要学习任务:

任务一:练习朗读。 自由读,读正确、流利;听范读,读出节奏、停连、重音、语速、语调。

任务二:自学检测。

A.填写字词或加点字的拼音并读一读。(1分钟)

tāo tāo　　yāo ráo　　　zhé　　　　sāo　　　 jiāo　　（　）（　）
（　）　　（　）　　（　）腰　　风（　）　　天（　）　　还看今朝

B.浏览全文,结合注释、提示,抓住关键词句,补全下面的结构提纲表(表4-2),然后小组内交流讨论。(5分钟)

表4-2　《沁园春·雪》结构提纲表

结构思路	所写内容	主要意象	意象特点	表现手法/修辞手法	所抒情感（依据）
上阕（　）	望:北国雪景	长城	余莽莽	白描(借景抒情)	赞美（妖娆）
		舞银蛇			
下阕（过渡—历史—现实）	过渡			承上启下	
	秦皇汉武	略输文采			
	风流人物				

C.概括主要内容:诗人通过描写（　）的（　）,将（　）与（　）进行对比,抒发了对祖国壮丽河山和革命英雄的（　）之情,展现了诗人的伟大抱负和广阔胸怀。(1分钟)

任务三:赏析重点语句。(5分钟)

浏览、筛选并勾画这首词中的重要词句,如,内涵丰富深刻、情感充沛强烈、表达形象生动、结构作用突出的句子;然后抓住词句的特点,结合语境赏析,每人完成2个句子。

赏析方法及示例……

---

① 钟启泉.核心素养十讲[M].福州:福建教育出版社,2018:69-70.

我的选句(类型:):_____

我的赏析:_____

任务四:课堂检测。(6分钟)

(1)对照内容(结构)提纲,试背诵全词。

(2)赏析《沁园春·长沙》(内容、注释略),完成导学案检测题。

A.用符号标注节奏重音:怅寥廓,问苍茫大地,谁主沉浮?

B.词的上阕描写了一幅( )( )的湘江寒秋图,借景抒情并提出了苍茫大地应该由谁来主宰的问题;下阕回忆( ),表现了诗人和战友们改造旧中国( )革命精神和壮志豪情,展现出诗人( ),形象含蓄地给出了( )是国家命运的主宰的答案。

C.自选一句赏析。

任务五:课外阅读《艾青诗选》,推荐其中一首诗,给出100字左右的推荐理由,全班交流。

(3)聚焦学习目标设计教学活动

评价设计先于教学活动设计,力求做到学习目标、学习活动(任务)、教学评价三要素协调一致。即,以学习为中心,基于课程标准(对内容和技术的规定性要求),追求目标达成度(方向性),追求教、学、评一致(落脚点),解决"怎么教"和"教得更有效"的问题。[①]

本课五个环节的教学活动、五个主要的学习任务都聚焦于本课的三个学习目标。学习任务一、四指向第一个学习目标"正确、流利、有感情地朗读并背诵全词";学习任务二指向第二个学习目标"填出内容结构提纲并归纳出全词的思想内容";学习任务三、四、五指向本课最难的学习目标"赏析重点语句""归纳并运用诗歌鉴赏的一般方法阅读难度相当的课外诗词"。

3.评价设计:促进目标达成的评价贯穿于教学全过程

《义务教育语文课程标准(2022年版)》强调:"课堂教学评价是过程性评价的主渠道。教师应树立'教—学—评'一体化的意识,科学选择评价方式,合理使用评价工具,妥善运用评价语言,注重鼓励学生,激发学习积极性。"从单元到课时的教学过程中,"先要'像评估员一样思考',思考如何确定学生是否已经达到了预期的理解"[②]。我们既要重视过程性评价,将学科核心素养总目标与学段目标的阶段性、形成性评价相结合,将单元和课堂

---

① 张爱军.备课专业化:学教评一致性教学设计的理念与操作[M].长春:东北师范大学出版社,2020:23-31.

② 格兰特·威金斯,杰伊·麦克泰格.追求理解的教学设计(第二版)[M].闫寒冰,宋雪莲,赖平,译.上海:华东师范大学出版社,2017:19.

的纸笔测试与学习的诊断性、表现性评价相结合,发挥评价的育人导向作用,坚持以评促学、以评促教;又要兼顾学业质量标准与学业水平考试的终结性、选拔性评价要求,在过程性评价中有机渗透、逐步提升,最终达成课程目标和学业质量标准。

（1）将评价贯穿于教学的每个环节

设计教学活动应同步设计评价任务、标准、方式等相关工具及量表,主要包括如下操作策略。

策略一,构建指向核心素养的项目化学习评价任务。

"不谋全局者,不足谋一域。"单课教学,至少要站在单元教学的全局去设计。要全面理解新课标的核心素养,并转化为可评可检测的项目化学习和评价目标,明确"评什么";设计基于素养的评价任务和量规,根据不同类型的目标采取真实性或表现性的评价任务,解决"怎么评"的问题;营造出真实评价的氛围,让学生对自己的学习负责。学生成为学习和评价的主体,教师扮演支持者和指导者的角色,帮助学生理解目标,提供范例和"脚手架",及时有效反馈。①本课所在单元项目化学习任务及评价见表4-3。

表4-3　部编版《语文》九年级上册第一单元项目化学习任务及评价表

核心素养	审美创造——诗歌鉴赏与创造		
核心任务	学习鉴赏	诗歌朗诵	尝试创作
系列任务	1.鉴赏本单元六首诗歌 2.纸笔测试:赏析《沁园春·长沙》《雪落在中国的土地上》等 3.阅读名著《艾青诗选》,书面推荐一首诗,分组开展"诗歌的意象""诗歌的艺术手法"等专题探究 4.自主选读《泰戈尔诗选》《唐诗三百首》	1.班级开展诗歌朗诵比赛 2.年级举办"我爱这土地——艾青诗歌朗诵会"	"礼赞新时代,奋进新征程"原创诗歌征集活动,各班编辑一本诗集
学习目标	1.借助圈点勾画、注释旁批、朗读品味等方法,知道从情感基调、意象意境、思想情感等角度鉴赏 2.鉴赏课内外诗歌	1.正确、流利、有感情地朗读本单元六首诗歌 2.通过重读、停连、节奏、语调等传达诗人的思想情感	1.从本单元选一首诗仿写 2.选择一个对象,尝试创作一首小诗,抒发自己的情感,体现诗歌的句式和节奏特点
评价标准	单句赏析:表达方式、表现手法、表达效果等 全诗赏析:内容结构、语言特色、艺术手法、思想情感等	字音正确,节奏连贯,重读和语调恰当	有主题,有节奏韵律,能借景或借物抒发情志
评价方式	纸笔测试,成果展示	互学互评,展示评比	汇编成集,作品交流

① 夏雪梅.指向核心素养的项目化学习评价[J].中国教育学刊,2022(09):50-57.

策略二，开发设计评价工具，实现"教—学—评"一致。

评价工具以课程标准为依据，与单元学习目标一致，指向学科素养，可量化、可检测、可被学生接受和使用。将课程目标分解到单元，制订单元学习目标；将单元学习目标转化为学习任务，包括大任务和一系列的子任务，同时给定每项任务的评价标准；学生对照评价标准完成学习任务，师生收集证据，对照标准检查任务的完成情况，及时反馈和调整教学。本课教学，我们与教案同步设计了导学案（详见本章案例），供学生同步使用。导学案不同于一般的作业设计，而是作为学习的脚手架和评价工具，包括学习目标、自学检测、句子赏析、课堂检测、课外作业等部分，每个学习任务都有明确的时间限定、任务要求、量化评价标准及学习方法提示。

策略三，设计多样化的表现性学习评价任务。

常见的几种表现性学习任务的形式包括：纸笔任务、课堂展示、实验与调查、口头表达与角色表演、项目（课题）等。设计表现性学习任务需要进行任务分析，创设真实问题情境，撰写任务指导语，设计评分规则等。设计学习任务要有温度、有坡度、有厚度，把握好量度、深度、效度，创新方式，让学习任务多样化、有意思，指向核心素养，避免机械刷题，作业评改个性化、多元化、高效及时。本课表现性学习评价任务设计见表4-4，具体的作业设计见前面的五个学习任务。

表4-4　《沁园春·雪》表现性学习评价任务表

评价类型	表现性学习评价任务	
核心任务	诗歌鉴赏	诗歌朗诵
评价形式	1.纸笔任务：赏析《沁园春·雪》重点语句 2.课堂测试：赏析《沁园春·长沙》 3.交流展示：阅读《艾青诗选》，推荐一首诗，并给出100字左右的赏析，全班交流	主题活动： 1.个人、集体多形式朗诵《沁园春·雪》 2.班级诗歌朗诵比赛，评选达人秀、优秀小组 3.年级诗歌朗诵会，评选优秀班级

（2）用评价促进学习目标的达成

在课堂教学中，要整合"关于学习的评价""促进学习的评价""作为学习的评价"三种类型的评价，促进目标的达成。

首先，教师要用有效的评价任务、激励性的评价语言营造积极的课堂文化氛围，激发学生的学习兴趣，调动学生参与学习的积极性。

其次，要关注学生在课堂上经历了什么，学到了什么，即学习的过程和状态；要预设问题情境，充分暴露学生在学习和评价过程中的问题，围绕问题组织教学，让教学在预设中"生成"，让学生在课堂上"生长"，让评价为学习"增值"。

再次，学生的参与度直接影响目标的达成度，要时时关注有多少学生真正参与学习活动，采用进阶性、互动性、合作性的评价任务让学生持续参与学习活动；要充分发挥学生的主观能动性，凡是学生能够自学自评的任务，教师要还给学生并保证时间。

最后，通过子评价任务促成小目标的达成，最终达成整堂课的预期目标。据此，我们设计了教学目标达成情况过程性评价表（见表4-5），供师生、观课者使用，自评、互评、他评相结合，根据目标达成情况，提出改进建议意见，反馈给学生本人、授课教师采取补救措施。

表4-5 《沁园春·雪》教学目标达成情况过程性评价表

教学环节	评估要点(在方框内画"√"，括号内填数据)	评价类型	改进建议
激趣导学 揭示目标	1.是□否□激发学习兴趣 2.是□否□建立新旧知识联系 3.学习目标是□否□明确恰当 4.学生是□否□理解	关于学习的评价	
自主学习 自学检测	5.能□否□正确、流利、有感情地朗读 6.字音字形正确率(%)，内容提纲完成率(%)	作为学习的评价	
质疑问难 合作探究	7.是□否□充分暴露学习中的问题或困难 8.小组合作学习是□否□有效	关于学习的评价 促进学习的评价	
教师点拨 总结提升	9.自学成果展示的质量好□一般□差□ 10.教师点拨、师生归纳总结是□否□到位	作为学习的评价 关于学习的评价	
当堂练检 拓展运用	11.学习方法能□否□迁移运用 12.检测达标率(%)，总体表现好□一般□差□	作为学习的评价 促进学习的评价	

（3）发挥学业水平考试评价的导向作用

新课标的一个重要变化就是"增强了指导性"，针对"内容要求"提出"学业要求""教学提示"，细化了评价与考试命题建议，注重实现"教—学—评"一致性，强调全面推进基于核心素养的考试评价，强化考试评价与课程标准、教学的一致性，促进'教—学—评'有机衔接。

学业水平考试是国家组织的终结评价，也是带有选拔性质的高水平评价。中、高考试题是命题专家依据学业质量标准、核心素养要求而原创的题目，体现着国家教育评价、招生制度改革的方向和最新变化，不关注考试、不研究考试很难找到教学的方向。我们的教学既要"顶天"——着眼学生终身发展的必备品格和关键能力，对学生的未来负责；又要"立地"——瞄准基础性、综合性、应用性、创新性等考试评价要求，为学生的当下着想。

"教—学—评"一致,从大的方面说,学业水平考试就是"评",师生日常的"教"与"学"必须与它高度一致。研究中、高考是如何用"试题"来考查出课程标准对应的"目标"和学业质量标准是非常有必要的,要注意发挥其对教学的导向作用,作为教学"方向性"和"教到什么程度"的重要依据和参考。但无论试题如何变化,只要我们每堂课聚焦课程目标进行教学,注重培养学生的语文核心素养,就能以不变应万变。

基于上述思考,我们将"教—学—评"一致性等教学设计理念与"双主互动"教学模型相融合,设计了"基于新课标的'教学评一致性'双主互动教学设计模板及操作要点"(表4-6)及"教学评一致性"教学设计评价量表(表4-7)。

表4-6 基于新课标的"教学评一致性"双主互动教学设计模板及操作要点

课题			教材中本课的题目					
日期			设计或教学的日期	节次		第几课时		
来源			明确标注教材来源、所属版本、单元、章节等					
课型			课标中课程内容规定的具体类型	班级		适用或授课的班级		
确立目标的依据	课标分析	课标摘录	首先要找到本课学习内容、类型与课标学段目标中相应的课程学习目标要求,并准确、简明扼要地摘录课标中学段目标对本课学习的要求;其次要找到本学段学业质量标准中与本课学习相关的核心素养描述,并作简明扼要的摘录					
		课标分解	学生学什么	学习的内容或主题				
			学生学到什么程度	对所摘录课标的各项学习目标的具体解释				
			学生怎么学	达成各项目标的学习方法和策略				
	教材分析		分析本课教材在本学段本板块学习中的地位和作用,在单元学习任务中的作用;分析教材的特点以及对学习可能提供的帮助,或者学生学习教材中可能存在的障碍和难点					
	学情分析		学生已有学习基础和学习经验分析,学习的前测数据及问题分析,在此基础之上,找到学生的最近发展区,并作为确立本课的学习目标和教学策略的依据					

目标细化		学习水平					
		记忆	理解	运用	综合	分析	创造
学习目标	1.最低能力层级目标						
	2.中间能力层级目标						
	3.所期望的最高学习目标						

行为内容矩阵表:目标确立有梯度并遵循"ABCD"四要素,动词、定标准、给条件、可检测;在每条目标对应的学习水平下画"√"。

续表

课题	教材中本课的题目	
本节课核心概念和策略方法	核心概念:本单元的大概念 策略方法:通过学习本课后师生总结提炼出可迁移运用的一般方法或策略	
评估任务	对达成学习目标的各项学习任务进行评价的具体方式,并与每条学习目标相对应,包括可检测的行为方式、状态、结果等,如能说出、能背诵、能写出、能计算、能概括、能分析、能运用……	
教学环节	**(教学)导学过程设计**	**评估要点**
揭示目标 激趣导学	1.创设什么样的情境或提供何种材料激发学生的学习兴趣 2.用什么样的方法向学生呈现学习目标并让每个学生明白 3.如何建立新旧知识或已有学习经验之间的联系	1.学习兴趣是否被激发 2.每个学生是否明确学习目标及评价标准
自主学习 自学检测	1.提出明确的自学要求,包括学习的内容、方式、时间等 2.设计与目标对应的自学检测题或问题,学生独立完成 3.自评自学效果	自学表现及评价
质疑问难 合作探究	1.根据学生自学后提出或暴露出的问题,教师提供学习方法和程序上的指导 2.设计进一步学习的内容,学生按照教师示范的方法再次自学 3.在独立学习思考的基础上小组内进行交流讨论,互相解决疑难问题	学习问题是否充分暴露
自学反馈 教师点拨	1.小组展示和呈现学习结果 2.教师根据学生的学习表现,引导全班进行交流讨论或给予恰当点拨,达成明确的共同认可的学习结论 3.师生归纳该类型学习的一般方法或策略	1.小组合作学习成果展示及评价 2.能否总结归纳一般学习方法或策略
当堂练检 拓展运用	1.紧扣学习目标设计学生限时完成的典型问题、习题或检测题 2.核对答案,学生订正并自评目标达成情况,教师对本课进行学习评价,激励表现突出的个人或小组 3.设计迁移运用本课学习方法的拓展训练题,或布置情境性的课外学习任务	1.检测题完成的正确率 2.保持和迁移的效果评价 3.整堂课的学习评价 4.课外学习任务的完成评价
教学反思	对本课学习目标的达成情况、设计预期与教学实施实际效果等进行总结反思,总结成功的经验,分析存在的问题或不足,以利于后续教学改进策略,或采取补救措施	

表4-7　"教学评一致性"教学设计评价量表

学科年级＿＿＿＿课题＿＿＿＿设计者＿＿＿＿评价人＿＿＿＿日期＿＿＿＿

评价指标		评价标准	分值	得分
基本信息		课题、日期、节次、授课对象、教材来源、课型等要素填写完整、准确。	2分	
目标确立依据	课标分析	1.准确列出课程标准中本课的相应学习目标和要求 2.对相应课标内容作分解，要求具体、准确，至少说清楚"学生学什么、学到什么程度"两个方面的问题	8分	
	教材分析	侧重于分析教材中体现上述课标要求的内容	5分	
	学情分析	1.分析学生的实际知识水平和经验基础，找到学习的起点 2.方法上注重质性和量化的结合	5分	
目标叙写		1.目标确立以课标要求为基准 2.略高于学生实际整体学习水平 3.学习主体、可观察行为、表现条件、达成程度四要素的描述完整、准确 4.陈述力求具体、可观察、可测量	25分	
评价任务		1.评价任务叙述清晰，明确表述学习目标达成的行为表现、条件及标准 2.每个评价任务明确指向具体目标，对应关系清晰 3.评价要点来自评价任务，是评价任务的细化、分解和落实	15分	
活动设计		1.教学活动与目标匹配，活动中镶嵌预设的评价任务 2.教学策略与学习目标认知类型相匹配，教学活动服务于学习的心理发生过程，充分发挥学生的主动性、能动性 3.教学子任务分解得当、顺序合理，教学流程清晰，突出重点、扭住关键	30分	
检测设计		1.形式灵活 2.难度、数量适中	10分	
总评及建议			总分	

注：此评价量表来源于东华理工大学张爱军博士《备课专业化：学教评一致性教学设计的理念与操作》一书的研究成果，略有改动。

四、现代教育技术影响未来教育的样态

教育的转变是社会转变的基础,教育必须跟上时代发展的步伐。

我国教育的现代化,首先是教育理论的现代化,其次是教学技术手段的现代化。在国家出台"双减""五项管理"教育政策背景下,教学时长压缩、学生课业负担减轻,缩短基础教育年限、进行学制改革的呼声也日益强烈,教育的"社会效率"提高;立德树人、培根铸魂,五育并举、文理融通,"儿童发展中心"理念加强,个体全面发展需要更多的自主发展的时间和空间。学科教学如何保障教学质量不降低,提高课堂教学效率是唯一选择,而现代教育技术手段和多种教学组织形式为此提供了可能。

短短数十年,我国的教学技术设备和手段发生了翻天覆地的变化。从"黑板+粉笔"到"电化教学",从"三机一幕"到"多媒体投影仪",从"电子白板""交互式一体机",到"人机对话""VR虚拟现实";5G信号还没全覆盖,6G时代又即将到来,人工智能发展飞快……教育技术信息化、现代化进程也随之加快,学生的学习方式已经发生了巨大的革命。网络平台无限宽广,教学资源丰富多样,慕课、翻转课堂、智慧课堂、空中课堂、线上虚拟学校、人工智能教学等新的教育样态层出不穷,线上线下互动,师生多维互通,学习可以随时随地发生。人类一旦突破与其他物种(物体)融合的"奇点",靠记忆获取知识甚至人的死亡都将变得毫无意义。

随着现代教育技术手段的飞速发展,未来的教育也必将发生革命性的变化,呈现更多的新样态。

未来的教育,正规教育和继续教育的界限将会越来越模糊,学习环境不但包括学校和教室,还包括许多非正式的学习环境。可能没有教科书,只有少许的讲座,博物馆、图书馆将在教育上发挥更大作用,学习方式更加个性化、实时化。许多类型的知识在工作环境中更容易被学会,这种学习将会逐渐转变为随时随地的学习。[1]传统的教授主义实践——基于知识传播与获取的教学方式——将会被取代,新的课堂会注重真实问题与情境化的问题解决活动。教学组织将融个体自学、班组讨论、统一授课、远距离通信交流于一体,贯彻个别化与人际互动相结合的原则,从而促进学生个性和社会性的全面发展,造就能适应未来社会发展、面对未来挑战的新型人才。[2]

未来的学校,是一种超越学校的学校。承担起学生的学习与发展的,不是每一位教师,而是整个教师团队;不是每一间教室,而是整所学校;不是每一所学校,而是整个社会文化。学校可能不是每个人都去的实体场所,学生可以不受年龄或年级分组的限制而在

① R.基思·索耶.剑桥学习科学手册(第2版)[M].徐晓东,杨刚,阮高峰,等译.北京:教育科学出版社,2021:753-771.

② 钟启泉,汪霞,王文静.课程与教学论[M].上海:华东师范大学出版社,2008:163.

任何时间、任何地点学习"。①随着科技的飞速发展，未来学校的建筑设计理念、学习环境布局、教科书的形态、课堂教学模式等将发生我们无法想象的变化。多样化的知识来源、个性化学习、个性化评估将不断挑战教师的知识权威、统一化学习和标准化评估等学校传统教学方式。

　　未来的教师不是知识的传授者而是知识工作者，他们是与律师、医生、工程师和专家顾问相类似的脑力劳动者，并享受较高的薪酬待遇。未来的教师是训练有素的专家，他们对学科知识、课程内容、教学方法有着深刻的理解，能熟练运用现代教育技术，对教学进行科学系统的设计。未来的教师是学习工作室的导师、领衔人，或如同公司的项目经理，设计学习项目任务，然后为学生创造更合适的学习环境，激发他们的求知欲和创造欲，并能即兴处理学生学习过程中碰到的各种问题情况，而不是课堂上唯一的权威。②

　　教师要跟上时代步伐，必须努力学习新媒体、新技术，将现代信息技术手段与课堂教学深度融合，并灵活运用于自己的教学设计，实现课堂教学的大容量、快节奏、高效率，让学生的课堂学习增值。跟不上时代的步伐，就会被淘汰出局。当然，教育技术也不是神话。信息技术与教学深度融合，过多使用电子产品，也存在影响学生视力、降低动笔能力、增加教育成本等负面影响。技术也好，工具也罢，都是教育教学的辅助手段，起决定作用的还是人，教育创新和技术运用必须建立在学习科学的基础之上。

---

① R.基思·索耶.剑桥学习科学手册(第2版)[M].徐晓东，杨刚，阮高峰，等译.北京:教育科学出版社,2021:758.
② R.基思·索耶.剑桥学习科学手册(第2版)[M].徐晓东，杨刚，阮高峰，等译.北京:教育科学出版社,2021:753-771.

教学评一致性教学设计案例

《沁园春·雪》教学设计(附导学案)

课题	沁园春·雪		
日期	2022-09-02	课时	1课时
来源	义务教育语文教科书(人民教育出版社2018年版)九年级上册第一单元		
课型	诗词鉴赏	授课对象	九年级上册学生
教师	邓超	单位	重庆市中山外国语学校
确立目标的依据	课标分析	课标摘录	本节课定位为"阅读与鉴赏"课,具体类型为"诗词鉴赏"。《义务教育语文课程标准(2022年版)》"阅读与鉴赏"第四学段与本课相关的主要目标要求是: 1.能用普通话正确、流利、有感情地朗读 2.在通读课文的基础上,理清思路,理解、分析主要内容,体味和推敲重要词句在语言环境中的意义和作用 《义务教育语文课程标准(2022年版)》"学业质量标准"第四学段关于阅读"审美创造"核心素养的相关描述是: 广泛阅读古今中外的诗歌、小说、散文、戏剧等文学作品,在阅读过程中能把握主要内容,并通过朗读、概括、讲述等方式,表达对作品的理解;能理清行文思路,用多种形式介绍所读作品的基本脉络;能从多角度揣摩、品味经典作品中的重要词句和富有表现力的语言,通过圈点、批注等多种方法呈现对作品中语言、形象、情感、主题的理解。能分类整理富有表现力的词语、精彩段落和经典诗文名句,分析作品表现手法的作用;能从作品中找出值得借鉴的地方,对照他人的语言表达反思自己的语言实践;能通过对阅读过程的梳理、反思,总结不同类型文学作品的阅读经验和方法;能与他人分享自己获得的对自然、社会、人生的有益启示,能借鉴他人的经验调整自己的表达,能根据需要,运用积累的语言进行口头或书面表达
		课标分解 学生学什么	1.有感情地朗读:读准生字、多音字字音;运用停顿、节奏、重音等朗读技巧表现出作者对祖国大好河山的热爱、对当代革命英雄的歌颂以及无产阶级要做世界的真正主人的豪情壮志等情感 2.理清行文思路,分析内容:抓住"望"和"惜"两个关键词,理清作者上阕描写北国雪后江山壮美多娇之景,通过过渡语句"引无数英雄竞折腰"转为下阕议论抒发"数风流人物,还看今朝"之情的行文思路及内容 3.品味语言:通过浏览、勾画、筛选出词中富有表现力的词句,如,"山舞银蛇""原驰蜡象""红装素裹"等形象生动的语句,"数风流人物,还看今朝"等情感内涵丰富的语句,"望""惜""江山如此多娇,引无数英雄竞折腰""俱往矣"等在结构、内容上有重要作用的或总领性、过渡性、总结性的词句,并赏析批注

续表

课题			沁园春·雪
确立目标的依据	课标分析	学生学到什么程度	1."能用普通话正确、流利、有感情地朗读"诗歌,就是能读准字音,读得连贯流畅、抑扬顿挫;通过语音、语调、语速、重读的变化,读出诗歌的停顿、节奏、重音、韵律,融入自己的情感体会。就本词而言,就是能读出诗人大气磅礴、乐观自信、豪情激荡等情感 2.理清行文思路,分析内容:能说出作者的写作顺序或用关键词完成内容提纲,能概括词的上、下阕内容及全词的主要内容、表达的思想情感。能说出黄河、长城、群山、雪原等意象及特点,用自己的语言说出诗歌运用多种表达方式所营造的画面及意境 3.赏析富有表现力的语言,首先要找到哪些语言富有表现力,然后分析这些语言运用了何种表达方式、表现手法及其表达效果或作用,并能说出或书面写出自己的理解
		学生怎么学	1.通过自由练读、同桌互读、全班齐读等方式读正确、流利;通过听录音范读、教师示范朗读、学生展读等方式,读出重音、节奏、停顿、韵律,读出诗歌的情感 2.借助注释、批注,扣住描写、抒情、议论的诗句,想象并用自己的语言说出诗人所描写的壮阔画面和宏大意境;小组交流讨论,并通过朗读表现出诗人表达的情感 3.抓住"望""惜""江山如此多娇,引无数英雄竞折腰""数风流人物,还看今朝"等重点词句,运用圈画、旁批、诵读等方法品味赏析诗歌的凝练、富有韵律的语言特色;分析概写与具体、静态与动态、写实与写虚、历史与现实多种表现形式结合,描写、抒情、议论等多种表达结合,了解现代诗歌的特点和赏析的一般方法
	教材分析		本课属于"发展型学习任务群"中"文学阅读与创意表达"学习内容,为本册唯一的活动探究单元学习的第一课。本单元的学习活动任务有三:学习鉴赏六首现代诗,要求把握诗歌意蕴,体会诗歌艺术魅力;诗歌朗诵,要求把握诗歌的情感基调,读出韵律;尝试创作,选择一个对象,写一首小诗,抒发自己的情感 这三个任务的要求由低到高、层层递进。第一个任务"学习鉴赏"是整个单元学习的基础和前提,只有朗读技巧训练到位、鉴赏方法基本掌握,才能更好地达成后面的"朗诵""创作"两个目标任务。而本课又是第一个任务的第一课,对于鉴赏其他五首诗歌起到方法引领作用 《沁园春·雪》上阕描写(概写—实写—虚写)北国壮丽的雪景,纵横千万里,展示了大气磅礴、旷达豪迈的意境,抒发了诗人对祖国壮丽河山的热爱。下阕(过渡—历史—现实)议论抒情,重点评论历史人物,歌颂当代英雄,抒发无产阶级要做世界的真正主人的豪情壮志。全词熔写景、议论和抒情于一炉,意境壮美,气势恢宏,感情奔放,颇能代表毛泽东诗词的豪放风格。全词思路开阔、结构清晰、语言生动凝练、语韵高亢富有韵律节奏、情感热情奔放,非常适合学生诵读和赏析 《沁园春·雪》无论是思想性、艺术性、哲理性都堪称现代古体诗词的典范。近代诗人柳亚子《沁园春·雪》跋:"毛润之沁园春一阕,余推为千古绝唱,虽东坡、幼安,犹瞠乎其后,更无论南唐小令、南宋慢词矣。"本课是新课标"阅读与鉴赏"中诗歌学习鉴赏的典范,能充分体现新课标"文学阅读与创意表达"中"感悟革命领袖的理想信念和奋斗精神,运用多种方式交流自己的阅读感受"的内容要求 教材已通过单元任务提示、批注词的创作背景、关键字的作用、节奏、押韵等,提示了朗读鉴赏的一些方法

续表

课题		沁园春·雪					
确立目标的依据	学情分析	学生通过一至八年级的学习,背诵、积累了百余篇优秀的古诗文,对诗词这种文学形式已经十分熟悉,积累了一定阅读技巧和赏析方法。学生在日常生活中通过影视、书法等作品对本词的内容已经有所了解,甚至有的学生已熟读成诵,这些都为本课的学习奠定了良好的基础 通过学前检测和调查访谈,半数以上的学生已经能初步读懂本词,但对重点语句的含义和作用,特别是对本词丰富的表现手法、深沉的思想情感、坚定的理想信念等理解有一定的难度 课前检测数据及分析如下: 1.重点字词读音,正确率86%,错误较多的是"还看今朝"的"还"字 2.停顿节奏划分:正确率95% 3.重点词赏析:正确率67% 4.重点诗句的内涵及作用 A."欲与天公试比高":正确率60%。绝大部分学生只从修辞的角度分析,没能解读出深层内涵——诗人建功立业的雄心壮志 B."江山如此多娇,引无数英雄竞折腰"在全词中的作用:正确率72%。部分学生答案不完备,只答到"过渡、承上启下",所承所启的上下文具体没有回答清楚,少数学生也没能答出作者对"祖国山河的极力赞美" C."数风流人物,还看今朝":正确率43%。多数学生对"今朝"理解不到位 5.补充填写"内容(结构)提纲":正确率78%。主要问题在于学生对内容和情感的归纳,语言不够简洁准确 6."从本词中,你读出了一个怎样的作者?"正确率:56%。主要问题是学生脱离了本词而得出牵强附会的结论,再有少数学生的见解,虽力求新异却不太合理 基于教材特点和学生本课的学习基础,适当提高学习目标的难度,强化学习方法提炼及迁移运用					

	目标细化	学习水平					
		记忆	理解	运用	综合	分析	创造
学习目标	1.通过自读、听范读等方式,90%以上的学生能正确读写"滔滔、妖娆、风骚"等词语,能正确、流利、有感情地朗读并背诵全词	√	√				
	2.抓住"望""惜"等关键字词句和借助课文注释、提示,80%以上的学生能填出内容结构提纲并归纳出全词的思想内容		√		√		
	3.运用圈点勾画、旁批等方式,抓住典型意象,从表达方式、表现手法、表达效果等角度,说出重点词句的含义、情感及作用;70%以上的学生能归纳并运用诗歌鉴赏的一般方法阅读难度相当的课外诗词		√	√		√	

续表

课题	沁园春·雪	
核心概念及落实方法	核心概念:诗歌意象;诗歌鉴赏 落实方法: 1.朗读方法:运用符号正确标示并读出重音(着重号·)、节奏(竖线┃)、停连(连接号⌒),通过范读模仿语气语调 2.重点语句赏析方法:紧扣具体词句赏析+表现手法+表达效果(画面、意境、情感)或结构作用 3.诗词鉴赏的一般方法:自读整体感知内容结构,精读重点语句,理解关键意象和画面意境,读出诗词韵味情感	
评估任务	1.用不同的符号标注出节奏(竖线)、停连(连接号)、重读(着重号);个别展读、师生评价,小组或全班展读;课内完成背诵任务(对应目标1) 2.准确简洁地填写内容、结构提纲(对应目标2) 3.圈点勾画找出描写、议论、抒情语句,说出重点和关键语句的含义、表达作用;区分概写与详写,静态与动态、实写与虚写,历史与现实表现形式及其作用(对应目标3) 4.运用诗词鉴赏的方法进行课外阅读赏析(对应目标3)	

教学环节	(教学)导学过程设计	评估要点
揭示目标 激趣导学	一、导入新课(5分钟) 1.PPT呈现毛主席在陕北高原的图片,请学生简要介绍毛泽东 教师根据学生回答情况补充:毛主席不仅是伟大的革命家、思想家、政治家、军事家,还是一位造诣极高的诗人、书法家 2.呈现课题,教师简介《沁园春·雪》发表的逸事趣闻,激发兴趣 师:该词虽然写于1936年,但直到1945年国共两党重庆谈判期间,毛主席将这首词赠送给柳亚子先生,被报纸登载后,才轰动山城,一时洛阳纸贵。蒋介石听说后极为不悦,国民党内部秘密举行征词活动,想填一首词以蒋介石的名义发表来盖过毛主席的词。但征集的词根本无法和毛主席的词相提并论,丝毫拿不出手,此事后来只好不了了之。今天我们就一起来欣赏这首被誉为"千古绝唱,气盖苏辛"的《沁园春·雪》 师:我们已经学过一些词,你知道哪些关于"词"的常识和学习方法? 学生答后教师补充归纳:词是诗歌的一种形式,有固定的词牌、句式、字数、韵律规定 3.明确学习目标 PPT呈现本课学习目标,抽学生朗读,教师解释学习目标	1.激发学生对毛主席诗词的学习兴趣 2.建立新旧知识的联系 3.明确本课的学习目标及评价标准

续表

课题	沁园春·雪	
自主学习	二、学习活动一:自由练读,读正确、流利(5分钟) 1.PPT呈现自读要求: (1)教师要求学生自由轻声朗读全词,借助注释或字典正音,结合课文批注的方法用符号标示重音(着重号·)、节奏(竖线∣)、停连(连接号⌒),3分钟 (2)小组互读,纠正难字音及节奏、停连,有不同意见可讨论 2.抽1—2名学生试读,纠正问题后全班齐读 三、学习活动二:有感情地朗读(5分钟) 1. 朗诵示范(听录音或教师范读),PPT呈现:注意听朗诵者所运用的技巧及原因——发音、节奏、停连、重音、语速、语调的变化。 2.模仿范读,自由练习朗诵,教师巡视、指导 3.抽2—3人朗诵展示,学生互评,教师点评 4.分组展读或分男女轮诵 四、学习活动三:初步感悟词的结构、内容和情感(8分钟) 1.说感受 师:刚才我们至少将词读了8遍,说说你对这首词的整体感受 2.自学检测 师:完成导学案第1题和第2题。用5分钟的时间,挑战以下学习任务:浏览、跳读,补全导学案的内容提纲表,注意结合课文注释、提示,抓住关键的字词概括;独立完成后在组内交流	4.扫清阅读障碍,读正确、流利 5.学习、运用朗诵技巧,有感情地朗读
自学检测	3.小组代表展示,相互评价补充,教师PPT呈现参考答案,学生参考修订 <div align="center">《沁园春·雪》结构内容提纲表</div>	6.整体感知内容、情感,完成内容结构提纲

《沁园春·雪》结构内容提纲表

结构 思路	所写 内容	意象 对象	主要 特点	表现手法/修 辞手法	所抒情感 (依据)
上阕 (概写— 实写— 虚写)	望: 北国 雪景	长城	余莽莽	白描(借景抒情)	赞美 (妖娆)
		黄河	失滔滔		
		群山	舞 银蛇	比拟(虚实结合,化静为动)	
		高原	驰 蜡象		
下阕 (过渡— 历史— 现实)	过渡	江山	多娇	承上启下	赞美 (多娇)
		英雄	竞折腰		
	惜: 历代 帝王	秦皇汉武	略输文采	夹叙夹议 纵论历史	惋惜 (惜、只)
		唐宗宋祖	稍逊风骚		
		成吉思汗	只识弯弓 射大雕		
	看: 今朝	风流人物	建功立业	对比抒情	歌颂 (还看)

4.全词主要内容归纳

师:诗人通过描写(雄伟壮丽)的(北国雪景),将(历代帝王)与(无产阶级)进行对比,抒发了对祖国壮丽河山和革命英雄的(赞美)之情,展现了诗人的伟大抱负和广阔胸怀

课题	沁园春·雪	
质疑问难 合作探究	五、学习活动四:赏析重点词句(12分钟) 1.教师指导学生进行交流与品鉴 师:请同学们交流对这首词有哪些不理解的地方。要完全读懂这首词,还需要我们抓住一些关键词句,去细细品味诗词所包含的丰富意蕴和情感。 2.出示PPT或看导学案提示,学生独立完成导学案赏析任务 (1)浏览、筛选并勾画词中的重要词句,如,内涵丰富深刻、情感充沛强烈、表达形象生动、在结构作用中突出的句子,每人至少完成2个句子 (2)抓住词句的特点,结合语境赏析,用简短的语言批注对这些词、句的含义或作用的理解,不理解的地方作好标记提交小组讨论(时间5分钟) (3)方法示例:赏析对象+表现手法+表达效果或作用(画面、意境、情感) 如"山舞银蛇,原驰蜡象,欲与天公试比高"这句,作者通过浪漫的想象,运用比拟的修辞手法,化静为动,"舞""驰"两词把"山""原"写活了,并描绘出山、原与天相连的画卷和活泼奔放的气势,"欲""比"更突出一种奋发的杰势和竞争的活力 3.小组交流讨论,合作解疑,推选展示代表,教师巡回指导(时间3分钟)	7.充分暴露学习中的问题或困难 8.重点词句赏析:勾画批注、赏析重要词句表达效果或作用
自学反馈 教师点拨	1.小组代表展示,其他同学质疑补充,教师相机点拨,引出学生没有提到的一些难点词句供全班赏析。如,"江山如此多娇,引无数英雄竞折腰""数风流人物,还看今朝"等 2.从这首词中,你读出了一个怎样的作者?请用一个词或短语表述,并简要说明理由。如,广阔胸怀、远大抱负、凌云壮志等 3.学生归纳鉴赏诗词的一般方法,教师补充	9.学生归纳总结诗词鉴赏的一般方法
当堂练检 拓展运用	六、学习活动五:课堂检测(9分钟) 1.对照内容(结构)提纲,试背诵全词 2.拓展练习:赏析《沁园春·长沙》并完成导学案练习题 3.核对答案,学生订正并自评目标达成情况 七、教师总结本课学习情况,激励表现突出的个人和小组(1分钟) 八、拓展任务:阅读名著《艾青诗选》 1.推荐艾青的一首诗,并给出100字左右的推荐理由 2.自选一个角度,如艾青诗歌的意象、诗歌的艺术手法等,分小组开展专题探究学习,两周内完成学习报告,全班展示评比	10.背诵全词 11.用6分钟阅读《沁园春·长沙》,并完成检测题 12.情境化诗词鉴赏

续表

课题	沁园春·雪	
教学反思	本课遵循核心素养导向的新课标教学理念，按照"双主互动"教学模式和"教学评一致性"教学设计理念和操作流程进行教学设计和实施。 首先，在全面分析课标、教材、学情的基础上，合理确立可量化检测的行为学习目标，并将本课学习置于单元学习任务群的整体目标框架之下，渗透大单元、大概念的教学，强化课程资源的整合，突出"结构化"教学理念；其次，以进阶性的学习任务驱动，学生自学、小组交流讨论为主要学习形式，一半以上的时间还给学生，充分发挥学生的主动性、能动性，让"能动学习"贯穿全课；再次，通过创设情境性和实践性的学习环境，让学生在听、说、读等语文实践中学习、积累、运用语言，同时积累学习方法、策略等元认知，培养学生思维能力和审美创造等核心素养，促进学生"深度学习"；最后，学习活动、练习、检测题目、评价任务紧扣学习目标且力求做到一致性，让评价贯穿学习全过程，充分发挥持续性评价的导向作用。 九年级为第四学段的最后一年，按照课程目标及学业质量标准的最高要求，并基于教材和学情，适当拔高了学习目标要求，设置的具有挑战性的学习任务，如"自学完成内容框架""独立赏析重点词句""拓展阅读任务"等，需要学生积极主动投入学习活动并高效利用时间。这对长期在传统的被动式、讲授式、局限于中考考点教教材等教学环境下的学生是一个挑战，否则1课时难以完成本课教学任务。 为降低难度，在学生独立完成每一项有一定难度的学习任务之前，应注意先给学生方法指导、思路提示或搭建"脚手架"，并通过导学案的方式让学生明确学习任务和内容。 基于核心素养导向的教学不仅不会影响应试成绩，反而有助于学生在发展学科核心素养的同时提高应试的能力和成绩。	

《沁园春·雪》导学案

姓名_____自评得分(满分100分)_____

一、学习目标

1.通过自读、范读、展读等多种方式，90%以上的学生能正确读写"滔滔、妖娆、折腰、风骚"等词语，能正确、流利、有感情地朗读并背诵全词。

2.抓住"望""惜"等关键字词句和借助课文注释、提示，80%以上的学生能填出内容结构提纲并归纳出全词的思想内容。

3.运用圈点勾画、旁批等方式，从修辞、表达方式、表现手法、表达效果等角度，说出重点词句的含义、情感或作用；70%以上的学生能归纳并运用诗歌鉴赏的一般方法阅读难度相当的课外诗词。

二、自学检测(6分钟,34分)

1.写出字词或拼音并读一读(1分钟,9分)

tāo tāo　　yāo ráo　　zhé　　　sāo　　　jiāo （　）（　）

（　　　）（　　　）（　）腰 风（　）天（　）还看今朝

2.浏览、跳读全文,结合注释、提示,抓住关键字词概括,补全下面的内容结构提纲表,然后小组内交流(5分钟,25分)

《沁园春·雪》内容结构提纲表

结构 思路	所写 内容	意象 对象	主要 特点	表现手法/ 修辞手法	所抒情感 (依据)
上阕 （　）	望: 北国 雪景	长城	余莽莽	白描(借景抒情)	赞美 (妖娆)
		舞银蛇			
下阕 (过渡—历 史—现实)	过渡			承上启下	
		秦皇汉武	略输文采		
	风流人物				

全词主要内容归纳:诗人通过描写（　　　）的（　　　）,将（　　　）与（　　　）进行对比,抒发了对祖国壮丽河山和革命英雄的（　　　）之情,展现了诗人的伟大抱负和广阔胸怀

三、重点词句赏析(5分钟,10分)

1.要求:浏览、筛选并勾画词中的重要词句,如内涵丰富深刻、情感充沛强烈、表达形象生动、在结构作用中突出的句子,然后抓住词句的特点,结合语境赏析,用简短的语言批注对这些词、句的含义或作用的理解,每人至少完成2个句子,不理解的地方作好标记提交小组讨论。

2.赏析方法及得分要点:紧扣词句赏析(1分)+表现手法(2分)+表达效果或作用(画面、意境、情感)(2分)。

3.赏析示例:

选句(表达形象生动句):山舞银蛇,原驰蜡象,欲与天公试比高。

赏析:作者通过浪漫的想象,运用比拟的修辞手法,化静为动(2分),"舞""驰"两词把静态的"山""原"写活了(1分);描绘出山、原与天相连的画卷和活泼奔放的气势,"欲""比"更突出一种奋发的态势和竞争的活力(2分)。

4.我勾画的重要词句及赏析:

(1)选句(类型:　　　):_____

赏析:_____

_____

(2)选句(类型:　　　):_____

赏析:_____

_____

四、拓展练习:阅读《沁园春·长沙》并完成作业(6分钟,16分)

沁园春·长沙

毛泽东

独立寒秋,湘江北去,橘子洲头。看万山红遍,层林尽染;漫江碧透,百舸争流。鹰击长空,鱼翔浅底,万类霜天竞自由。怅寥廓①,问苍茫大地,谁主沉浮?

携来百侣曾游,忆往昔峥嵘②岁月稠。恰同学少年③,风华正茂;书生意气,挥斥④方遒。指点江山,激扬文字,粪土当年万户侯。曾记否,到中流击水,浪遏⑤飞舟!

注释:

①寥廓(liáo kuò):广远空阔,这里用来描写宇宙之大。

②峥嵘:本指山的高峻,此处意谓不平凡、不寻常。

③同学少年:毛泽东于1913年至1918年就读于湖南第一师范学校。1918年毛泽东和萧瑜、蔡和森等组织新民学会,开始了他早期的政治活动。

④挥斥方遒(qiú):挥斥,奔放。《庄子·田子方》:"挥斥八极"。郭象注:"挥斥,犹纵放也。"遒,强劲有力。方:正。挥斥方遒,是说热情奔放,劲头正足。

⑤遏(è):阻止。

1.用符号标注节奏重音(5分):怅寥廓,问苍茫大地,谁主沉浮?

2.填空(6分):词的上阕描写了一幅(　　)(　　)的湘江寒秋图,借景抒情并提出了苍茫大地应该由谁来主宰的问题;下阕回忆(　　),展现了诗人和战友们改造旧中国(　　　)革命精神和壮志豪情,展现出诗人(　　　),形象含蓄地给出了(　　　)是国家命运的主宰的答案。

3.自选一句并赏析。(5分)

_____

_____

五、课外作业:阅读《艾青诗选》(40分)

1.推荐书中你最喜欢的一首诗,并给出100字左右的推荐理由。

2.自选一个角度,如艾青诗歌的意象、诗歌的艺术手法等,小组合作开展专题探究学习,两周内完成书面学习成果报告,在班级文化墙展示评比。

有效教学设计的学科实践案例

指导得法才能读得有效

阅读教学要回归本真，朗读是重要的载体和催化剂。朗读有助于"因声解义"，领略作品的精妙之处；有助于"以声传情"，增强学生的语感。但用心观察现实的语文课堂，却令人不能不为此担忧：有的为读而读，朗读碎片化、走过场；有的目的不明，朗读阅读"两张皮"，没有真正促进阅读教学的高效展开；有的重形式、轻技巧，一味追求课堂的热闹。而有效朗读是解决这些问题的根本策略。

一、预设有效的朗读目标

《义务教育语文课程标准（2011年版）》对第四学段的朗读总要求是："能用普通话正确、流利、有感情地朗读。"正确，即读准字音，不添字、不漏字、不重复、不唱读。流利，即读得连贯流畅，读出词句间歇，不一字一顿，不读断句。有感情，是指读出轻重缓急、抑扬顿挫等不同的节奏和语气，读出作者的感情，读出自己的体验。这三个方面的要求既有明显的阶段和学段要求，又是一个有机的整体，是一个由易到难、循序渐进的训练过程，是一个让学生从"不会读"到"会读"的过程。

朗读的主要价值包括：读准字音，扫清阅读障碍，为理解文章打基础；揣摩重点词的意思，帮助理解句子的含义；学习典型句式，培养语感；体会作者通过语言所表达的情感；积累语言，提高表达能力。"读书须用意，一字值千金。"特别要在重难点词的理解以及最能表现文章中心的句段上多下功夫，引导学生细细品味、反复玩味，使其在语言文字的"涵泳"中"得趣"。

如，笔者在教学《紫藤萝瀑布》时，这样设计全文的朗读——

初读整体感知美：导入课文，听录音范读，画出并注意生字词；自由练习朗读，要求读通顺读流利，再谈初读体会。

细读体会写法美：勾画描写紫藤萝外形美的句子，练习用朗读表现出它的美，读出自己的体会和理解；学生个别朗读，师生点评，体会作者用比喻写出花的形态，用拟人写出花的活泼美，用敷色法写出花的静柔美，用丰富的想象写出花的可爱。

品读感受情感美：扣住"流着流着，它带走了这些时一直压在我心上的关于生死的疑惑，关于疾病的痛楚……"，"花和人都会遇到各种各样的不幸，但是生命的

长河是无止境的……"等句子品读,品味作者托物寄意、借物抒情,在描写中抒发的情感意蕴和哲理美。

最后诵读全文,欣赏美文之美,获得整体感受。

以上教学流程,朗读层层递进,贯穿全课,较好地达成了"朗读中品味美文之美"这一教学目标。初读环节,通过听录音范读和自由练读的方式,达到读正确并对文本获得整体感知的目的;细读环节,抓重点句段,采用个别读、悟读的方式,达到读流畅、体会写法、理解重点段落的教学目的;品读阶段,扣住难以理解的关键句子品读,体会作者的感情,读出自己的理解;最后诵读全文,强化整体印象。

二、选择有效的朗读形式

吕叔湘先生强调,"学习语言不是学一套知识,而是学一种技能""语文的使用是一种技能,一种习惯,只有通过正确的模仿和反复的实践才能完成"。按照修订后的布卢姆知识目标分类学,从知识维度看,朗读是一种程序性知识;从认知过程看,属于运用的能力层级。既然朗读是一种技能,教师就要为学生提供模仿的范例,创造反复实践的机会。例如,一处重点句段的朗读训练过程如下:范读—自由读—指名读—评议—集体朗读。这个过程体现的逻辑顺序是:提供例子—模仿实践—对照检查—评价反馈—巩固提高—形成技能。语文教师要熟知各种朗读形式的作用,科学并灵活地加以运用。笔者将朗读训练的类别、形式及特点简要归纳如下表。

朗读训练的类别、形式及特点一览表

类别	形式		主要利弊
指导性朗读（教师为主）	不用媒体	范读、领读、引读	教师可调控速度、表情,利于学生模仿学习;但对示范者的朗读水平要求较高,其中领读比较费时
	借助媒体	录音范读、配乐朗读、配图像朗读	更标准,更形象,能调动学生多种感官;但不好调控速度,学生看不见朗读者的表情
训练性朗读（学生为主）	齐读	分组齐读 全班齐读	较多的学生有朗读的机会,利于读准字音、停顿;但易形成唱读和有口无心地读
	散读	自由读、同桌互读、指名读	自由读训练面广,利于思考、体会,但不利于教师检查;指名读利于检验和具体指导,但训练面窄
		分角色朗读、配乐朗读、表演读	利于体验课文情感,激发学生朗读兴趣;但训练面不宽,不适合所有课文

每种朗读形式各有利弊，教师可根据自己的朗读水平、文本特点以及教学的需要恰当选择有效的形式。在这个过程中，要特别注意发挥范读的作用。叶圣陶先生说："当范读的时候，把文章中的神情理趣，在声调里曲曲传达出来，让学生耳与心谋，得到深切的了解。"例如，笔者曾现场观摩支玉恒老师执教《匆匆》公开课，虽然支老师的朗读水平非常高，但他仍借助了录音范读的方式让学生享受播音员配乐朗读的情趣，进而让学生模仿学习。韩军老师在执教《大堰河，我的保姆》一课时，配上音乐，用15分钟的时间，满怀深情、如泣如诉地吟诵全诗，可谓荡气回肠、催人泪下，博得了全场热烈的掌声，激发起学生浓厚的学习兴趣，为学生理解全诗奠定了坚实的基础。又如，分角色朗读，将朗读、品析、角色设计融为一体，让学生扮演设计者、实施者的角色，将静态的文本转化为动态的脚本，可让学生融入自己最真切的感受、独特的个人体验，对文本进行个性化的诠释，并进行一些创造性的解读。

三、创设有效的朗读情境

朗读指导应在语感训练中巧妙进行，变"技术性"指导为"艺术性"指导。教师要精心创设朗读情境，想方设法唤醒学生的生活体验，将作者的"胸中之境"化为学生的"眼中之像"，激发学生的朗读兴趣，引起共鸣。教师或声情并茂，描述当时的场景，解说背景，如《背影》《纪念白求恩》；或提供图片、录像资料，把学生带入现场，如《长江三日》《济南的冬天》；或配以乐曲，烘托气氛，如《春》《黄河颂》……教师就得像导演一样，调动起每个"演员"（学生）的情感进入朗读状态。

如余映潮老师教学《假如生活欺骗了你》的几个朗读指导片段：

（1）在进入课文学习之前呢，我想向大家念几个语言的片段。这是现在的成人、长大了的人，他们童年的时候或者少年的时候学习《假如生活欺骗了你》的感受，现在回忆起来的感受……

（在学生朗读之前，教师介绍不同的人在童年或少年时学习《假如生活欺骗了你》的感受，激发学生急切的朗读兴趣和欲望）

（2）我们再换一种方式……这首《假如生活欺骗了你》是给邻居小姑娘的劝慰，也是谈心。也就是说这首诗是可以用谈心的方式、说话的方式来读的。我们可以这样读……

（巧妙地穿插介绍背景、再现情境，可以更好地体会诗人当时的情感，走进人物内心，读出情感）

（3）这首诗还可以用内心独白的方式、用鼓励自己的方式来读……用细微的声音来读。

用"当你要劝慰人家的时候""当我们遇到挫折的时候"等生活情境,一次次唤起学生的生活体验;用"说话式""内心独白式",不断变换花样"折腾"学生吟读成诵,使其既不觉得单调乏味,又能从诗的韵律逐渐触及诗的主旨。这种脱离了技术性痕迹的朗读指导,极具艺术性。正如余老师所说,"成功的朗读教学一定层次非常细腻,过程非常生动,形式非常活泼"。

四、实施有效的朗读评价

朗读评价要综合考查学生朗读过程中的体验程度和价值取向,不仅要注重朗读质量和朗读技巧,更应从学生的可持续发展和健康向上的心理因素出发,重视多角度、有创意朗读的评价,既张扬学生的个性,又提升学生的自主感悟。

例如,李镇西老师执教《荷塘月色》的课堂片段——

片段一:

师:请你从第一段读起。希望你能通过你的朗读,让我和同学们看到你对课文的初步理解。

生1:"这几天心里,颇不宁静……"(读得结结巴巴,掉字换字不少,而且读得很快)

师:同学们,他读得怎么样?

生2:他读得太快了,而且还读错了一些地方。

师:嗯,对。是读得太快了。给人的感觉,朱自清不是在散步,而是在跑步。(学生们哄然大笑)

教师的评价语言幽默风趣,重在激励、启迪和感悟。即使学生读得结结巴巴、纰漏百出,一句"朱自清不是在散步,而是在跑步"的点评既委婉指出了问题,又活跃了课堂气氛。

片段二:

师:这篇文章的话语方式是自言自语。因此,同学们在读的时候,要把这种语气读出来。怎么才能读出这种语气呢?……下面我给大家示范一下。(师读略)

师:下面,同学们自己读一遍。按刚才李老师说的,把自己当作朱自清,读出韵味。

评价方式多元互动,相互作用,互相促进。"他读得怎么样","我来给大家示范一下"……这样的评议过程,既是朗读指导的过程,也是学生朗读水平提高的过程。

【原载《中学语文教学参考》(初中版)2015年第4期,有改动】

第五章　教学资源的活化运用

　　每到学年工作结束时,走进教师办公室,会发现很多老师忙于丢"垃圾",包括自己的教科书、备课本、听课本、导学案、测试卷、教研活动记录等。其实,世界上没有垃圾,只有放错位置的资源。课堂教学,从某种意义上来说就是借力借智——把所有能为我所用的资源加以整合并运用于教学,发挥其效益,帮助展开教学,促进学生生长。这里面就涉及教学资源的积累与运用问题。加涅将教学资源定义为:"教学材料可被设计、开发与实施的所有方式",可以包括传输方法,如教师、教员、计算机、模拟器或实际的系统;教学策略,如小组讨论、案例研究与辅导;教学媒体,如文本和视频。[①]

　　普通教师与优秀教师的差别除了教学经验之外,就是教学资源的积累与运用。人民教育家陶行知先生大力倡导"活的教育(Education of life)","就是要与时俱进……随时随地的拿些活的东西去教那活的学生,养成活的人材",即要"用活的人去教活的人""拿活的东西去教活的学生""拿活的书籍去教小孩子"。[②]简言之,教育就是要活化课程和教学资源。教学资源的活化,需要教师不断锤炼实践智慧,有目的、有意识地长期积累和整理,创造性地融入教学当中,提升教师在不同情境中解决教学问题的能力,提升学生在生活情境中解决实际问题的素养。

一、教材是最重要的教学资源

　　心理学研究表明,影响学习的内部因素包括原有知识结构、认知发展、智力差异、动机与人格等,外部因素包括教师、学生集体、教材和练习等。教师、教材、学生是教学最重要的三个要素,教学是以"教材"为媒介,师生交互作用的关系。教材是依据课程标准编写的体系化、结构化的教学载体。一套成熟的教材,是课程和教材专家团队精心编写,且经过一线教师反复实践、多次修订而成的,遵循了儿童的认知发展规律、学科学习规律。教材不仅是课程标准的代言人,更是集中了众多专家、学者的专业智慧和学科水平,是学科知识精华和智慧的结晶。在教学实践中,存在将教材"边缘化"和"神圣化"两种不良倾

---

① 加涅,等.教学设计原理(第五版)[M].王小明,等译.上海:华东师范大学出版社,2007:200.
② 胡晓风,金成林,张行可,等.陶行知教育文集[M].2版.成都:四川教育出版社,2007:71-74.

向。[①]一方面大量舍弃那些看似与考试无关的课文、章节,而在有限的教学时空内塞入、补充大量拓展资料、信息,教材没搞懂,贪多嚼不烂,学习劳而无功;另一方面窄化教学内容,"两耳不闻窗外事,一心只读圣贤书",或把教学内容神圣化,不敢越雷池半步,"教死书、死教书、教书死"。用教材教的前提是教好教材。用好教材这个最基本最重要的资源,既需要教师扎实的学科专业本体性知识,更考量教师的实践性智慧。

1. 整体把握教材内容体系

任何一堂课都有一个教学起点,也就是说教师在教学前必须对学生原有的知识水平或认知结构有一个清晰的认识,大多数情况下,学生原有知识又是通过以前所接受的教育和对教材的学习所得。很多时候,一个教师并不是从起始年级开始教学,而是中途去接手一个班级的教学任务,抑或从一个新的学段开始教学。事实上,大多数教师都终身在从事某一个学段的教学工作,有些学校甚至连一个学段都在细分教师的岗位,固定教师教高年级或低年级。很少有教师能够从小学一年级一直教到高中三年级。如果对前一阶段或学段的教材知之甚少,那么教师的教学会很茫然。因此,高中教师需要了解初中的教材及其知识结构体系,初中教师需要了解小学的教材及其知识结构体系,才会明确教学的起点;反之亦然,教低段的教师也要了解高段的教材,"所教授的书籍,要有统系的,前后都能连贯得起来,不是杂乱无章的,这才是活的教育"[②]。

值得注意的一个现象是,每升入高一个学段时,很多学生严重不适应,跟不上教师的教学节奏而很快分化。究其原因,除了与学生本身的学习基础和能力有关外,还有可能是教师教学没有很好地衔接过渡。如果一位刚教完高三毕业班的教师,新学期接手高一年级,一开始就以高三的教学节奏、要求、考试的难度,去教实际上只有初中毕业水平的学生,学生自然跟不上节奏,因而丧失了信心。

2. 解读教材的多重视角

教材通过编写者的努力,总结和呈现了已知的内容,就像一本"百科全书",但大多数教材呈现给学生的是高度简化的事实观念,而几乎没有洞察收集信息和提炼事实的方法,教材内容很容易向师生隐藏学科及学术界的真实本质。因此,教师需要将"教材"转化为"学材",真正发挥其价值。全面准确地解读教材是实现这个转化的前提,也是教师的第一专业素养。

李正涛教授提出解读教材要有三种眼光:成人眼光、教师眼光,学生眼光。[③]成人眼

① 余文森.核心素养导向的课堂教学[M].上海:上海教育出版社,2017:139.
② 胡晓风,金成林,张行可,等.陶行知教育文集[M].2版.成都:四川教育出版社,2007:75.
③ 李政涛.教育常识[M].上海:华东师范大学出版社,2012:111-115.

光是原点,即教材知识背后的原始形态和原始价值,要求教师回到学科知识的原点,避免将过多的力量用于教法上。教师眼光是核心,不同于一般的读者只是站在"知识逻辑"层面对教材内容的理解,教师需要考虑教材编写者的意图,这个内容我到底教什么?为什么教?如何教?涉及内容深浅的把握、目标的定位、教法的选择等专业性思考,追求的是"教学逻辑"和"转化逻辑"。学生眼光是依据,即站在学生的角度,去思考他们对这个内容的学习兴趣、需求、基础、困难、障碍、方法等,从而为设计教学方案提供依据。三种眼光的解读是相互勾连、不可割裂的整体,成人眼光是课程与教材知识的源泉,学生眼光是教师眼光的依据。

只有嚼烂吃透教材,我们才能准确定位教学的目标和重难点,才有底气应对课堂上来自学生的各种挑战。如,下面是一些学生对课文主人公的解读与评价:

《狐狸和乌鸦》——"狐狸很聪明!他为了得到肉,很会动脑子。"

《秦兵马俑》——"我觉得应该感谢秦始皇。如果秦始皇不为自己建造陵墓,就不会留下举世无双的兵马俑了。"

《虎门销烟》——"林则徐没有环保意识!几百万斤烟渣被冲入大海会造成多么严重的污染!对大海里的动植物的危害更大!"

面对学生天马行空、啼笑皆非的"独特体验",教师该如何引导?曾几何时,很多教师怕背负"挫伤学生思考发言的积极性"和"打击学生发散性、独创性思维"的骂名,对偏离、曲解文本原意的解读而不知所措、不置可否,不能给予正确引导,还拿"一千个读者就有一千个哈姆雷特"的理由来辩解和寻求自我安慰,带来的严重后果是学生价值观、是非观的扭曲。作为教师,我们既要鼓励学生对文本进行多元理解和体验,又要引导学生尊重文本主旨并追求共同见解,正确处理一元标准与多元解释、个性解读与文本原旨、独特认识与共性认知、多元文化与普遍价值的关系。[①]

3.从教材意识上升到课程意识

课程有明确的目标要求和学业质量标准,教材只是支持学习过程的一种资源。正如叶圣陶先生所说,教材无非就是个例子。即使是最好的教材,也许只能帮助我们实现一部分的预期结果。"教材既不是地图,也不是行程安排,而是在一个有明确目标的旅行中

---

① 余文森.核心素养导向的课堂教学[M].上海:上海教育出版社,2017:141.

起支持作用的旅游手册。"①

教育部公布的2020年新修订的高中课程标准、2022年新修订的义务教育课程标准，都在强调核心素养和学业质量标准。高中叫学科核心素养，义务教育阶段叫课程核心素养。崔允漷教授指出，新课标必将带来课堂教学改革的进一步深化:坚持素养本位的单元设计，教学目标不只是关注知识点，要更大，必然开展大单元教学，通过大观念、大问题、大项目、大任务来组织一个单元，这就是前面曾谈到过的结构化教学;强化学科实践，促使学生更多地在真实情境下深度学习;推进综合性学习，加强学科内知识整合，跨学科学习，从解决真实问题对学生进行进阶测评;因材施教，因人导学，未来的学习是线上线下的混合学习，为学生提供更趋于个性化、人性化的学习方案。

教材的编写体现的是国家意志、专家视角，有一个较长的过程，而且不可能频繁更换。一方面，我国地域广、民族多、地区差异大，各地学生的文化背景等会有较大差异，统编教材只能照顾到大多数。另一方面，我国经济、社会、科技飞速发展，新理念、新观念、新科技日新月异，教材也不可能及时更新。因此，需要教师把教材意识上升到课程意识(参见本书第八章)，整合教材、用活教材。整合，就是要以素养为纲，对教材进行精加工、校本化、班本化处理。用活，就是要贴近学生生活实际、紧扣时代脉搏，活化教材，教学生更多有价值的东西。

二、社会生活环境是生动的教学资源

陶行知先生说，生活即教育，社会即学校，教学做合一。无论哪个学科，教学内容总是与自然环境、社会生活、人际关系发生这样那样的联系。教师和学生都以某种学科为中心，同时又指向与这门学科有关的世界。②教学就是对有影响力的事物施加影响。教师充分地、从教育学的角度利用这个世界的影响来机智地对孩子施加影响。③因此，教学资源无时无刻不在我们身边，关键是需要我们有一种善于发现和就地取材的资源意识。

首先，学校是个小社会。朝夕相处的老师同学，熟悉亲切的校园环境，耳闻目睹的校园生活，都是唾手可得的教学资源。带学生去校园观察四季的变化，了解学校每天发生的事情，一草一木、一亭一院、花鸟虫鱼皆可成为学生习作、写生、科普的对象;去校史陈列室参观，了解学校的历史文化、领略优秀校友的风采;去实验室、劳技室、创客教室动手

① 格兰特·威金斯,杰伊·麦克泰格.追求理解的教学设计(第二版)[M].闫寒冰,宋雪莲,赖平,译.上海:华东师范大学出版社,2017:257.

② 马克斯·范梅南.教学机智:教育智慧的意蕴[M].李树英,译.北京:教育科学出版社,2001:102-103.

③ 马克斯·范梅南.教学机智:教育智慧的意蕴[M].李树英,译.北京:教育科学出版社,2001:107.

实验,探索科学的奥秘;去阅览室、图书室、计算机教室阅读、查找、收集资料,开展专题性的学习……

其次,地域的自然环境和历史文化是身边宝贵的教学资源。一方水土养一方人,一方山水有一方风情。教材中描写、呈现、展示、列举的一些信息,可能就是本地独特的自然环境、人文历史、风土人情、非物质文化遗产。如,语文学科的一些课文内容,历史学科的一些人物事件、考古发现,地理学科的地形地貌、气象气候,生物学科的物种群落、作物栽培等,教学时信手拈来、自然融入,能加深学生的理解;还可以带领学生研学旅行、实地考察,开展综合性、研究性学习。同时,这些资源也是我们开发校本课程的重要素材。

最后,发生在学生身边的社会生活热点、国际国内的大事是取之不尽的教学资源。每天都有新闻发生,经常都有网红爆屏,年年都有文化盛宴——建党一百周年庆典、北京冬奥会举办、春节联欢晚会、全国“两会”召开、中东局势、英国脱欧、俄乌开战、新冠疫情暴发、全球气候变暖……这些都是作文课、思政课、历史课、科学课的鲜活素材,可挑选学生感兴趣的、与教学内容有紧密联系的材料,让学生观世界风云变幻,察人间百态冷暖,辨物是人非曲直,品个中复杂滋味……

三、教师自身是灵动的教学资源

每个教师都有自己的特长或绝活儿,至少也有兴趣爱好,如能在课堂教学中结合教学内容加以运用,既可以增强教学的吸引力,还能形成自己独特的教学风格。教师的语言、书写、歌喉、舞姿,甚至教师的身材、长相、穿着打扮都可能是教学资源。教师不仅仅是向学生传授知识,他实际上也是以一种个人的方式体现了他所教授的知识。从某种意义上说,“老师就是他所教授的知识”[1]。

我20多岁在乡村小学教书时,学校缺英语教师,暑期临时安排我去参加教委组织的短期培训,预备“学成”后做兼职英语教师。后来,虽然我没有能兼职教英语,但给我们上课的一个60多岁的老师给我留下了深刻印象。他在讲台上朗诵英语诗歌时手舞足蹈,教英文歌曲时又蹦又跳,让我们这群没有多少英语基础的成人深受感染,学习兴趣高涨,每天除了吃饭睡觉,都在刻苦学习。后来,我发现英语老师的课堂大都比较活跃,越是低年级教学效果越明显,而那些一板一眼的英语教师,教学效果相对就差一些。

同样是语文教师,也各有所长。有的教师声音很有磁性又擅长朗读,在阅读教学中就不需要去用录音、多媒体一类的范读材料了。我曾听韩军老师执教《大堰河,我的保姆》课堂录音,导入课题后直接范读全诗,如泣如诉、荡气回肠,学生在听朗读的过程中,

---

① 马克斯·范梅南.教学机智:教育智慧的意蕴[M].李树英,译.北京:教育科学出版社,2001:104.

对人物形象、诗歌意境、诗人情感已经理解了大半。有的语文教师善于诗文写作,文章的起承转合,诗意表达,讲得头头是道;教学写作,自己下水,范文呈现,现身说法。支玉恒老师七十多岁现场执教小学语文四年级《乡下人家》一课,引导学生边读课文、边归纳板书,课文学完,黑板上呈现出一首优美的小诗,他边读边让学生抄写下来:"长藤绿叶鲜瓜,繁花茂竹笋芽。鸡走鸭游自在,晚饭归鸟红霞。秋叶虫鸣伴梦,美哉乡下人家。"乡下人家恬淡和谐、充满生活情趣的画面,深深印刻了学生的脑海中。有的教师擅长书法,一手漂亮的板书,让学生折服,潜移默化地受到影响;有的教师擅长简笔画,三五笔下去,黑板上图文并茂,生动形象……

尺有所短,寸有所长,教师要用自己的优势去打天下。

四、问题情境是宝贵的生成性教学资源

新教师的教学设计及实施是"直线型"的,一旦课堂"节外生枝",就要么生拉硬拽地把学生拉回到既定的教学思路,要么显得束手无策。[①]这种做法折射出教师以自我为中心的教学理念,说得更严重一点儿是不符合教师的伦理道德。成熟教师的思维方式是预设式的,即在教学设计时想象可能出现的问题情境,提前预设几种解决和应对的方案,一般教师能做到这个程度已经算得上负责任了,超越了"直线型"教学路径。智慧型教师则是生成式的思维方式,即根据不同的问题情境,敏锐捕捉、理性判断新情况、新问题,并以此为新的资源加以利用,迅速调整自己预设的方案和策略,机智融入教学内容,动态生成新的教学情境。

教学过程中的问题情境是生成性教学资源的主要来源,即学生学习过程中暴露的问题,如学生的理解、回答、作业明显错误或与众不同时,需要高度警惕。如果学生都能正确理解运用所学的知识内容,那就不需要教师教了。学习,在本质上就是一个不断试错的过程。只有让学生充分地、安全地暴露问题,才能减少其"假学习""假理解""假学会"。因此,对学生的错误理解不是当头棒喝,而是探究问题背后的原因所在,再给学生和教师自己一次机会;对学生与众不同的想法,要有耐心,不抹杀学生的积极性和创造性,说不定学生独创性的思考,能给课堂带来意外的惊喜。

其他问题情境还包括:教师教学出现失误,如,出现知识性错误、黑板上写错别字……教学设备出现故障,如,准备的多媒体课件打不开、计算机出现故障、突然停电……课堂突发意外情况,如,学生突发疾病、学生捣蛋、发生冲突……其他偶发情况,如天气突变、

---

① 邓友超.教师实践智慧及其养成[M].北京:教育科学出版社,2007:110.

奇异的自然现象、小动物闯进教室……当然,有些涉及课堂管理问题,后面第六章再专题讨论。

五、建立自己的专属案例资源库

从登上三尺讲台那天开始,我们所上的每一节课、设计的每份作业、带的每个班级、指导过的每个学生,甚至工作的点点滴滴都可能成为我们新的教学资源。这需要我们做一个有心人,平时注意收集整理,分门别类地建立自己的案例资源库,包括纸质的、电子的,如,教学素材、教学设计、精美课件、典型试题、成功案例、历年真题、自我反思、经验总结等。同事的、公开发表的案例也可为我所用,但关键是要把这些别人的案例吃透后再纳入自己的案例库。在重新运用时,首先要认识新情境和旧案例的差异,然后运用旧案例,化解新问题,最后总结新案例,编入案例库。这样,我们的案例库就会像滚雪球般不断增大。

虽然我们处于信息化时代,有些资源可以方便快捷地从网上查找,一些学校还专门为教师购买了网络平台上的资源,但没有哪家的资源是包罗万象的,资源良莠不齐,需要我们加以辨别和筛选。许多教师从事中小学教育教学数十载,所用过的每一套教材、写的每一本教案、命的每份试题、记的每本工作笔记,搬家也舍不得扔掉,时不时翻阅参考一下,毕竟这些东西都有自己思考的痕迹,用起来得心应手、信手拈来。

用活学校资源的反思性实践

莫让学校图书成为摆设

苏霍姆林斯基说："让学生变聪明的办法，不是补课，不是增加作业量，而是阅读，阅读，再阅读。"然而，当下中小学生的课外阅读状况堪忧。据统计，很多学校每学期的图书借出率不到10%。耗资不菲的数万册图书本应是培养学生阅读兴趣和习惯、继承民族和世界优秀文化的"营养品"，但实际上绝大多数学校的图书资料并没有发挥作用，只是成为应付检查和装点门面的摆设。究其原因，一方面，图书室配备的书目大多数是为"普及九年义务教育"或"创建重点学校"达标而批量购入，其内容陈旧过时，可读性不强；另一方面，现在的中小学生作息时间紧张，学习负担重，基本没有多余时间进行课外阅读，致使学校的图书报纸闲置。

要改变这种被动局面，就必须从改革学校管理和改变教师教育理念入手，充分发挥教育资源的功能和作用，让尘封的图书报纸真正"流动"起来。比如，图书室的图书每年都应该更新，并将图书精准分类，每学期开学时分批量分年级借给学生。各年级可以安排值周班级或每周获得流动红旗的班级轮流保管，或者招募学生志愿者当图书管理员。到放假前，再统一归还到图书室。还可以开辟学生读书专栏，组织各类评选活动。学校的图书管理员担当指导服务、收集信息、考核评比等角色。管理员和广大学生都可以在读书专栏上发布"好书推荐""新书介绍""购书建议"等信息，并作为学校更新图书的参考，也可以在读书专栏里留有一定书架空间，鼓励学生把自己的好书拿出来共享。学校可以定期开展"读书心得""读书之星""书香班级""十佳图书管理员"等专题评选活动。

为了营造读书环境和气氛，学校也可以变封闭的图书室为开放的读书走廊，建设真正意义上的书香校园。比如，利用学校各个部位的空间位置，统一规划设计各种样式的书架或书柜，摆放或设置一定的座椅，周围张贴读书经典名言、优美图片等，将学校图书室、阅览室、资料室的图书报纸杂志尽可能地摆放出来，让学生可随手取阅，促使学生养成阅读习惯。可以想象，在阳光下、走廊边、角落旁，一群群学生手捧书本沉浸在语言文字的芳香里，那将是一幅幅多么令人感动的图画，又何愁书香不飘满校园。

（原载《中国教育学刊》，2015年第7期，有改动）

后记：2016年暑期，重庆市中山外国语学校利用教学楼院空透式底楼建立了一个温馨漂亮的阳光书吧。在承重柱、楼梯间精心制作书架，天花板和横梁布置名人名言栏，一角设置自助饮料柜，中间摆放阅览桌椅和沙发，四周摆上盆花、张贴自助管理制度，值周班级定期将图书室的报纸杂志和图书搬出来供学生随时取阅，阳光书吧成为学校一道亮丽的风景。很多学校纷纷前来参观，并结合自己的实际，因地制宜地建设开放式阅览室。阳光书吧风靡一时，教育行政主管部门还开展了最美阳光书吧评选活动。

活化学科资源的实践性案例

内引外联,拓宽语文教学资源

语文教学应通过加强课内外的联系、校内外的沟通、学科间的融合来拓宽语文教学资源,最大限度地通过课例载体,培养学生的语文素养和人文素养。

一、加强课内联系,用活语文教材资源

1.根据实际情况,适当调整教材内容和顺序

尽管语文教材的编排越来越科学,越来越注重单元内从讲到读、从读到写能力的迁移训练、从课堂教学到实践活动的有机联系等,但是中国地域辽阔,各地地理、气候、风俗、学生实际情况差异巨大。因此,对不同的学校、不同的班级、不同的学生来说,无论是哪一套教材都永远不可能达到尽善尽美的地步。教师要善于根据实际情况,在能实现教学目标的前提下,对教材内容和教学顺序作出灵活的调整和处理。这就是用教材与教教材的根本区别。如,讲读课文与阅读课文的调换,本地学生生疏的课文的增补替换,与时令相关的课文的提前与延后,对不同单元不同文体的调整等。

2.打通新旧课文联系,建构新的知识与能力

建构主义理论认为,学习中必有主观经验的参与,学习过程是一个以经验为基础的自行建构的过程。所以,新课标强调阅读是学生的个性化的行为,不应以教师的分析代替学生的阅读实践。在阅读教学中,教师应在创设情境、点拨和引导上下功夫,为学生与新文本之间的自由对话架设起沟通的桥梁,从而使其碰撞出心灵和智慧的火花,达到吸收与创新的目的。

语文教材中的每一课都不是孤立的,课文之间必然有或多或少的联系。

教学时找准新课与旧课的结合点,有时会收到多方面意想不到的效果。如教学《社戏》时,让学生回忆《少年闰土》;教学《从百草园到三味书屋》时,让学生回忆《三味书屋》;教学《我与地坛》时,让学生回忆《秋天的怀念》等,可激发学生的兴趣,为学生学习奠定基础。教学《独坐敬亭山》时,学生理解"孤云"一词遇到了困

难，让学生回忆在哪首诗中学过"孤"字，学生马上想到了"孤舟蓑笠翁"，再让学生说说"孤舟"的意思，"孤云"的意思豁然明朗；在体会"众鸟高飞尽"的意境时，让学生联想"千山鸟飞绝"；在教学《画杨桃》一文体会美术老师说的"看的角度不同，杨桃的样子也就不一样"这一句话时，为学生朗诵《题西林壁》中"横看成岭侧成峰，远近高低各不同"这句诗，让学生初步体会全面认识事物的哲理……

二、促进学科间融合，培养学生人文素养

语文作为工具性与人文性兼具的课程，其包容的内涵是其他任何学科都无法比拟的，这就为语文与其他学科的融合创造了广阔的空间，为培养学生的人文素养提供了保障。

1.语文与文艺作品的关系密切

语文教材中有不少课文是节选自古今中外的文学名著，或是根据名著改编的，如《社戏》《组歌》《送东阳马生序》等。随着年级的增高，教材选取的古今中外的文艺作品原著越多，先秦诸子散文、魏晋散文、唐诗、宋词、元曲、明清小说，现当代文学大家的作品更是数不胜数。在阅读中培养学生欣赏文学作品的能力是语文教学一个十分重要的目标。鼓励学生阅读原著是十分有益的，一方面可以培养学生的阅读兴趣和习惯，另一方面可以开阔学生的视野，增长其文学知识。

2.语文与自然科学互相渗透

语文课中涉及自然科学知识的科普文章也不少，如《化石吟》《月亮上的足迹》《生物入侵者》《奇妙的克隆》《神奇的极光》等。教学之前让学生阅读和收集有关资料，教学时联系有关科普读物，渗透相关科学知识，教学后结合综合实践活动，如"探索月球的奥秘"，让学生开展语文与科技合二为一的实践活动，如，办专题墙报、写调查报告、学写科学童话和寓言等。这些对培养学生多方面的能力，以及增强他们的科学意识、环保意识、自我生存保护意识是十分有益的。

3.语文与艺术学科联系广泛

语文中有些课文就是歌词，如《黄河颂》《在希望的田野上》；有些课文、综合实践活动与音乐和戏曲相关，如《音乐巨人贝多芬》《这个世界的音乐》《戏曲大舞台》《古诗苑漫步》《编剧与演剧》等，教学时就必然与音乐戏曲发生联系，教师可借助配乐烘托气氛、渲染情感、启迪思维。教材中精美的插图，特别是看图学文的教学，必然使语文和美术发生联系，有的课文直接介绍的就是名画，如《清明上河

图》。中国汉字自古以来就与书法艺术密不可分，也有专题性的综合实践活动，如《〈兰亭序〉与书法文化》。在古诗、词曲的教学中，有不少题画诗的内容，或要求学生吟唱诗文，或让学生根据画面想诗意、根据诗意作画，体会"诗中有画、画中有诗"的意境等，可以培养学生的审美情趣，以及欣赏美、创造美的能力。

三、拓展校内外实践活动空间，培养实践创新能力

教师要根据实际情况，因地制宜，努力拓展语文实践活动的空间。从理论上讲，凡是有生活的地方就有语文，也就有语文的实践活动。开展语文实践活动的原则是：一要有利于学生积累运用语言，二要尽量为每位学生提供实践机会。

1.开展班内经常性的实践活动

根据课文内容，选择合适的切入点，每课都可以开展实践活动。例如，古诗词教学后，可开展诗歌朗诵会；故事教学后，可让学生收集本地民间故事，搞故事会；可将寓言童话、戏剧、小说教学改编成课本剧并进行表演……班内还可以开展经常性的实践活动，如读书笔记和手抄报展评、办专题黑板报、写字比赛、课前一分钟朗读或演讲等。

2.踊跃参与校内定期性的实践活动

校内定期性的语文实践活动，是在学校整体教学工作计划安排下的跨班、跨年级的语文活动。它可以加强教师之间、学生之间的学习与交流。如读书报告会、辩论会、故事演讲赛、朗读比赛、作文比赛、手抄展报评、读书笔记展评等，这些为语文实践活动的开展提供了更大的平台。

3.广泛开展校外实践活动

校内实践活动是语文实践活动的主阵地，家庭和社会中的实践活动则是它的有益补充，它们可以为每位学生提供更多的实践机会。如：主持"家庭故事会"——把课文内容复述给家人听；"新春的祝福"——新年快到时为亲人朋友制作新年贺卡，并写上祝福的话语；"我为大街美容"——走上街头寻找广告、招牌上不规范的用字；写对联、设计广告词；等等。

（原载《三峡教育》，2004年第4期，有改动）

第六章 有效的课堂组织管理

在我们身边,始终存在这样一类老师:科班出身、师范院校毕业后从事中小学教育,所教的班级、学生,该科成绩低迷,是班级的"跛子"学科,学生和家长意见大,同事也不愿意和他搭班,弄得学校管理者头疼。久而久之他自己也丧失了信心,成为问题老师,继续留在教学岗位上会害了一届又一届的学生。对这类教师,学校一般是这样处理的:如果教师编制允许,就将他调到教辅、工勤岗位;如果教师人手不够,就把他和能胜任该学科的艺体老师调换岗位,以免影响学校的教学成绩。

这类教师不是没有知识水平,他们有的还是解题的高手。问题出在哪里呢?只要走进他的课堂很快就能找到答案——教师在讲台上唱独角戏,学生在下面搞自己的,课堂纪律一团糟。他根本管不了,或者干脆视而不见、不闻不问。这里面主要有两个方面的原因:一是教师的教学设计和教学活动安排本身有问题,"茶壶里煮汤圆——有货倒不出",讲课对学生没有多大吸引力;另一个原因是教师的课堂组织和管理能力欠缺,特别是如果班里有两三个调皮捣蛋的"刺头",就会让教师束手无策,很多时候不得不暂停教学,花大量的时间处理学生的干扰行为、整顿课堂纪律,以至于经常难以完成一堂课的教学任务。

课堂管理也是令许多新教师头疼的问题,尤其是新生代的学生,越来越难管,打又不敢打,骂又骂不得。很多教师每天被弄得心力交瘁,甚至患上了严重的心理疾病。近年来,教师在课堂管理过程中,与学生发生肢体冲突酿成惨剧的事件时有发生。课堂管理陷入了教师伦理的两重困境:不管,有违自己的职业良知,是一个不称职的老师;管得不好,会带来一些风险和麻烦,甚至搭上自己的性命。

但既然做了教师,不管终归是不行的,除非我们不想再从事这种职业。研究表明,有效的课堂管理技巧与学生成绩呈正相关,有有效的课堂管理才有高效的课堂教学。

一、认识你和你的学生:课堂人际关系重构

西方有句箴言:"认识你自己!"

课堂管理是对课堂活动、教学、物理环境及其他方面进行组织,从而有效利用时间、

创造一个快乐和卓有成效的学习环境以及将行为问题及其他干扰最小化的策略与方法。从这个概念的内涵来看,课堂管理主要包括三个要素:人、时间、空间。其中,人是决定性的要素,主要是指教师、学生及其关系。课堂管理首先从认识师生角色和建立良好的课堂人际关系开始。

1.课堂人际关系的三种形态

课堂就是一个微型的社会。"课堂这一场所既非真空的密室,亦非游离于社会的存在","课堂的人际关系与教学的经验……构成了特有的社会性问题与文化性问题"。佐藤学根据社会组织原理将课堂分为三种相互对立而又彼此交织的形态。[①]

课堂的第一种形态,是对班集体的直接性归属意识与对课堂规范的无意识承认结合而形成的原始共同体社会。每一个儿童淹没于集团之中,其意识与行为具有同化于班级规范并使之均质化的取向,集团内部的情绪性具有强烈的一体感和对集团外部的排他性排斥意识。在这种课堂,教师既是专家,又是像父母般的存在,同儿童的关系,表现为绝对尊敬与亲密的信赖。从本质上讲,"教师的教育关系是一种替代家长的关系"[②]。

课堂的第二种形态,是课堂中权利义务的契约关系与制度性的角色关系所构成的群集性社会。在以这种人际关系为本的课堂中,削弱了人际亲和关系的情感纽带,助长了围绕成绩的排序与竞争意识,诱发了每个人的孤独这一存在的危机,也隐含着课堂沦为徒具虚名的集合体的危险。在这种课堂,教师是制度所规定的专家,同儿童的关系是契约与角色的关系,表现为提供教育服务的专家与享受教育服务的顾客之间的关系。

课堂的第三种形态,是意识到上述两种人际关系并在加以变革的实践中所形成的学习共同体。在这种课堂中,儿童在各自自主的个人世界中生活,同时也通过同他人的社会亲和,在课堂的共同体世界中生活。在这种课堂里,教师既是教育专家,同时又是学习者,是教室里建设学习共同体的指导者,同时自身又是这种共同体的一员。这是一种最理想的课堂形态。

2.教师的领导方式

教师的领导方式是决定师生人际关系的重要因素之一。李皮特(R.Lippit)和怀特(R.K.White)在考虑教师的权威表现和对学生的关怀程度时,将教师的领导方式分为以下四种类型[③]。

强硬专制型:教师对学生严加监视,要求即刻无条件接受一切命令,严格遵守纪律;

---

① 佐藤学.课程与教师[M].钟启泉,译.北京:教育科学出版社,2003:143-146.

② 马克斯·范梅南.教学机智:教育智慧的意蕴[M].李树英,译.北京:教育科学出版社,2001:103.

③ 皮连生.教育心理学(第四版)[M].上海:上海教育出版社,2011:316-318.

很少表扬学生,认为没有教师监督,学生就不可能自觉学习。学生反应为屈服,但一开始就讨厌这种领导方式,常常推卸责任;易怒,不愿合作,而且可能在背后伤人;一旦教师离开,学习明显松懈。

仁慈专制型:教师不认为自己是专断独行的人,表扬并关心学生;口头禅"我喜欢这样做"或"你能给我这样做吗";以自己的要求为班级的一切工作标准。大部分学生喜欢这种领导方式,但看穿这套方法的学生可能会恨他;学生在各方面都依赖教师,缺乏创造性;屈从,缺乏个人发展。

放任自流型:教师没有明确的目标,与学生打交道时缺乏信心,很难作出决定,或认为学生爱怎样就怎样;既不鼓励学生,也不批评学生;既不参加学生的活动,也不提供帮助与建议。学生品德差、学习差,有"推卸责任""寻找替罪羊"和"易怒"的行为特点;没有合作,谁也不知道该做什么。

民主型:教师与集体共同制订计划和作出决定,很乐意给个别学生以帮助和指导;尽可能鼓励集体的活动,给予客观的表扬与批评。学生喜欢学习,喜欢同别人和教师一起工作,工作的质和量都高;互相鼓励,独自承担某些任务,教师不在时能自觉学习。

沃贝尔斯(Wubbels)等人则从师生交往中教师的行为风格,总结出师生交往的八种类型:指导型、权威型、容忍和权威型、容忍型、非决断/容忍型、非决断/挑衅型、压抑型、辛劳型。其中比较理想的是容忍和权威型,强调规则与学生自主相结合,比权威型较少运用规则,重视学生的自主性;师生关系比权威型更为密切,学生支持和配合教师。李威特(H.J.Leavitt)按照小团体交往模式理论则将师生关系分为五种类型:链型,纵向逐级传递信息,交往渠道单一;Y型,部分等级之间有多渠道交往;轮型,教师处于核心地位,师生交往多面,但学生之间交往少;环型,师生、生生之间交往多是单向度;全渠道型,师生、生生之间是多向度交往,教师不处于核心地位,缺乏有力组织,但师生关系亲密,课堂气氛活跃。[①]

3.不断变化的学生

随着我国经济和社会的转型发展,工业化、信息化、城镇化进程的加快,人们的思想观念、家庭结构、生活娱乐方式、人际交往模式等发生了巨大的变化,所面临的教育对象也发生了显著的变化。

(1)把握新生代学生的特点

第七次全国人口普查公布的数据显示:我国人口流动活跃,居住地与户籍所在地不一致的现象相当普遍,2020年人户分离人口达到4.93亿人,约占总人口的35%,其中流动

---

① 崔允漷.有效教学[M].上海:华东师范大学出版社,2009:75-76.

人口3.76亿人;从流向上看,人口持续向沿江、沿海地区和内地城区集聚,长三角、珠三角、成渝城市群等主要城市群的人口增长迅速,集聚度加大。家庭户规模继续缩小,平均每个家庭户的人口为2.62人;常住人口的城镇化率进一步提高(2021年超过60%),十年间城镇常住人口增加了2.36亿人。

在我国中西部及经济欠发达地区,学生随着家长工作及经商、务工地点的变化而频繁迁移和变更就读学校,很多是跨省区流动,我们将面临更多的转学插班学生,且他们受教育的背景差异较大。很多父母外出,留守学生、隔代抚养学生更多,他们在不适当的监管下成长,能得到的来自父母有效的家庭教育和管理缺乏;中国的第一代留守儿童已经为人父母,他们的子女成为第二代留守儿童,"留守儿童2.0"在需要家庭教育支持时,问题越严重的学生其父母功能越低。

我国离婚率持续增长,传统家庭结构正在消解,单亲、离异、重组家庭日益增多,留守儿童、隔代抚养、独生子女等教育问题日益突出。受独特的成长环境和复杂家庭背景的影响,学生心理问题日益突出,心理特需儿童、高危儿童的数量急剧上升。据统计,我国有一般心理健康问题的学生占比超过10%,有中度以上心理问题的学生占比约为6%。

作为"00后"的青少年一代,他们的物质生活条件得到极大改善,生理发育提前和更快,青春期延长(11—21岁);他们不再为吃穿发愁,经历的挫折更少;他们能通过手机、电脑等媒体方便快捷地了解社会万象及新近所发生的一切,他们更开放、更自信、更独立,懂得更多,更崇尚自由,减少了对学校和教师权威的敬畏,变得更加乐于使用自己的权利。这方面在民办学校表现得更为突出,受教育消费主义倾向影响,师生关系由民主、平等而演变为契约、合同式关系。学生、家长往往以交了学费为由,经常提出一些有悖于教育规律的要求。另一方面,新时代学生也面临身心发展不协调、人际交往复杂化、学业和生存竞争压力增大等成长性问题。此外,随着生活水平和家长受教育程度的提高,家长们越来越意识到教育的重要性,被"拔苗助长"和"疲于奔命"的儿童也越来越多。

(2)了解学生的个别差异

从学生个体来看,学生之间是有差异的,包括他们的性别、种族、文化、身心健康状态、父母受教育水平、社会经济地位等,这些因素会影响学生个体的智力水平、学习风格、个性品质、原有知识水平。因此,他们的入学准备程度、行为、态度和价值观也各不相同。教师在教学管理中要认识到这些差异性,更多关注弱势群体,既是为了更好地管理课堂,更是保证他们公平接受教育的权利。

从智力来看,学生之间存在量和质的差异。按照IQ测试的智商呈常态分布测算,如果一个班有40名学生,智力超常或有缺陷的都不到1人,IQ中等水平(85—115)的约27

人,中上者(115—130)和中下者(70—85)大致分别为5—6人。心理学统计分析认为,IQ与学业成绩存在中等程度相关,小学阶段为0.6—0.7,中学阶段为0.5—0.6。按照加德纳多元智能理论,人的智力存在质的多样性。

从学习的方式(风格)来看,心理学上从不同的维度将学生分为不同的类型。

场依存型和场独立型的差异。场依存型学生对物体的知觉倾向于以外部参照作为信息加工的依据,难以摆脱环境因素的影响。他们的态度和自我知觉更容易受周围的人,特别是权威人士的影响和干扰,他们善于察言观色,注意记忆言语信息中的社会内容。场独立型学生对客观事物作判断时,倾向于利用自己内部的参考,不易受外来因素的干扰,在认知方面倾向于在抽象和分析的水平上加工。二者在学科兴趣、学科成绩、学习策略和对教师教学的偏好上存在明显的差异。

沉思型和冲动型的区别。沉思型学生碰到问题时倾向于深思熟虑,用充足的时间考虑、审视问题,权衡各种问题解决的方法,然后从中选择一个满足多种条件的最佳方案,因而错误较少。冲动型学生倾向于很快地检验假设,根据问题的部分信息或未对问题作透彻的分析就仓促作出决定,反应速度很快,但容易发生错误。

根据学生接受外界信息不同的感觉通道偏好,学习方式可分为四种类型。第一,视觉—言语学习方式。这类学习者偏爱以视觉形式和书面语言呈现信息,倾向于独立安静地学习;第二,视觉—非言语学习方式。这类学习者偏爱以图片或图表的方式通过视觉通道呈现的信息,喜欢电影、录像、动画、地图等视觉媒体呈现的教学信息,在线学习环境很适合这类学习者。第三,触觉—动觉学习方式。这类学习者偏爱身体上亲自参与动手做的活动,喜欢演示、实验、动手操作材料以及在工作场所进行学习。第四,听觉—言语学习方式。这类学习者偏爱以口头言语成效的信息,喜欢听演讲、录音、解说,也喜欢与他人听说交流的方式,如小组讨论、合作学习等。

此外,从学习者在学习情境中加工信息的表现来看,有表层加工与深层加工之分;从学习者与环境、与他人的相互作用方式看,学生在控制源、焦虑、成就动机等情感和意志等方面也表现出不同的个性差异,又有内控型与外控型、正常焦虑与过敏性焦虑、学习的高坚持型与低坚持型等类型之分。

(3)关注学生的心理需求

有关动机的研究表明,教育的服务对象——学生个体有自己特殊的需求和态度,这些需求和态度都必须得到教师的重视和理解。学生的需求有不少是非学业性的,是关于学生在课堂中的身份、态度、情感以及自我调控感,主要包括:

校内外身份的接纳、认可、尊重,对个人兴趣、感受、观点、家庭生活、文化的尊重;集体归属感和同学间的依恋感;课堂管理中的抉择、共享和参与的权利;个人职责、自治权和独立性;与教师之间积极的人际关系;个人目标的实现;自己的努力和成功得到公认;信任;安全感;明确的规则、程序和课堂结构,以使自己的行为、学习进程透明化;在需要的时候能够得到教师额外的帮助;教师对待学生一视同仁……我们可以看出学生和教师的看法十分贴近,师生一致认为积极的师生关系有助于创建积极的课堂环境,明确的课堂规则、程序和结构是师生共同的愿望,大部分学生事实上渴望严格一致的纪律。[1]

在班集体内部,学生人际关系由于受相似性因素、接近性因素、补偿性因素等影响,学生喜欢在与自己有相同或相似的背景、兴趣、态度的圈子中寻找伙伴,形成若干非正式群体(同伴群体)。特别是进入初中后,同伴关系成为学生最重要的人际关系,同伴交往模式从小团体过渡到2—3个亲密朋友,女生关系更加亲密,男生更看重哥们儿义气。学生是否遵从班集体或同伴群体的态度、观念和行为受群体的规模、一致性、与群体成员身份比较等因素的影响。这种非正式群体分为积极型、中间型、消极型三种,对班级和课堂的氛围起到促进、干扰或破坏作用,教师应分别采取扶持、引导和改造的相应策略。

综上,学生在成长环境、文化背景、心理需求、学习风格等方面存在普遍规律性和个体差异性。我们的教育对象呈现出多元化、个性化特点,课堂管理变得日益复杂,需要我们采取适应性的教学及管理策略。

4. 营建亲密和谐的师生关系

课堂人际关系主要是师生关系,其次是学生之间的同伴关系。师生关系不仅对学生的学习兴趣、课堂参与和学业成绩有直接影响,而且关系着教师的职业幸福感。前面谈到的教师领导方式、新生代学生的特点等因素影响着师生关系的状态,包括积极正向的、消极负向的、对抗失控的三种状态,分为亲密和谐型、疏远平淡型、矛盾冲突型三种类型,由此决定了与之相应的三种课堂气氛。

学生参与课堂教学活动,从心理学的角度分为两类:一类为认知过程,一类为情感过程,两类过程互相交织,相互影响。很多情况下,情感的力量对于激发学生的学习更有效,和谐的课堂人际关系有利于提高整体的学习效率,冲突的人际关系会挫败学习动机,导致更多的对抗行为。[2]

师生关系是教师与学生相互作用而形成的多层面、多结构、多类型的人际关系体系,其内在结构包括以下四个维度[3]:冲突型,在情绪或行为上与教师冲突;依恋型,对教师表

---

① 里德利,沃尔瑟.自主课堂:积极的课堂环境的作用[M].沈湘秦,译.北京:中国轻工业出版社,2001:14-22.
② 皮连生.教育心理学(第四版)[M].上海:上海教育出版社,2011:316.
③ 边玉芳,等.读懂学生:七~九年级学生成长规律与育人策略[M].北京:北京师范大学出版社,2021:50.

现出钦慕与敬意;亲密型,在态度或行为上与教师亲密相处、相互接纳;回避型,回避或不愿意与教师交往。理想的师生关系是亲密和谐型的。师生之间多依恋、多亲密,少冲突、少回避,互相支持配合、关系融洽。教师热爱、关心、尊重和信任学生,学生理解、尊重教师。

如何建立良好的师生关系?

策略一,以民主型的领导方式管理课堂。一种错误的观念认为,民主就是完全满足学生需求或遵从学生的意愿和行为,与放任混为一谈。民主首先是师生地位的平等,是一种学习共同体的关系;其次是在管理的方式方法上,教师尽力满足学生的基本情感或动机需求,通过共同协商、集体决策班级事务,不是把教师的观点强加于学生,而是通过集中的民主;最后是从情感态度上看,民主是信任学生并给予学生热情的帮助和鼓励。

策略二,了解、尊重、信任和公平对待学生。包括了解学生的年龄特点、兴趣爱好、想法需求,尊重学生的人格,不滥用教师的权力和地位,不啰啰唆唆,时时监督,特别是公平、公正、一视同仁地对待学生。回忆我们的学生时代和教学生涯,那些调皮捣蛋、学业成绩并不优秀的学生,即使在毕业多年后还能与老师长久保持密切联系,就是因为老师当初真诚地对待了他们。

策略三,给学生良好的第一印象。教师要把握好与学生的“第一次”,建立良好的第一印象,促进师生关系的良性发展。如,第一次与学生见面、给学生上第一节课、组织第一次班会、第一次参与集体活动、第一次与学生个别谈话等,需要事先做好精心而充分的准备。[①]所谓“无以规矩,不成方圆”。开学的第一天不急于教学新课,而是全班一起讨论和建立课堂规则。课堂规则应该是有意义的、公正的、清晰明确的,规则一般不超过5条,而且要给学生讲清楚违反规则的处理办法。同时,还要教给学生课堂常规或程序,包括如何做好课前准备工作、如何分发学习材料和收取作业、如何参与小组讨论、如何对教师的指令或信号做出快速反应等等,并利用一周左右的时间加以有意识的训练。看似耽误了一些教学时间,其实是“磨刀不误砍柴工”。

策略四,学会赞美和鼓励学生。要善于发现学生的闪光点,并及时给予表扬和肯定;要保持适度的幽默,关键时刻化解彼此的敌意和僵持;要乐于分享自身成长过程的经验,提供方法指导;批评学生时要避免单刀直入,从学生感兴趣的其他话题入手,合理表达自己的观点等,使师生间产生共鸣,拉近师生间的距离。

---

① 边玉芳,等.读懂学生:七~九年级学生成长规律与育人策略[M].北京:北京师范大学出版社,2021:53.

二、有效的课堂管理：不良行为处理策略

有效的课堂管理包括对课堂活动、教学组织的管理，以及对物理环境的布置，以促进时间的有效利用，创造愉快和富有成效的学习环境，尽可能减少对教学活动的干扰。

1.有效的课堂要创设良好的教室物理空间

教室绝不是一个呆板的、冷冰冰的、死气沉沉充满激烈竞争的地方。按照马斯洛关于人的需求理论，人的最低层次需求是安全和稳定，当学生感到安全、稳定和被承认时，他们才能更好地学习。因此，教师首先要布置一个安全、舒适、有吸引力、有归属感的教室的物理空间，包括教室设备、桌椅、教具、植物的摆放，讲桌的位置、座位的编排，光线的充足、温度的适宜、空气的流通设置，等等。比如，座位的安排会影响师生之间、生生之间的交流。研究发现，师生之间的交流存在一个三角形的作用区域，在这个区域内的学生与教师之间的互动频繁，而在这个区域之外，在教室后门和角落的学生距离教师较远，容易分心，学习的态度不太积极。有经验的教师会定期轮换学生的座位，或根据不同的教学任务和活动方式，将座位变成秧田形、马蹄形、方形、圆桌形、模块形等排列形式，或把有问题的学生调整到自己的作用区域，或在上课的时候经常变换自己的位置，使自己的作用区域不断变化，减少监督管理的盲区。

2.有效的课堂要高效利用时间

时间是课堂最宝贵的资源，一堂课花在有效教学上的时间将直接影响课堂教学的效率和效果。我国中小学生一个学年的在校时间是40周左右，《学校卫生工作条例》规定学生每日学习时间（包括自习），小学不超过6小时，中学不超过8小时，这是国家分配给学校的可利用的时间。但减除国家法定节假日、学校举行各种仪式和活动、教师开会和因公因私请假耽误、校内和上级组织各种测评和考试、完成其他非教学任务占用的时间，学生真正用于学习的时间可能只有安排的总教学时间的60%。

一堂课中，可能因为教师的迟到、准备活动、分发学习材料、处理干扰行为、其他偶发事件等又被消耗一些时间，教师能真正投入教学任务的有效时间会更短。人的心理活动能力在一天的不同时段有差异，不同年龄阶段的儿童能持续学习的时间也是不一样的，低年级的儿童可能就只有上课开始的那十多分钟时间能集中注意力，这些都会影响到学习效率。此外，教师教学准备不足、教学活动策略不当，也可能使部分学生在一些时间段无所事事，投入学习任务的时间更短。因此，需要教师高效地利用和分配有限的教学时间。

一些教师可能等到上课铃声响起才从办公室匆匆忙忙走向教室，一些教师特别是班主任喜欢一开始上课就花大量的时间去处理班级中的日常琐碎事务，一些教师可能在上课前要花很长的时间来处理学生迟到及其他方面的问题，一些教师在课堂中花费很多时间处理纪律问题而打断教学的进程……这些行为都会缩减有效的上课时间。国外有研究者观察发现，"最成功的老师使学生98.7%的时间用在学习任务上。最不成功的老师一天要干预986次，这意味着学生只有25%的时间在学习"[1]。干脆利落地按时上课对营造一种明确的课堂气氛非常重要，任何可以放到课后处理的事情，教师都要尽量地推迟。

美国著名教育心理学家罗伯特·斯莱文教授全面总结了有效利用投入时间的一些策略[2]：

第一，增强教学的吸引力。

提高学生投入任务时间的最佳途径就是教授有趣的、有吸引力的、与学生兴趣点密切相关的课程内容。教师进行活跃的、快节奏的教学，利用新媒体新技术等手段提高教学效率和学生的参与度。

第二，保持教学的流畅性。

避免干扰和放慢教学速度，让学生总是有事可做。

第三，处理好过渡。

过渡是从一项活动转向另一项活动。过渡时要给学生一个明确的信号，要确保学生在完成任务之前能明确地了解他们将要做什么，让多名学生同时过渡。

第四，维持团队注意力。

避免安排那些使多数学生做旁观者的活动，比如让一两个学生到黑板前解决一道费时的问题，或者朗读一篇很长的文字，而其他学生无事可做。通过随机点名回答问题的方式警示团体集中注意力，不在个别学生身上花太长的时间。

第五，一心多用，明察秋毫。

教师应眼观六路、耳听八方，不停地扫视全班，并与学生个人目光保持接触。教师应对学生的行为时刻保持警觉的状态，监控活动进程及个别学生的行为。

3.有效处理课堂中的问题行为

奎伊（H.C.Quay）等把课堂问题行为分为人格型、行为型、情绪型三种类型。人格型问题行为带有神经质特征，常常表现为退缩行为；行为型问题行为主要具有对抗性、攻击性或破坏性等特征；情绪型问题行为主要是由学生过度焦虑、紧张和情绪多变而导致心

① 克里克山克，贝勒尔，梅特卡夫.教学行为指导[M].时绮，等译.北京:中国轻工业出版社,2003:369.
② 斯莱文.教育心理学:理论与实践(第10版)[M].吕红梅,姚梅林,等译.北京:人民邮电出版社,2016:301-311.

理障碍的问题行为。学生课堂问题行为产生的客观原因包括：学校的教育教学理念、管理制度和措施不合理，教师的专业水平不够、课前准备不足、教学行为和方法不当等；学生主观原因是课堂归属感等心理需求没有得到满足，以制造问题行为来寻求关注、权力、报复或逃避。①

教师除了采取结构化教学来降低行为问题的发生频率之外，还需要采取"最小干预原则"来处理课堂日常不良行为，即运用那些能够起作用的最简单的干预策略来纠正不当行为，以一种最有效的方式，但不在非必要的情况下中断正常的教学进程。教育心理学家们总结出如下一些有效的策略：

策略一，预防。教师通过建立明确的课堂规程、呈现生动有趣的课程、运用不同的教学材料和方法、展示幽默和热情、采用合作学习或基于项目的学习等教学模式，减少学生在课堂上的厌倦感、疲劳感，从而有效预防课堂问题行为的发生。

策略二，非言语线索。课堂上许多细小而且转瞬即逝的捣乱行为，往往可以忽略。忽略不了的不良行为，教师可以通过眼神注视、摇头、走近、打手势、细小的停顿等非言语方式提示学生，而无须中断课堂教学进程。这些非语言策略向学生明确传递一种信息："我看见你在做什么，我不喜欢你这样。快回到学习上来。"非语言线索以不打断多个学生的注意为代价来处理一个学生，可避免因言语提示或批评引起的课堂涟漪效应：当一个学生受到批评时，其他学生也停止了学习活动。

策略三，表扬提示。一是表扬学生做出的与你想消除不良行为相反的行为，即当不良行为学生有进步或改变的时候及时表扬他们；二是表扬其他行为良好的学生可能使不良行为学生表现出类似的行为。比如，有个学生在做小动作，教师说："我很高兴地看到很多同学都在认真学习，×××做得不错，×××也做得很好……"当做小动作的学生改变其行为时则既往不咎，教师也给予表扬。

策略四，言语提醒。当非语言线索不能奏效时，教师应立即给予简单的言语提醒，不是追究错的行为，而是提醒学生应当怎样做。比如，"×××，请自己做自己的作业"。而不是说："×××，请不要抄别人的作业。"当学生不听从简单的提醒时，教师应给予反复提醒，无视学生的任何理由或辩解。

策略五，运用后果。当上述所有策略都不能使学生服从时，最后一招就是让学生作出选择：要么服从，要么承担后果。如，让学生到教室后面站几分钟，剥夺部分休息时间或某些其他权利，让学生放学后留下或请家长到学校来，让学生知道必须对自己的不良行为承担后果。教师在采取惩罚性措施之前，必须保证能够实施而且在必要时坚持到底，避免模糊、空泛地威胁或讽刺、挖苦、指责。实施后果后，教师应尽量避免再提及此

① 崔允漷.有效教学[M].上海：华东师范大学出版社,2009:217-220.

事。此外，一般不运用长时间的、严厉的惩罚措施，以免引起学生的逆反心理与敌对态度。

4.管理课堂中的严重问题行为

一些学生不良的行为更频繁更严重，给教师和学校管理者带来了不少的麻烦和困扰，"20%的学生引起80%的麻烦"。预防和管理严重的问题行为，要从分析问题行为背后的原因开始。行为学习理论告诉我们，如果某种行为能够保持下去，那么该行为背后一定有某种强化物。行为根据紧随的结果而发生变化，愉快的结果被称为强化物，不愉快的结果被称为惩罚物。要改变学生的行为，首先我们要知道究竟是什么强化物在维持这种不良行为，前面我们已经分析了主客观方面的各种原因。然后，需要恰当运用强化物增强行为或运用惩罚物减弱行为，不断刺激学生，使其养成我们期望的行为习惯。

强化物是指任何能增强行为（或提高行为出现频率）的结果。强化物分为两类：一级强化物满足人的基本需求，如食物、水、安全、温暖等；二级强化物通过一级强化物，或与其他已经建立的二级强化物联系，进而获得强化价值。比如，当孩子知道钱可以用来购买本身就是一级或二级强化物的商品时，钱对他们才有强化价值。二级强化物分为三种基本类型：社会强化物，如表扬、关注、微笑、拥抱等；活动强化物，如玩玩具、做游戏、从事有趣的活动等；代币（或符号）强化物，如钱、分数、彩星或可以换取其他强化物的积分等。

强化物还可分为正强化物和负强化物，内部强化物和外部强化物。正强化物是指用来强化行为的愉悦结果，学校所使用的大多为正强化物，如表扬、分数、奖励等。负强化物是个体用来强化行为，从不愉快的情境中摆脱或避免不愉快的事出现。例如，如果洗碗被孩子视为一项不愉快的任务，那么避免做此事就是一种负强化。如，家长对孩子说，今天认真完成了家庭作业，就不用洗碗。内部强化物是指个体因为行为本身的乐趣而愿意从事的行为，不需要其他任何奖励。如，大多数人喜欢玩游戏、上网、唱歌、看自己喜欢的书等。外部强化物是激励个体从事某一行为而给予的表扬或奖励，如缺乏外部强化物，则个体可能不会从事该行为。

课堂不良行为最常见的强化物是关注，关注有来自教师的、同伴的或兼而有之。有些学生表现出不良行为是为了赢得教师的关注，我们可以采取暂时隔离的方法，如让学生站在教室的角落，送到另一个班级或学校领导的办公室，时间一般不超过5分钟，从学生到达隔离地点开始算起；或者让其"坐冷板凳"，给他一个3分钟的沙漏计算器，让他坐在一旁看着沙漏，直到沙子漏完，这种办法对体育、艺术等活动性强的课堂不良行为管理收效明显。

有些学生有不良行为是为了获得同伴的关注和赞赏。最典型的例子就是班级中的一些"跳梁小丑"，他们的所作所为大多是为了哗众取宠，逗乐班上的其他同学。特别是学生进入青春期后，他们更看重自己在同伴中的地位，常常以同伴群体的标准作为自己的行为规则，而不服从权威。对这种受到同伴支持的不良行为，要么让他暂时离开课堂，使之得不到同伴的关注；要么采取群体相倚策略（group contingencies），根据该生所在的小组或全班所有成员的表现来决定是否给予奖励。群体相倚促使群体成员彼此鼓励同伴做出有助于群体获得奖励的行为，使支持不良行为的同伴压力改变方向。很多有经验的班主任和学科教师采取"争星榜""小组擂台赛"等方式，以小组为单位，将课堂表现、作业完成情况、测验成绩等进行积分评价，每周或每月进行总结评价、表扬激励，促使团队的互帮互助和整体提升。

群体相倚要建立一定的程序：确定强化哪些行为—建立具有发展性的评分系统—考虑对严重不良行为的扣分—当行为改善时减少记分和强化程度—群体相倚与个人相倚结合。

个人相倚策略专门针对其他策略都不奏效的不良行为，依托家长、学校各个管理层级的个别化干预策略。一些教师让出现严重不良行为的学生写检讨书、保证书，并让学生在班上宣读，其实收效并不明显或管不了多长时间。建议可以采取如下策略：

策略一，每天报告行为，依托家庭强化。家长可以比学校提供更多更有效的奖励和特权，易于管理和执行。对于不良行为严重的个别学生，建立每日报告卡或家校联系卡，根据学生一天在校的课堂行为、休息、活动、作业完成情况等给予等级或分数评价，教师、学生、家长三方约定，当学生达到某个分值或某个等级，家长及时给予奖励或享受某项特权，如陪孩子一起玩他喜欢的活动、奖励特殊的食物、增加看电视或玩游戏的时间等。当孩子的行为改善时，可将报告的频率改成每周、每月，以保持孩子的行为直至形成良好习惯。[①]

策略二，制订个人责任计划。首先可以让学生制订口头行动计划，包括打算怎么做才能改正，如果再有违反会怎么做。三次口头计划无效就要让学生到教师办公室制订书面的行动计划，包括对行为产生原因的分析、自己的改进措施和行动计划、实施计划的期限等，学生、教师、家长或其他伙伴作证签名。必要时可以通过召开班会的方式集体讨论，全班一起想办法帮助个体实施责任计划。如果书面计划还是没有落实，则计划要升级，转介到学校领导的办公室，领导约谈并让学生填写计划表，描述自己的问题行为经过、剖析原因，以及下一步的行动计划、改进措施及步骤。如果转介行动计划依然无效，教师要请家长到学校，和校长、学生共同探讨并作出决策，四方签字，约定明确的后果，包

① 斯莱文.教育心理学：理论与实践（第10版）[M].吕红梅，姚梅林，等译.北京：人民邮电出版社，2016：322-323.

括纪律处分、停学反省、转学、退学等,让学生对自己的行为负责。①

策略三,理智运用惩罚手段。每个孩子的天性都有两面性,哪有不犯错误的孩子?每个人都有不良行为。当学生有不良行为时,应给予惩罚,但惩罚应简短。2021年3月1日,我国《中小学教育惩戒规则(试行)》正式实施。该规则为教师教育管理学生不良行为提供了法律依据,同时对可以实施教育惩戒的情形、何种情形采取何种等级的惩戒措施、惩戒的程序、适用对象、禁止的行为等也作了明确的规定。比如,停课或停学只适用小学高年级以上的学生,且不得超过一周;开除学籍的纪律处分只适用高中阶段的学生。除非有严重的不良行为,一般应尽量避免运用停学或开除的惩罚方式。经常停学会加重学生的旷课问题,还可能使其在校外沾染其他不良行为。开除不仅剥夺了孩子受教育的权利,还可能将孩子推向反社会的违法小团伙中去。②暂时隔离是最常用的一种惩罚手段,对大部分学生都有效。放学留校、校内停课、同级转班等惩罚措施可能对教育和保护孩子更有效。

三、营建积极的课堂环境:从纪律约束到文化重构

教学的本质是什么? 为什么教师常常会陷入本文开头所讲的那些教学困境当中?

佐藤学认为,教学实践活动本质上是由三个范畴构成的复杂对话活动——同客体世界状况的对话(conversation with situation),同课堂内外中他者的对话(conversation with others),同自身的对话(conversation with self)——所构成的实践。第一个范畴是认知性、技术性实践(文化性实践),第二个范畴是政治性、社会性实践,第三个范畴是伦理性、实存性实践。在教与学的过程中,关于教学内容的"认知性问题"是同人际关系的"社会性问题"与自身的"伦理性问题"难分难解地纠缠在一道而形成的,师生有意识无意识地围绕这三个范畴实践并不断加以重组——构成客体世界(创造世界)、构成人际关系(确立伙伴)、构成自我内关系(探索自我)。③

学校制度化的教与学结构包括以下四个范畴:掌握教育内容、适应习惯、维护课堂秩序、教育成果的评价与认可。对这四个范畴的课题,教师与学生总要选择若干因应的方式,来经营课堂生活。这里面,既有"参与"这一积极的因应方式,也有仅仅是"对付"的消极的因应方式;既有"调整"若干课题临时应变的因应方式,也有"拒绝"课题本身的因应方式。针对各种因应,教师与儿童会遭遇种种困境。

---

① 里德利,沃尔瑟.自主课堂:积极的课堂环境的作用[M].沈湘秦,译.北京:中国轻工业出版社,2001:102-113.

② 斯莱文.教育心理学:理论与实践(第10版)[M].吕红梅,姚梅林,等译.北京:人民邮电出版社,2016:330.

③ 佐藤学.课程与教师[M].钟启泉,译.北京:教育科学出版社,2003:153-154.

就维护课堂秩序这个话题来说，主要涉及教师如何处理人际关系的"社会性问题"与自身的"伦理性问题"，不同的教师有不同的认知和处理方法。有的教师认为课堂必须井然有序，因而用严格的规则、武断的纪律、严厉的惩罚使学生屈服；有的教师认为学生在课堂上应该规规矩矩、安安静静，按照教师预设的教学程序步步演进，学生必须在自己严格的掌控之下。在这种理念之下，教师和学生经常玩的是"警察抓小偷"或"猫和老鼠"的游戏。秩序井然的表面之下却是暗流涌动，每一个人的内心深处不经意地积蓄着混沌的无力感、压抑感。随着年级的升高，学生在课堂上积极踊跃发言的现象逐渐消失了，学生用沉默表示抵抗、拒绝参与教学的行为是相当普遍的现象。课堂中教师的权威性指导作用越是强化，儿童的自主性越是受到压抑；或者某种教学程序越是精细雕刻，教师实践的创意与变通性也会遭到扼杀，从而强化了课堂中的正解主义秩序与控制。①

这种传统的、教师导向的纪律约束模式的特点是：教师借助自己的权力，注重奖励与制约，对学生进行人身干涉、实施惩罚，学生预先了解行为后果并立刻感受其行为后果。这种模式主要有三个缺点：第一，教师身兼警察、法官和陪审员的角色，使学习索然无味，而教师自己也搞得筋疲力尽。第二，治标不治本，没有深入分析学生产生不良行为的原因和解决学生违规行为的思想根源问题；教师虽然这一次阻止了学生的违规行为，但是并没有教会学生今后如何约束自己的行为。第三，采用该模式有种错误的想法，认为惩罚违规学生能有效促使他们改正错误，其实多数时候结果恰恰相反，受到惩罚的学生会产生消极的情形，还可能会抵触、报复或放弃学习。②

一种解决的策略是由教师导向的纪律约束模式转变为学生导向的自我纪律约束模式，就是我们通常所说的自主教育理念下的学生自主管理，这个问题我们会在后面第十章具体讨论。这种学生导向的纪律约束模式的特点是：注重问题解决、师生权利共享、反思式的提问和行为纠正。这种理念的人性假设是：学生有能力调节自己的学习和行为；学校有必要将课堂建构成积极的场所，为学生建立一个有效的学习环境，尽量减少课堂压力；教师与学生之间（包括与犯错误的学生之间）能够建立一种积极的、合作的关系，以发展学生亲社会的、满足需求的价值观和行为。

课堂管理，最终依靠的是文化的力量。有教师总结了课堂管理的五个台阶：纪律—规则—程序—惯例—文化，从单向的纪律约束走向共同约定的规则，用反复指导的程序让关键规则形成惯例，从而和发生在教室里的课程、课堂、师生关系以及教师的人格魅力一起，外显为一种默契有力的课堂文化。③实现课堂的文化管理，最终必须以教师有吸引

---

① 佐藤学.课程与教师[M].钟启泉,译.北京:教育科学出版社,2003:149.
② 里德利,沃尔瑟.自主课堂:积极的课堂环境的作用[M].沈湘秦,译.北京:中国轻工业出版社,2001:94-97.
③ 朱则光.以学习为中心的教学设计[M].北京:中国人民大学出版社,2020:85.

力的课程和课堂、教师独特的人格魅力、平等和谐民主的师生关系为支撑。

四、自我效能提升:锤炼课堂管理的实践智慧

前面谈到课堂组织与管理的若干策略,包括实施有效的课堂管理、营建积极的课堂环境,特别是处理不良行为的各种干预策略各有利弊,不可能包治百病。在课堂中不存在万能的药方,一切药方都伴有副作用。[①]实现有效的课堂管理最终要依靠教师的个人素质和实践智慧。

加涅将人的素质分为三种类型:先天的素质、习得的素质和发展中形成的素质。先天的素质不能改变,如工作记忆容量;习得的素质可以通过学习获得,包括言语信息、智慧技能、认知策略、动作技能和态度;发展中形成的素质是先天与后天长期相互作用的结果,不易通过学习改变,包括智力和人格特质。[②]作为教师个体,先天的无力改变的我们不去奢求,能够习得的我们努力提升,要在教学实践中熬炼教育的智慧,做新时代"四有"好教师。

教师在课堂上最重要的任务是做好学习的指导者、参与者和组织者,因此学科专业知识和教学技能,是教师赖以生存的最核心的素质和技能。前面几章谈到的教师的教学行为、结构化教学、教学设计的范式转换、教学资源的活化运用等,都是为了让学生在课堂上更好地学习。教得越有效、越有趣,课堂对学生的吸引力越强,学生参与学习的积极性、主动性就越高。这是一种无形无痕的课堂管理力量,能最大限度地减少课堂上节外生枝的事情。

这种力量的集聚需要我们在教学实践中不断地提升课堂教学的效能感,并愿意为之付出持续的努力、知难而进。有追求的教师总能通过各种方式来获得效能感,如,不断评估和反思自己的教学效果,不断尝试、改进、总结有效的教学方法和策略,善于向同事、学生、书本、专家学习和借鉴,不断提升教学技能。

教师的沟通技能直接影响课堂管理。首先,教师的课堂语言应该是清楚、明白、简洁的,学生最不喜欢重复啰唆、婆婆妈妈的讲话方式,教师应该知道何时停止说话;其次,要看人说话,根据不同年龄特征、不同认知水平的学生采取不同的沟通策略,在不同的情境下用学生最能理解的语言来表达思想观念;其三,善于提问,不仅有事实性的提问,还要善于提出启迪学生思维、激发学生兴趣的问题;其四,"良言一句三冬暖,恶语伤人六月寒",任何情况下都不要用挖苦、嘲讽的语言伤害学生的自尊心。此外,当我们没有掌握

---

① 佐藤学.课程与教师[M].钟启泉,译.北京:教育科学出版社,2003:149.

② 皮连生.教育心理学(第四版)[M].上海:上海教育出版社,2011:323.

良好的沟通技能时,倾听也是一种技能,和学生交流时,教师应注视学生,表现出耐心、期待和兴趣,显示对学生的尊重,这在无形中能鼓励学生敢于表达自己的真实的想法和观点。

教师是很容易产生倦怠感的职业,需要我们不断修炼自己的职业态度,包括认知、情感和行为倾向三个方面。现实的工作环境、福利待遇、工作要求可能与我们当初从教时的想象相去甚远,激情在日复一日的工作中逐渐消散;也可能经常面对不好的学生、糟糕的班级、家长的指责、领导的批评,感到焦虑、紧张、疲惫、沮丧、挫败、愤怒……其实,更多的时候我们会感觉自己的职业荣誉感和价值感受到了打击。这些,都需要我们不断调适自己的心态,学会自我减压,保持积极乐观的心态、踏实勤奋的工作态度,既当好"经师",更要做"人师"。能教出清北学子的教师固然是好教师,但能上清北的学子毕竟是少数。如果能通过自己的努力,让大多数学生在原有基础上有所进步,让行为不良的学生有所改变,能帮助一两个有心理问题的学生走出阴影,那也可以问心无愧地说——我是一名优秀的教师。

课堂组织管理的实践探索

积分评价法促进互帮互助的团队建设

在小组合作学习的诸要素中,评价是最关键也是最难把握的要素。科学地评价与检测对营建积极的合作学习文化具有重要的作用。从 2007 年开始,重庆市中山外国语学校在"双主互动"课改实验中摸索出一套比较科学的评价方法——积分评价法。所谓积分评价法是指在小组合作学习中,为了激发学生的学习积极性和兴趣,增强学生的合作和竞争意识,以小组为单位,每次对学生课内外的学习活动及学习结果进行公平公正的评价,然后按一定阶段的积分进行奖惩的一种学习小组的评价方法。

评价的内容:一是课堂学习表现,即依据每个小组在课堂中发言的人次、回答问题的正确度、提出的有智慧的问题和解决问题的方法进行评价;二是成绩检测得分,在小组学习完成后,全班同学参加相同内容的测试,学生独立地完成测试,教师依据一定的统计方法计算出每个小组的提高分或积分点数,然后对提高分或积分点数高的小组进行表扬或激励。

评价的办法:用个体基础成绩和个体提高成绩计算个人积分、个人积分汇总成小组积分,分阶段对小组团队进行评价和激励。这种评价方式能克服组间、组内成员之间因学习水平差异、小组成员变化造成的评价不客观、不公正的弊端,有利于营造学生之间互帮互学的氛围、建立团体信赖感、成员责任心,从而促进小组合作学习持续有效地开展。

一、积分评价的操作策略

1.用基础分计算提高分

小组的提高分由小组内每个学生的提高分累加得到。所谓提高分是指教师预先为每个学生设立一个"基础分",这个基础分是该生在类似测试中得到的平均分(一般用三次测试的成绩计算一个平均分,学生的基础分应随学生后来测试成绩的改变而改变),然后根据测试分数超出基础分的程度确定该生为小组贡献的提高分。提高分折算办法详见下表。

测试分与提高分换算表

测试分数	提高分
低于基础分10分以上的	0
高于基础分1—10分的	10
高于基础分10分以上的	20
测试满分的	30

2.基于提高分用成绩分阵法计算个人积分点数

假定班上有4个合作小组,每组由5名学生组成。各学习小组成员参加测试的个人得分及组内名次如下表:

小组成员测试得分与组内名次分阵表

序号	第一组		第二组		第三组		第四组	
	测试成绩(分)	组内名次	测试成绩(分)	组内名次	测试成绩(分)	组内名次	测试成绩(分)	组内名次
1	60	5	96	1	82	3	88	3
2	93	1	80	3	92	1	90	2
3	79	3	71	4	59	5	70	4
4	75	4	85	2	74	4	63	5
5	83	2	69	5	91	2	98	1

此时,成绩排成若干个成绩分阵进行比较,也就是将各个小组同名次学生的分数进行比较,全班构成4个分阵。在同一分阵中的5位学生为自己所属学习小组做贡献的积分点数,是按照测试成绩得分高低决定的。最高得8分,最低得2分。

计算小组积分的方法之所以能对学生产生较大的激励作用,是因为它遵循了公平竞争的原则对学生进行比较。如,在成绩分阵中第二组的5号学生,测试成绩为69分,组内排名第五,可他在第二小组成绩分阵中为小组赢得8分,超过了本小组其他任何一位学生的贡献,这种评价方法不仅对他本人,而且对其他学生都产生了巨大的鞭策作用。

二、积分评价的教育意义：让每一个小组成员都得到重视和发展

第一，用提高分计算小组积分，依据积分对学习小组进行评价，能真正做到面向全体学生，面向每一位学生，促进每一位学生发展，对每一位学生负责。真正做到了突出学生主体地位，尊重个体差异，关注学生个体的发展。

第二，每位学生的基础分不同，意味着为每位学生设定了进步的可能和进步的空间。每位学生只要努力，就能在原有的基础上进步。只要努力，就能进步；只要坚持努力，就能不断进步。把对学生的考试评定定位在激励学生进步上，引导学生不去苛求同学之间的相互比较，而是自己和自己的过去比。把"进步"作为评价学生的最终目标和尺度，把无情的对立竞争性评价转变为和谐的自省修正性评价，引导学生自我教育，不断超越自己。

第三，关注学生的情感及态度，为每位学生提供实现自尊和自我价值的机会，为每位学生提供体验进步之快乐的机会，使学生感觉考试也是一件快乐的事情。这就激发了学生学习的兴趣和积极性，帮助他们建立学习的成就感和自信心。学生在考试中体验到进步的快乐、成功的幸福，特别是一些基础分较低的学生会因为能给小组一次性加较多的分而赢得同学们对他们的重视、欢迎而感到很有面子，从而实现个人自尊和自我价值，由此，能唤醒他们对进步的渴望，使其建立起学习的自信心。教育就是唤醒、激励和鼓舞。

第四，培养学生的合作意识和合作精神。因为考试成绩不记录个人成绩，只记录小组成绩，并以此作为奖励的依据，所以，同一小组的成员在每个人努力争取进步的同时互相帮助，特别是基础分高的同学会主动帮助基础分低的同学，因为基础分低的同学会得到更多的提高分，从而为他们小组多加分。在这个过程中，组员们众志成城、团结协作、共同努力、合作共赢，学生的合作意识和合作精神得以培养和加强，合作能力得以训练。

第五，考试提高分的使用还能很好地解决分层指导、因材施教的问题。尖子生较高的基础分时时提醒他们，老师对他们有较高的要求而不敢松懈。后进生较低的基础分让他们看到希望，同时感到老师对他们的期待。教师应对基础分在95分以上的学生进行培优辅导，扩充学习内容，拓展能力训练；对基础分在75分以下的学生给予特别的辅导，经常逐个地、面对面地讲解，帮助他们赶上优秀的同学。

（原载《今日教育》，2015年7/8期，有改动）

第七章 教学评价与监控:聚焦目标, 精准质量分析的策略与方法

教学质量是教师和学校的生命线。

学生学得怎么样?教师的教学效果好不好?如何进一步改进教育教学策略和方法使自己的教学更有效?这些问题仅凭教师感性的"自我效能感"还远远不够,必须通过科学的、理性的教学评价手段才能客观、全面地掌握情况。教学评价能力,是优秀教师应该具备的重要专业能力。

借鉴美国教育评价标准委员会关于教育评价的概念界定,我们可以将教学评价定义为:教学评价是对教学目标达成度、教学优缺点与价值判断的系统调查,是为教学决策提供依据的过程。教学评价对有效教学的意义体现在:对教师的教、学生的学发挥导向作用;分析学生的学习需要,使教学更具有针对性;诊断学生的优势与不足,为教学提供反馈;评价学生学习成效与教师教学绩效。[①]在本书第四章已经讨论了课堂教学评价的一些方式方法,本章将着重讨论阶段性教学任务完成后,对师生教学效果的检测和诊断。这一过程主要涉及检测题命制、检测数据分析、教学成效及问题评估、教学改进策略制定等,最后形成综合性的评价报告。此外,还包括对教学评价本身的评价,即"元评价",我们统称为教学评价,也就是我们通常所说的教学质量分析。通过质量分析,及时调整或改进自己的教学策略,达成预期教学质量目标。

美国质量管理大师戴明(W.E.Deming)提出质量管理与改进应该遵循如下技术与程序:计划(Plan)、实施(Do)、检查(Check)、处理(Action)。四个阶段不断循环,促进质量不断提升,这个循环简称PDCA循环,又称戴明循环。借鉴戴明质量管理理论,我们可建立学校教学质量管理循环系统,如图7-1。质量分析是质量保障体系中的重要一环,涉及第三、四两个环节。质量分析的关键是精准,只有进行精准的质量分析,才可能提出切实有效的改进计划和措施。

---

① 赵德成.促进教学的测验与评价[M].上海:华东师范大学出版社,2016:26-28.

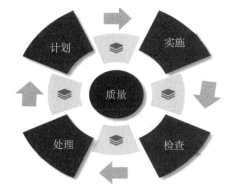

Plan
国家课程目标、学校发展规划、年度教学计划、质量目标体系

Do
执行学年学期单元教学计划、设计与实施单元教学和作业

Action
明确教学改进措施落实教育教学行动

Check
教学常规检查与自我反思过程性、阶段性诊断评价质量评估与问题分析

图7-1 教学质量管理循环系统

一、试题命制与命题质量分析

组织一次教学检测并不容易,要耗费师生大量的时间和精力。如果检测试题出现了方向性问题或其他重大失误,将直接影响检测的信度、效度和整体效果,导致检测失败,甚至适得其反。

1.命制高质量的检测试题

(1)命题的依据

首先,要认真解读和深入分析国家课程目标、学业质量标准、教育主管部门发布的考试说明等规范性文件,这些是最重要的命题依据;其次,命题要结合本校本年级本班级的教学计划、进度、教学水平要求;最后,要根据本次检测的目的,如,单元达标检测、教学诊断检测、阶段性质量监测与评估、选拔性水平与能力测试等,决定试题的内容、结构、难易度和区分度。

(2)命题的原则

命题的方向要与国家教育改革和评价趋势相符,避免方向性错误;遵循"教—学—评"一致性原则,试题与课程目标、阶段性的教学目标、课程内容相符;遵循难易适度原则,体现出试题的考查水平和能力层级;还要预设得分率,预估分值与实际分值的离散度。

(3)命题的工具

按照安德森修订的布卢姆教育认知目标分类法,运用双向细目表或多项细目表,首先从本次测试考查的知识范围内容和课标要求应达到的认知能力层级水平两个维度定性;然后从"题型""分值""难度系数"等维度进行定量设计;最后整体把握命题的效度、信度、难易度、知识覆盖面等。当然,教师自行组织的定时作业、自编小测验等则无须这样复杂的程序。

（4）编题与组卷

依据命题双向细目表逐题编制测试题目,可以从平时积累的试题库、资源库中选择,参考历年的、他人的、网上的命题,切忌凭经验随意东拼西凑,甚至在一份试卷里原样照抄多个题目。题目能够原创最好,尽量使用最新的素材,体现新课标理念,考查学生在实际情境中运用知识解决问题的能力。组卷基本完成后,再对照双向细目表,逐题检查有无遗漏的知识点,题型、分值、能力层级是否与预期相符,整个试卷的题目数量、难易程度与大多数学生完卷的时间是否相匹配等,对不恰当的地方进行修正完善。最后还要编制参考答案和评分标准。

（5）前置性验证

当组卷完成并基本满意后,在正式印刷试题之前,命题人应该自己从头到尾试做一遍,或在本次测试对象之外找几个不同学习程度的学生测试一下,验证命题的质量,进行最后的调整修订。在组织学生检测之前,备课组、年级组或教务处应该组织资深教师对命题质量进行审核把关。

2.案例与评析

（1）命题分析案例

我们先看一位教师对高三上期第二次地理月考命题进行质量分析的案例。

教师首先运用命题双向细目分析表对本次月考的地理试卷进行了定量分析（见表7-1)和总体特征分析。

表7-1　高三上期第二次地理月考命题双向细目分析表（部分）

考点知识(对应高考试卷小题号)		题型		能力要求及分值		
		选择题	非选择题	识记	理解	运用
1	常见的天气系统(锋面气旋)	√			4	
2		√			4	
3		√			4	
4	自然带的分布和影响因素	√		4		

考点知识(对应高考试卷小题号)		题型		能力要求及分值		
		选择题	非选择题	识记	理解	运用
5		√			4	
6	地球运动的地理意义,河流水系特点	√				4
7	等值线、地球运动、大气运动、河流水文特征	√				4
8		√				4
9	区域地理	√		4		
10	东北平原土地开发	√		4		
11	国土整治	√			4	
36	(1)板块运动理论		√	4		
	(2)海洋运输		√	4		
	(3)洋流的分布和成因		√		12	
	(4)(5) 气压带和风带		√		4	12
37	中国地理,气候资源与农业		20	2	14	6

总体特征分析:

第一,本试卷基本沿袭高考试卷题型组成,分为客观题和主观题,客观题共11个单项选择题;第二,从试题内容来看,主要为已经复习的内容,包括高一上册地理和区域地理;第三,从试题难度来看,简单题占40%,难度题占20%,中等难度题占40%。

然后从四个方面对本次试题作定性分析:

一是凸显学科主干知识。试题体现了考纲中对地理基础知识、地理基本原理等学科主干知识的考查,这些知识始终是地理学习和应用的前提。试题所考查的知识点主要有:气候、地形、洋流、自然带等自然地理知识,这些都是地理的主干知识。

二是侧重学科基础知识。试题对基础知识的记忆和理解方面的考查,区域的定位、气候类型的判读、气候成因解释、地域分异规律等,只要学生平时能做到认真听讲、钻研课本和积极思考,一般都能答对或基本答对。

三是突出对地理学科基本能力的考查。落实了考纲要求的四个能力,特别是获取和解读信息的能力,无论是选择题还是综合题都很好地考查了学生的这方面能力。提取有效信息进行科学、合理的判断可以说是解决每一道试题的关键,尤其是选择题6—8题、36题第5小题,充分体现了对考生提取有效信息综合分析问题能力的考查。通过图文并茂的题干信息，让考生再去分析判断。考查了考生获取信息、解读图像、分析新情境的学习能力。再如对世界著名的四个海峡图的判读，要求学生从局部到整体，对附近海域的洋流分布和成因、气象条件进行分析。

四是图像考查仍然是重点。地图是地理学科的基础语言，可以说是无图不题、无图不考。整份试卷有一图多题、一图一题等形式，各类地图、图表的呈现，不仅增加了试题的形象性，也有利于对学科基础知识和能力的考查，特别是有利于对学生区域位置的空间定位，以及对数量关系和时间变化规律的分析考查。需要学生从图形中提取有效信息，调动学生储备的知识进行表述回答问题。

（2）案例评析

该教师运用命题双向细目分析表，从多个维度对各知识点、题型、能力层级、难易度进行比较全面的定性定量分析，体现了地理学科要求和特点；但分析要素都不够齐全，缺难度系数、预估分值和实际分值对比，表格不完整，缺总分值，也没有对该试卷的命题质量作概括性评价。

二、精准质量分析的逻辑思考

1.谁来分析：质量分析的责任主体

从年级、班级、学科、学生四个层级进行全面分析，各个层级质量分析的责任主体及分析的侧重点如图7-2。

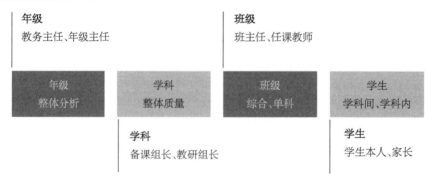

图7-2 四级质量分析责任主体

2.分析什么：科学定性定量

聚焦质量目标，从年级、班级、课程（学科）、学生四个维度定量分析目标达成度；从总结经验、梳理问题、改进措施三个方面（环节）进行定性分析。我们建立了"四维三面"质量分析结构模型(图7-3)。

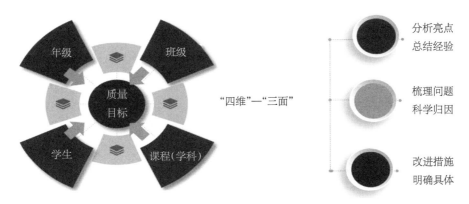

图7-3 "四维三面"质量分析结构模型

梳理问题环节,孙占林校长建议从以下三个方面进行分析,并寻求改进措施。

一是分析失分率高的情况在各类学生中的分布比例;失分率高的知识点在历次考试(或统测)中的出现概率;知识点解题思路(呈现方式)的变化在历次考试(或统测)中的表现形式;我们的学生在哪些思路上容易出问题(或不理解),不同类别的学生有什么区别?

二是对学生容易出问题的知识点的解题思路进行教学上的原因分析:哪些是教师讲解过的,但学生没有掌握,为什么? 是没讲解清楚,还是太难理解? 哪些思路是被教师忽略的,没有详细讲解过,或者遗忘了,教师为什么会忽略? 哪些思路是教师没想到的,教师为什么会想不到?

三是对学生容易出问题的知识点的解题思路进行学习上的原因分析:不同类别的学生表现的总体情况(比例)。各类学生的具体表现怎么样? 他们在不同难点思路上的表现如何? 为什么? 有规律吗?

在问题及归因分析的基础上,重点思考你打算对自己的教学进行怎样的改进? 具体设想是什么?

根据知识点呈现方式(解题思路)的变化和学生掌握程度之间的对应关系,你认为教材上的典型例题与考试的试题相比,有哪些差异? 为了应对这些差异,你对该知识点的教学例题准备了哪些有针对性的变式例题?

围绕上述变式的例题,你编制(精选)了哪些配套的习题? 其中,哪些是用于随堂练习的? 哪些是用于作业的? 你精选的习题分层吗? 你对习题批改的结果怎么进行分析?

根据作业的实际情况,紧扣历年试卷中特定知识点的呈现方式和学生容易出错的解题思路,编制跟踪测试题(周考、月考),然后对测试结果进行分析,指导下一步的教学改进策略和三题(例题、习题、试题)的编制与精选,形成"教学评一致"的闭环研究路径。

3. 怎样分析：纵横对比，对象精准

考试成绩的类比、同比、环比；考试内容、题型和难度的变化及影响等。通过班级之间、师生之间、不同届际、校际之间进行纵横对比分析，借助信息化手段和大数据积累，用数据和事实说话，分析到学生人头、考点、小题，以及分析不同层次的学生整体，重点关注和分析特优生、学困生的变化等。

三、发挥质量分析的最大效益

质量分析的目的不是完成书面的报告，也不是为了召开一两个质量分析会议，而是为了通过各个层面的质量分析和再分析，提炼典型问题、总结经验、明确改进措施、有效指导教学，最终落实到行动当中。通过一次一次的质量检测和分析，一个一个解决教学中的主要问题，最终达到改进和提升教学质量的最终目的。

1. 运用正负两维法归纳分析

教务处（学校质量管理部门）要在年级质量分析的基础上，年级组在班级、备课组质量分析的基础上，班级在学科教师和学生个人分析的基础上，按层级进一步整理、挖掘和运用质量分析数据报告，发挥其每个层面质量分析对指导和改进教学的最大效益。每个层级的质量分析都可以运用以下两种方法：

（1）负向检核列表法

负向检核列表法，即把没有达标的目标或缺陷列成一个表，一个一个地消除。

（2）正向优势拓展法

正向优势拓展法，即：罗列亮点优势，挖掘引领价值；发挥各方优势，坚定师生信心；带动更多进步，整体提升质量。

2. 分层级质量约谈和沟通交流机制

主要包括：学校、年级质量管理干部的交流研讨机制；教师层面的质量约谈机制，经验分享机制；学生层面的个别谈话交流、学习方法指导、与家长沟通交流等。

3. 改进措施的跟踪检查

通过课堂观察、常规检查、师生调查，检查教学过程是否突出质量问题解决；下一次质量分析要跟踪上一次的问题整改情况。

如,学校层面的一些跟踪措施:一要根据质量分析情况,对全校质量作全面的调控,使质量建设沿着正确的方向和轨道运行,对不同年级、不同层次的教学有一个统筹安排,准确把控各年级各层次教学要求的落实。二要根据不同层面的数据,科学研判考试结果。对各年级、各班级的整体成绩达到什么水平,各学科教师的成绩达到什么水平,进行科学精准的分析评价,从而给年级和教师一个自我衡量的标准,以达到激励优秀、鞭策落后的目的。三要善于发现考试数据背后的故事。教师团队中,有些教师的教学成绩总是遥遥领先;有些教师接手问题学科一上手就飞跃进步;有些班级学科优质均衡、同层次特别突出。其实这些都有他们背后的故事,学校层面的分析,就是要从这些故事中,提炼教师的优秀经验和成功做法,分享给全体教师。四要帮助薄弱班级和薄弱学科提高,强力促进其进步。对于典型薄弱班级,学校以"促进会"的方式,召集班主任和学科教师专题研讨和分析,针对性提出并落实特殊要求,限期提高成绩;对于典型薄弱学科教师,校长现场办公,逐个与学科教师约谈并特别指导;对于学业平庸班级,年级和教务处负责人深入班级听课一段时间,了解学生学习状态和教师教学状态,把脉问诊,提出针对性的建议意见和要求,促其改进提升。

◎质量分析案例与反思

四级质量分析实操案例及评析

一、年级质量分析案例及评价

年级组主要从整体概况、班级发展状况、学科质量、重点关注的学生群体等方面进行分析,形成质量分析报告,召开年级质量分析会议,落实相关跟进工作措施。下面,我们原样截取某校2021年秋季八年级中期考试年级质量分析报告(部分)供大家参考,同时对该年级每个部分的分析分别给予评价并提出建议。

1.年级概况分析

年级共591人,588人参加考试,成绩统计570人(按各班核定人数),3人缺考。总体情况如下:

(1)满分750分,第一名2班周××,703分,非免费生,多次考试位于年级前10名;

(2)班级平均分2班第一,572.4分;7班、8班并列第十,537.2分,与年级平均分相差13.1分,其中班级平均分上升较快的班级有4班、5班、11班;

(3)年级平均分550.3分;总分及格人数490人(≥450分),及格率86.0%,及格率高于年级平均分的有2、7、9、10班;总分优秀人数197人(≥600分),优秀率34.56%,优秀率高于年级平均分的有2、5、6、9、10班;

(4)特优生93人,达标90人,1班黄××、向××,4班付××没有达标。具体统计数据见表7-2。

一分两率及免费生达标统计表

班级 (人数)	班级平均分		班级及格情况			班级优生情况			特优 生数	达标 人数	特优生 达标率
	分数	名次	及格人数	及格率	名次	优生数	优生率	名次			
1(55)	540.4	8	42	76.4%	11	18	32.73%	8	11	9	81.82%
2(55)	572.4	1	49	89.1%	4	25	45.45%	1	13	13	100.00%
3(55)	548.0	6	47	85.5%	6	19	34.55%	6	11	11	100.00%
……											
年级	550.3		490	86.0%		197	34.56%		93	90	96.77%

评价与建议：

从平均分、及格率、优秀率、免费生达标率四个方面进行了班级发展状况分析，具有一定的参考价值，特别可取的是关注了免费生的达标率。

存在的问题是目标指向性不强，建议此项分析聚焦于集团和学校下达给年级的中考质量目标任务，参照七年级初始分班成绩和期末考试成绩，八年级应将前优生、重高上线等指标分解下达到各班；然后对照目标体系进行模拟分析，将"及格率"改为"重点高中上线目标达成率"，"优生率"改为"优生目标达成率"。

2.班级情况分析

前10名多于平均数的班级有2班(4人)；前20名多于平均数班级有2班(7人)、4班(4人)；前50名多于平均数的有2班(10人)、4班(6人)、5班(9人)、6班(6人)；前100名多于平均数的有2班(17人)、3班(11人)、4班(10人)、5班(14人)、6班(10人)；前200名多于平均数的有2班(25人)、3、4、5、6、9、10班。500名之后69人，1、3、4、5、6、8班人数多于年级平均。

具体统计数据见各班名次段分布统计表和各班分数段统计表。

各班名次段分布统计表　　　　（单位:人）

班级	前10名	前20名	前50名	前100名	前200名	前300名	500名后
1	1	1	1	7	18	25	11
2	4	7	10	17	25	33	6
3	0	1	5	11	20	29	8
……							
年级	10	21	51	100	200	300	69

各班分数段统计表　　　　（单位:人）

班级	优秀		良好	合格	学困	总数
	≥675分（90%）	600—674分(80%)	525—599分(70%)	450—524分(60%)	<300分(40%以下)	
1	1	18	14	22	0	55
2	4	25	15	11	0	55
……						
7	0	11	15	22	0	48
8	0	10	19	19	0	48

续表

班级	优秀		良好	合格	学困	总数
	≥675分 (90%)	600—674 分(80%)	525—599 分(70%)	450—524分 (60%)	<300分(40% 以下)	
……						
年级人数	11	197	155	204	3	570
年级比率	1.9%	35%	27%	35.6%	0.5%	100.0 %

呈现的问题：①得分率90%以上的人不多，中考冲击全县前10的难度较大；②学困生3名，占比约为0.5%，保住总平均分全县第一的目标且要超过第二名30分要使劲儿加油！

评价与建议：

从名次和得分率分布情况两个维度进行了班级之间的对比分析，聚焦了集团和学校中考质量中的"前十名、人均总分两个方面"的达成差距；可以非常容易地看出，2班在本次考试中取得绝对领先地位，优势明显；1、7、8班则优生人数少、学困生人数多。

建议从学校下达给各班的目标达成情况进行分析，需对优势和弱势班级进一步分析背后的原因，召开班主任会议，2班的班主任作经验交流分享。

3.学科质量分析

语文：年级平均分为106.20分，命题表预估分为108分，差值不大。2班平均分为108.66分，名列第一；3班平均分为103.86分，排名最后，3班和年级平均分约相差3分。年级及格率为91.40%，预估为85%；10班及格率为97.96%，名列第一；5班及格率为81.48%，排名最后。年级优秀率为9.30%，预估为15%，120分以上有51人，其中最高分为132分。

数学：年级平均分为102.06分，命题表预估分为115分，差值较大。3班平均分为105.51分，名列第一；7班平均分为94.33分，排名最后，7班和年级平均分约相差8分。年级及格率为75.61%，完成预估线的75%—80%；3班及格率为85.45%，名列第一；7班及格率为60.42%，排名最后。年级优秀率为21.40%，预估线为40%—50%，差值较大。5班优秀率为29.63%，名列第一；7班优秀率为10.42%，排名最后。

英语：年级平均分为121.99分,预估线为110—120分,超线完成目标。10班平均分为131.28分,名列第一;3班平均分为115.43分,排名最后,3班和年级平均分约相差7分。年级及格率为87.37%,预估为90%;10班及格率为100%,名列第一;5班及格率为74.07%,排名最后。年级优秀率为67.72%,预估为50%;10班及格率为83.67%,名列第一;4班及格率为56.60%,排名最后。

......

结论:直升班的语文平均分约高于校外班2分,校外班的数学约高于直升班5分,直升班的英语约高于校外班6分,物理直升班高于校外班2分,政治直升班与校外班无差距,历史校外班与直升班差距可不计,地理校外班约高于直升班3分,生物直升班约高1分。

建议:史、地、生学科,须抓两头,扩大优生数、降低不及格人数。

具体统计数据见下表。

各学科最后一名和年级平均分比较表　（单位:分）

学科	班级	平均分	年级平均分	差距	学部规定红线
语文	3	103.86	106.20	2.34	5
数学	7	94.33	102.06	7.73	7.5
英语	3	115.43	121.99	6.56	7.5
物理	7	75.90	79.48	3.58	5
政治	1	37.58	38.92	1.34	2.5
历史	4	30.85	34.21	3.36	2.5
地理	8	31.48	35.31	3.83	2.5
生物	5	29.39	32.13	2.74	2.5

结论:按照质量约谈制度,7班数学、4班历史、8班地理、5班生物达到约谈红线。

评价与建议:

从学科平均分、及格率、优生率与命题预估分值差距,各项指标最高班级、最低班级与年级平均值,校内直升班与校外班学科发展差异三个维度进行了对比分析,发现学科之间、班级之间的发展差异及问题,明确质量约谈对象,对初中各班级、各学科具有借鉴意义,另外对本校小学学科教学也具有一定的参考价值,可以明显地看出本校小学两语有明显优势,而学生的数学基础有待加强。

建议聚焦问题学科及教师作进一步的原因分析,质量约谈应提出明确目标要求及改进指导意见。

4.重点学生情况分析

具体统计数据见全科前20名特优生学情分析表和各班后5名学生学情分析表。

全科前20名特优生学情分析表 （单位:分）

前10名有效线		语文	数学	英语	物理	政治	历史	地理	生物	总名次
		125.5	136	148	96	49	47	48	47	
2	周××					−1		−1		1
1	向××		−2	−3	−2	−3	−1		−1	2
2	郑××	−0.5	−6	−1	−1		−1		−1	3
2	吕××	−7		−2	−3	−2				4
10	陈××		−2	−2	−5	−3	−1	−3		5
……										
前20名有效线		语文	数学	英语	物理	政治	历史	地理	生物	总名次
		123.5	132	147	95	48	46	47	46	
5	李××	−4		−1	−5	−2	−2	−2		11
6	李××				−6	−3	−1	−3	−2	12
2	吕××	−2	−9		−5			−1		13
……										

分析:

以下学生本次考试的单科分数离有效线差距较大。语文:卢××、龙××、祝××;数学:万××、蒲××、刘××;英语:陈××;物理:李××、张××;政治:李××、陈××;历史:李××、祝××;生物:万××。

各班后5名学生学情分析表 （单位:分）

班级	姓名	语文	数学	英语	物理	政治	历史	地理	生物	总名次
1	王××	102.5	67	69.5	61	34	30	30	24	537
1	黄××	95	58	121	43	35	24	24	11	540
1	黄××	90	58	90	64	35	23	21	22	543
1	潘××	92	35	111	45	34	26	32	19	548
……										
2	张××	104	68	62	83	24	31	31	29	522

续表

班级	姓名	语文	数学	英语	物理	政治	历史	地理	生物	总名次
2	向××	87.5	75	59	63	29	42	42	28	528
2	肖××	69	81	67	74	36	17	26	6	560
2	骆××	96	52	71	61	34	22	19	10	565
……										

分析：

1班：王××、黄××、黄××、潘××、石××语文都能在90分及以上，且石××数学101分，黄××英语121分等；

2班：张××语文104分，物理83分；向××历史、地理42分等；

3班：雷××语文101分，沈××93分、物理68分，谢××物理62分等；

……

建议：不放弃每一位学生，从学生的优势学科对其进行鼓励，从而带动其学习的干劲儿，促进其整体学科发展，力争上高中！

评价与建议：

从总分前10名、前20名优生的单科有效线达成情况，可以看出优生的学科问题和短板，有利于尽早锁定冲击拔尖创新学生培养对象；关注了各班后5名学困生的发展状况，明确了其优势和短板，以优势增信心、带短板。重点学生群体的分析体现了学校办学的理念和追求，有利于年级、班级、学科进一步制订培优辅差计划和措施。建议班主任和学科教师后续对每个学生的学科之间、学科内部知识点薄弱问题作进一步分析时，细化培优补差改进措施。

二、班级质量分析

班主任从班级整体概况、各学科发展均衡状况、每个学生发展状况、班级管理及协调科任教师的改进策略与措施等板块分析，并指导学生进行自我分析。

班级任课教师从本学科发展概况、各知识板块整体态势、全班及每个学生各知识板块和各小题的得分率、失分率、典型问题、优生和学困生的短板问题、改进措施等板块分析，指导学生进行自我分析。

一是利用网上阅卷系统统计学生小题得分情况，重点抓住学生典型错题，挖掘错题原因；然后根据错题涉及的知识点，对应课标相关内容再学习；最后选编典型错题的变式训练题目，为上好试卷讲评课做准备。

二是上好试卷讲评课。试卷讲评课具有五个鲜明特点:

①数据采集精准,不凭主观判断;

②正反分析评价,表扬激励亮点;

③聚焦典型错题,切忌逐题讲解;

④讲求过程方法,引导学法归纳;

⑤跟踪变式训练,当堂解决问题。

下面两个表格是学科教师所作的试卷质量分析案例。

试卷水平和答卷质量分析评价表

2009学年第1学期八年级中期　　　　英语学科

任课教师	彭老师	任教班级	八年级(15)班 (16)班	考试日期	2009年11月23日		
定量分析							
参加考试人数N	131	及格人数n	93	及格率$(n/N)\times100\%$		71.0%	
卷面满分	150	卷面平均分	102.8	平均难度P=平均分/总分		68.5%	
优秀率	35.1%	差生率	29%	是否符合正态分布		是	
最高分	146	最低分	35				
成绩(分数)	90以下	90—104	105—119	120—134	135—149	150	合计
频数(人数)	38	23	24	33	13	0	131
频率(频数/参考人数)	29.0%	17.7%	18.3%	25.2%	9.9%	0%	100%

扩展分析(定量统计)

题目序号	题型	该题满分	该题平均分	答对人数	难度系数
一	听力	30	24	22	0.8
二	单选	20	17	91	0.85
三	完型	20	11.6	30	0.58
四	阅读	30	21.8	96	0.72
五	情景	5	4.3	49	0.8
六	句型	10	7.5	58	0.7
七	短文	20	11.5	17	0.56
八	作文	15	12.54	36	0.627
平均难度系数	0.685				

表7-10　定性分析

从卷面整体解答情况所反映出的教与学中存在的主要问题(含命题质量)进行总体分析。

一、听力

　　听力测试旨在考查学生听力理解和快速反应能力。满分为30分。试题难度不大,此题得分较为理想。失分的主要原因是学生心理紧张,听的技巧掌握不好,学生没有领会录音内容中的关键信息点,以致失误。

二、单项选择

　　本题共20道小题,满分20分,主要考查词、词组及语法等在句子中的运用。注重情景交际,力求通过实际语境的设置考查学生对基础知识的理解和运用。总体来说题型简单,但是学生掌握度不高,满分不够多,在以后的教学中应加强学生这方面的能力。

三、完形填空

　　旨在考查学生综合运用语言的能力,得分不高,说明学生实际运用语言的能力较差,不会联系上下文去理解和思考,光凭主观想象。

四、阅读理解

　　阅读理解比较简单,学生做题情况比想象的好,毕竟七年级学生的阅读能力有限。以后还需加强阅读强度和阅读量。

五、情景交际

　　满分5分,学生得分率较高,说明学生平时读记到位。

六、句型

　　这次考的句型都非常简单,学生做的还算好。

七、短文填空

　　这种题型是个难点,学生出错主要在最后一题。由于平时做得比较多,而且这次考试相对平时填词比较简单,所以得分情况良好。

八、书面表达

　　该题考查学生的写作能力,包括对学生的词汇、语法、拼写及标点符号等诸多方面的综合测试。这篇短文特意安排了学生熟悉的话题,给每一个学生自由发挥的空间。学生得分情况较好。

改进措施

对今后进一步改进教学的思考:

　　1.加强听力方面的练习,在有可能的情况下多对学生进行听力训练。

　　2.强化单词的记忆,并结合目前的情况,注意培养优生及中上等成绩的学生对多义词、兼类词的实际运用能力,提高他们基础题的解题水平。

　　3.抓好平时的情景对话练习,增强学生的语感。

　　4.完形填空及阅读理解部分,平时应加强训练学生的答题速度及答题质量。有针对性地组织学生进行阅读训练,确保每周训练1—2次。

　　5.书面表达是一个重要环节,学生组句的能力有限,语法基本模糊,所以以后要重视对作文的评讲。

教务主任(签字):

2009-11-23

评价与建议:

定量分析统计清楚明白,定性分析准确全面,基本上能分析到考点、小题,也能提出一些有针对性的改进措施;但该分析报告仍显粗糙,作为班级学科任课教师层面的质量分析,还需进一步分析到人头,如下面的小学数学失分统计表,就全面分析了班级整体和学生个体的学习在哪些知识点存在突出问题,并提出了更加明确具体的改进措施。

三年级(3)班第五册数学中期考试学生失分统计表

分值		题型							解决问题 1—7小题	解决问题第 8小题
		填空	判断	选择	口算	估算	笔算	方向		
		25	5	5	8	6	18	8	21	4
姓名	曹××	4	2	1	0.5	1	2	1	3	4
	陈×	1	0	0	0	0	0	0	0	4
	程×	1	1	0	0	0	0	0	0	4
	丁××	1	1	1	0	0	0	0	2	4
	胡××	2	1	1	0	1	1	1	3	4
	李××	1	0	0	0	0	0	0	0	0
	李×	3	1	0	0	0	1	0	0	4
	李××	1	0	0	0	1	0	0	0	0
	廖××	2	2	1	0	0	0	0	3	4
	廖××	0	0	1	0	0	0	0	0	0
	彭××	0	1	1	0	0	0	0	0	0
	蒲×	4	2	1	0	0	1	1	3	4
	苏×	0	1	0	0	0	0	0	0	0
	......									
	总失分	50	22	22	0.5	12	15	9	31	88
	失分率	5.88%	12.94%	12.94%	0.18%	5.88%	2.45%	3.31%	4.34%	64.71%

三、备课组质量分析

　　备课组组长(学科组组长)主要从命题质量分析、学科发展概况、班级差异、典型问题、改进措施及建议等板块进行分析。

　　首先,由组长进行试卷(命题)评价,做小题得分及考试结果分析,典型错因剖析、学生知识掌握和能力运用分析,并填写考试质量分析表。然后,召开备课组专题研讨会,聚焦"典型错因剖析研讨"和"典型经验交流分享"。研讨充分发挥团队优秀示范者的作用,对团队薄弱教师进行帮扶指导提升,提出具体的改进建议,促进团队质量的整体提升。

××学期××考试学科质量分析表

学科_____　年级_____　备课组组长_____　日期_____

1.命题分析

试卷结构	项目内容	小题号	分值或比例
知识分布			
能力层级	A.识记与再现		
	B.理解与运用		
	C.分析与评价		
	D.探究与创造		
试题类型	客观题		
	非客观题		
难易程度	容易题		
	中难题		
	较难题		

2.考试结果分析

××学期××考试××学科考试结果分析表

题型	题号	知识点	分值	平均分	得分率	典型错误及原因分析
填空	1					
	2					
	3					
判断	4					
	5					
	6					
选择	7					
	8					
解答	9					
	10					
	……					

四、学生个人分析

在班主任和学科教师指导下,有时也可以请家长帮忙,学生个人分析学科之间、学科内部各知识板块的优势和问题,制订下次奋斗目标,明确努力的重点及措施,重在自纠、自查、自省,需要完成两项作业。

1.学科失分自查分析表

学生完成学科失分自查分析表,了解自己的真实学习情况;通过自纠错误,查漏补缺,达成知识的巩固,完善知识体系和思维系统。与此同时,教师还可以根据学生个性化学习需求,分层推送相关练习,让学生根据自己的能力水平进行选择。

<h1 style="text-align:center">××学期××考试××学科失分自查分析表</h1>

班级_____ 姓名_____ 满分_____ 得分_____

一、失分分析

失分题号	失分值	失分原因	具体错因分析

失分原因:

A.审题失误(看漏条件、忽视隐含条件等);B.不理解题意;C.计算出错;D.思路不清,步骤不全;E.时间不够;F.字迹不清或笔误;G.其他原因

二、错题自纠

三、改进计划

注:此表可根据不同班级、不同学科进行调整。

2.综合质量分析表

学生将自己各科成绩与年段最高分和上次测试成绩进行对比,判断自己所处位置;然后分析各科得失分情况及原因,在此基础上明确下阶段的努力方向,制定下阶段学科考试目标并完成学科考试学生个人质量分析表。

××学期××考试学生个人质量分析表

班级_____ 姓名_____

学科	语文	数学	外语	物理	政治	……	总分
本人成绩							
年级最高分							
下次目标分							
前一阶段学习情况分析及反思							
本次考试情况分析							
下一阶段的打算或努力方向							
班主任或家长寄语							

注:此表可根据需要进行调整。

第八章　教师要有一点课程意识

大多数师生以为实行"双减"政策之后，高考题目应该比较"温和"，但使用全国新高考试卷的地区，大多数考生直呼题目太难，特别是区县平时成绩优秀的考生，感受更深。语文阅读量大，题型变化大，客观题减少，主观题增多，有的考生做完阅读和语言文字运用题后，留给作文的时间只有20来分钟，语文能得120分以上的凤毛麟角。数学题计算量大、知识板块交叉多、综合运用能力要求高，填空题、选择题都要大量计算才能得出结果，大多数考生做不完题，数学能得130分以上的屈指可数。问优秀的学生，题目出得偏难怪乎？答曰，不是我们不会做，而是没有时间做出正确的答案。

我们无权对高考命题进行过多的评论，但不管怎么说，新高考试题体现了高中新课改和高考评价改革的方向。靠死记硬背、拼命刷题就能得高分的时代将渐行渐远，高考越来越倾向于考查学生的学科素养、关键能力、思维品质、文化底蕴、在实际情境中综合运用知识解决问题的能力。如果我们仍然局限于"知识本位的教学"和"就考点论教学"的传统观念，不但难以提高学生的考试成绩，而且与新课改的理念和要求格格不入。诚如杜威所说："如果我们仍用昨天的教育培养今天的儿童，那么我们就是在剥夺他们的明天。"因此，一线教师也要有一点儿课程意识，才能跟上时代的脚步。

所谓课程意识，是指"教师对课程意义的理解、课程本质的把握，以及对课程价值的定位，从而将其内化于自我意识系统之中并现实性地指导自我课程实践（包括课程设计、规划、实施等）的课程哲学"[1]。在很多教师的潜意识里，"课程"就是"教材"，教师只管按照书本教学，课程是政府和专家的事。但课程与教学从来都是密不可分的，有什么样的课程观就有什么样的教学观，二者是战略与战术的关系。而且，课程是通过对教育内容的组织，来组织知识与人的关系，也组织人与人的关系。课程，就是以四种（国家、产业、市场、进步）社会要求与意识形态为基础，组织知识、学生与社会关系的，教师则是引领每一个学生的社会出路的掌门人。[2]

在国外，主要存在两种课程观念，比较传统的观点认为"课程是知识"，知识又按照学科分类，这就是典型的"学科本位"和"知识中心主义"的课程观，是"知识导向的教学"的

① 余文森.核心素养导向的课堂教学[M].上海:上海教育出版社,2017:125.
② 佐藤学.学习的快乐——走向对话[M].钟启泉,译.北京:教育科学出版社,2004:119.

理论基础；另一种观点认为"课程是经验"，课程就是让受教育者体验各种经历，是"素养导向的教学"的理论基础。①钟启泉教授等在综合古今中外各种课程观念的基础上，将课程定义为"按照一定的教育目的，在教育者有计划、有组织的指导下，受教育者与教育情境相互作用而获得有益于身心发展的全部教育内容"②。从这个定义来看，课程的要素包括教师的"教"、学生的"学"、教与学的中介"教育内容"以及"教育情境"。我们要搞好教学，就必须全方位理解课程各要素及其之间的联系。当课程由"专制"走向民主，由封闭走向开放，由专家研制走向教师开发，由学科内容走向学生经验的时候，课程就不只是"文本课程"（教材和教参），而更是"体验课程"（被教师和学生实实在在地体验到、感受到、领悟到、思考到的课程），③从而建构我们基于核心素养的新型教学观。

一、课程重构：国家课程从校本化走向班本化

国家课程标准、统编教材是学科专家依据党的教育方针、学段培养目标而制定和编写的，体现的是国家意志、专家视角，从制度上预设和规定了教与学的课程。国家课程要兼顾大多数地区和学生的情况，带有抽象性、概括性、普适性。我国地域辽阔、人口众多、民族杂居，经济社会、文化习俗、教育发展水平地区差异大。因此，国家课程需要校本化实施，落实到学校教学计划、班级课程表中，才能适应本地、本校的教学，最终达成国家课程标准所规定的培养目标。

国家课程校本化实施必须打通最后一公里——教师以课程标准为指南，以统编教材为蓝本，对国家课程进行重构——把"国家的课程"变成"教师的课程"和"班级的课程"，即国家课程的班本化实施。因为，无论是作为国家意志的课程还是作为学校培养目标计划的课程，"在课堂情境中只能靠'教师的课程'——被每一个教师的意图、解释、构想、设计所演绎的课程——来发挥其现实的功能"。"'教师的课程'成了教材的功能性价值的决定性因素。即便同一种教材，也是取决于教师、取决于课堂语境能够产生何等程度的多样的实践。"④

1.学科课程单元化重构

我国基础教育课程改革，"从'双基论'到'三维目标'，是一大进步。从'三维目标'到

---

① 余文森.核心素养导向的课堂教学[M].上海：上海教育出版社，2017：126-127.

② 钟启泉，汪霞，王文静.课程与教学论[M].上海：华东师范大学出版社，2008：4.

③ 余文森.核心素养导向的课堂教学[M].上海：上海教育出版社，2017：128.

④ 佐藤学.课程与教师[M].钟启泉，译.北京：教育科学出版社，2003：19.

'核心素养'又是一大进步,而单元设计则是撬动课堂转型的一个支点"①。"单元设计"实际上是教师对课程的"单元化重构",需要教师具有微观层面的课程开发能力,即一定的课程理解力、想象力和设计能力,体现教师的个性经验和开发实践能力。特别是在2022版新课标颁布实施到配套新教材尚未编印出来的过渡时期,要用新课程的理念教老教材,更考量一线教师的课程重构和再创造能力。在这个过渡期,要以时不我待的责任感、使命感,认真学习、深入领会新课程的性质、理念、内容、目标、实施要求的实质要义,不是"穿新鞋走老路",而是"提旧瓶装新酒",让新课程改革的意图早日落实到课堂教学之中。

首先,我们要认识到课程标准、教材、教科书只是为学生创造学习经验的手段,"决定课程的主体是教师,课程编制的场所是学校与课堂"②。教师要准确领悟和吃透国家课程标准的课程性质、课程理念、目标体系,宏观把握统编教材的编排意图、内容体系、选材特点,以学科核心素养、学业质量标准和大单元目标进行统整,经过创造性的重组、改编、补充,把"学什么""学到什么程度"落实到"我这个班"的每一学期、每个单元、每一课时,把国家课程变成"教师的课程",把最有价值的知识技能教给学生,培养学生的核心素养和关键能力。如果没有单元设计的基本功,那么那些开发出来的一大堆课程不过是一堆垃圾,而课时的教案不过是碎片化知识的灌输而已。③

其次,我国基础教育的定位已经从"有学上"转向"上好学"。《义务教育课程方案(2022年版)》明确提出,"凸显学生主体地位,关注学生个性化、多样化的学习和发展需求,增强课程适宜性"。办好公平而有质量的教育,让每个人都有出彩的机会,最终实现人人平等。国家普及义务教育、高中教育乃至高等教育,最终目的是通过教育消除因知识差异造成的人际差异。人人平等是从教育的机会和权利上说,并不是说课程实施要整齐划一。不同地区、不同班级、不同儿童因受各种因素影响而表现出差异性,真正实现教育公平就要兼顾这种差异性,要具体分析本班整体、不同群体、不同个体学生的学习基础、文化背景、学习能力、性格气质等个体差异特征,最大限度地发展每一个学生的认识能力。"实现课堂转型的标志要看学校与班级是否真正成为'学习共同体'","需要教师团队围绕'特定教材、特定学生、特定学习课题',进行教学的'设计、实施、反思'的循环往复的行动研究"④,把国家课程变成"班本课程"甚至"生本课程"。

最后,"教育的价值不在于习得预先准备好的教材内容和作为学习结果可测的学力,而是学习活动本身的价值"⑤。课程重构的最高境界是将"教师的课程"和"儿童学习经验

① 钟启泉.核心素养十讲[M].福州:福建教育出版社,2018:10.
② 佐藤学.课程与教师[M].钟启泉,译.北京:教育科学出版社,2003:78.
③ 钟启泉.核心素养十讲[M].福州:福建教育出版社,2018:10-11.
④ 钟启泉.核心素养十讲[M].福州:福建教育出版社,2018:11.
⑤ 佐藤学.课程与教师[M].钟启泉,译.北京:教育科学出版社,2003:78.

之总体的课程",统整为"作为师生创造性经验之手段与产物的课程",也就是说,课程的重构既观照整体,又兼顾个体,充分发挥教师与学生的主观能动性、创造性。

佐藤学将学习的课程类型归纳为"阶梯型"和"登山型"两类模型[①]:

阶梯型课程,以"目标—成就—评价"为单位组织单元,其教育内容和学习活动瞄准最终目标,划分好小步子,然后引导学生朝最终目标步步攀升来加以组织,如同"流水作业"。"泰勒原理"主导的课程理论、斯金纳"程序学习"中的"小步子原理"、布卢姆"形成性评价"与"掌握学习"理论都是"阶梯型"课程的典型代表,其主要特征是目标一元化、过程一元化。步步攀升的过程是单向的、线性式的,学生一旦在某一级踏空了,就会掉队;在同一、均质的时间组织学校教育,"不是缩小而是扩大了'个别差异'"。

登山型课程,以"主题—经验—表达"为单位组织单元,以大的主题(山)为中心,准备好若干学习的途径(登山路线),达到顶峰是目标,但其价值在于登山本身的体验及其快乐。学习者能够选择自己的道路,以自己的方法、速度登山,即使不能攀登顶峰,也可以在攀登过程中进行有意义的体验,只要不选择危险的道路,就不至于像"阶梯型"那样败下阵来。杜威的"儿童中心主义",英国非正规学校的"主题学习",美国开放学校"课题学习"等是"登山型"单元学习中组织课程的典型。在这种课程中,教师已经不是"知识的分配者",而是儿童有意义的学习经验的"导游"。

2016年,习近平总书记在北京市八一学校考察时强调,广大教师要做学生锤炼品格的引路人,做学生学习知识的引路人,做学生创新思维的引路人,做学生奉献祖国的引路人。新课程标准的理念,就是希望我们当好学生发展的引路人——导游。那么,作为"导游",我们应该熟悉"山"的魅力,理解"山"与"山"的关联布局,准备攀登不同山峰的"登山道",引导"登山者"避开危险的丛林、沼泽、悬崖并为之提供帮助,建构起能够应对"阶梯型"课程的"学科、教材"的文化内容体系,打造"学习共同体"。

2.跨学科课程重构

现代课程理念和与之对应的教育实践分为四大谱系[②]:

一是儿童中心主义。儿童中心主义以杜威的进步主义教育为代表,课程在综合单元中组织学习,或在综合性主题之下组织若干学科,以"主题—经验—表现"为单位构成教学单元,教师是创造性教育实践的主体,也是课程开发的主体。

二是社会效率主义。社会效率主义是20世纪以来为适应工业化、产业化而追求效率和实用教育的产物,课程作为系统的学科组织编制,以教育目标为中心编制学科单元,以

① 佐藤学.学习的快乐——走向对话[M].钟启泉,译.北京:教育科学出版社,2004:118-122.
② 佐藤学.课程与教师[M].钟启泉,译.北京:教育科学出版社,2003:6-8.

"目标—成就—评价"为单位构成教学单元,课程开发的主体是大学的研究人员,教师是精通教材计划与教学技能的"合格的技术员"。

三是社会改造主义。社会改造主义是经济危机时代教育改革的产物,强化"批判性思考"的社会学科课程,课程以问题单元为中心组织,"问题—思考—解决"构成教学单元,教师是"社会改造者"。

四是社会(生活)适应主义。社会(生活)适应主义以儿童适应社会生活与人格统合为教育的中心,把态度的形成作为教育的中心目标,以"目标—活动—评价"为单位组织"核心课程"的综合学习,课程编制包括"基础学力与系统知识"学科课程、"问题解决力与道德态度"综合学习课程两个领域。

应该说,我国新一轮课程改革充分吸收和整合了现代四大课程理念各自的优势。2022年版义务教育课程标准的一大变化就是安排了"综合性""项目式""跨学科"的课程内容。如,语文课程内容用基础型、发展型、拓展型三个"学习任务群"的方式来组织和呈现,每个任务群由相互关联的系列学习任务组成,具有情境性、实践性、综合性,其目的是发展学生的核心素养。在拓展型学习任务群安排了跨学科学习内容,如,《义务教育语文课程标准(2022年版)》第四学段的第一条内容"结合数学、物理、化学、生物学等学科学习,或者自己参与的科技活动,学习撰写并分享观察、实验研究报告",主要涉及自然科学类的学科。其他几条内容涉及心理、生理、卫生、环境、人口、安全、文学、艺术等知识的整合。

又如,小学数学课程内容的"综合与实践"板块第二学段的"年、月、日的秘密"这个综合实践与主题活动,学业要求为:"知道24时计时法;认识年、月、日,知道它们之间的关系;能用年、月、日的知识解释生活中的问题,提高初步的应用意识(例54)。了解了中国古代如何认识一年四季,了解中华优秀传统文化(例55)。"这个课程内容,涉及阅读理解《尚书》《周礼》《周髀算经》等古典著作中的原文,了解古代天文、历法等方面的知识。

虽然我们无法预测新教材如何编写跨学科学习方面的内容,但可以想象,即便是由课程专家来编写,难度也是很大的,因为这是一个世界性的难题。再则,教材编写者也不可能照顾到各地、各校、各班的实际情况并提供每一项具体的学习内容。因此,新教材能否为教师提供拿来就用的跨学科学习课程内容还要打个问号,跨学科学习课程在很大层面上需要发挥教师的主观能动性和创造性,根据本班实际情况去策划、设计、组织和实施,这对教师的综合知识素养提出了更高要求。教师除了要熟练掌握本学科的本体性和实践性知识外,还需具备多学科知识素养、跨学科课程整合能力、综合研究和设计课程的能力。

二、课程实施：基于核心素养导向的课堂教学变革

1. 国家招生考试制度改革倒逼基础教育课程改革

2014年，国务院《关于深化考试招生制度改革的实施意见》明确提出深化高考内容改革的要求，"依据高校人才选拔要求和国家课程标准，科学设计命题内容，增强基础性、综合性，着重考查学生独立思考和运用所学知识分析问题、解决问题的能力"①。该意见公布后，高考命题和高校招生制度发生了很大变化。以数学为例，近年来高考真题的情境立意已经涉及数学文化、现实情境、高等数学的基本思想与分析方法等。压轴题以信息论为主要命题背景的北京卷、以导数为主要命题背景的全国卷，以及天津、上海等省市高考数学试题，其命题的试题情境、数学模型、分析方法以及语言描述方面都在不断地迭代创新。

2016年，中国学生发展核心素养报告发布，涵盖三大领域、六个方面、十八项指标。2017年普通高中课程方案和课程标准发布，2020年教育部又对高中课标进行了修订，进一步凝练了各学科核心素养。

2019年6月，国务院办公厅印发《国务院办公厅关于新时代推进普通高中育人方式改革的指导意见》，意见要求"深化考试命题改革"，"……优化考试内容，突出立德树人导向，重点考查学生运用所学知识分析问题和解决问题的能力。创新试题形式，加强情境设计，注重联系社会生活实际，增加综合性、开放性、应用性、探究性试题。科学设置试题难度，命题要符合相应学业质量标准，体现不同考试功能"；要"稳步推进高校招生改革"，"进一步健全分类考试、综合评价、多元录取的高校招生机制，逐步改变单纯以考试成绩评价录取学生的倾向，引导高中学校转变育人方式、发展素质教育"。

2020年1月，教育部考试中心发布《中国高考评价体系》，这是综合高校人才选拔要求和国家课程标准而形成的考试评价理论框架，进一步推动高考命题的标准化与创新性。该评价体系主要由"一核""四层""四翼"三部分组成。②

"一核"：核心功能，即"立德树人、服务选才、引导教学"。这是对新时代高考核心功能的高度概括，回答了"为什么考"的问题。服务选才、引导教学，使高考成为高中到大学衔接过渡的关键节点，也成为高中教学教研目标结构的重要依据。近些年来，高考试题

---

① 国务院. 国务院关于深化考试招生制度改革的实施意见[EB/OL].(2014-09-04)[2022-10-18].http://www.gov.cn/zhengce/content/2014-09/04/content_9065.htm.

② 中华人民共和国教育部. 教育部考试中心发布《中国高考评价体系》，将立德树人融入考试评价全过程联通"招一考一教一学"全流程[EB/OL].(2020-01-07)[2022-10-18]. http://www.moe.gov.cn/jyb_xwfb/gzdt_gzdt/s5987/202001/t20200107_414611.html.

对高中的教学教研产生了重要影响,高考试题的不断创新,极大地提升了学校和一线教师对高考试题研究的热情,也引导学生在学习方式、学习方法上不断优化。

"四层":考查内容,即"核心价值、学科素养、关键能力、必备知识"。是素质教育目标在高考中的提炼,回答"考什么"的问题。学生在学习必备知识的过程中,逐渐形成关键能力,从而不断提升学科素养。如,高中数学新课标提出"数学抽象、逻辑推理、数学建模、直观想象、数学运算、数据分析"6大数学学科核心素养。教育部考试中心研究员任子朝等在高考评价体系和数学课程标准的基础上,将高考数学考查的学科素养进一步提炼为理性思维、数学应用、数学探索和数学文化。①

"四翼":考查要求,即"基础性、综合性、应用性、创新性"要求。是素质教育的评价维度在高考中的体现,回答"怎么考"的问题。近年高考数学试题注重数学学科基础知识的掌握与应用,注重紧密联系社会生产生活与数学文化,强调数学思维方法、基本数学思想在科技、文化、经济、生活中的应用,使数学试题情境更加贴合实际、语言描述更加通俗明了、分析方法不断优化延展。

2022年4月,义务教育课程方案和课程标准发布,《义务教育课程方案(2022年版)》对"改进教育评价"特别是"提升考试评价质量"提出明确要求,要"全面推进基于核心素养的考试评价,强化考试评价与课程标准、教学的一致性,促进'教—学—评'有机衔接……增强试题的探究性、开放性、综合性,提高试题信度与效度"。

一系列纲领性文件、方案、标准的密集出台,表明我国教育评价、人才选拔的标准已经发生巨大变化,对人才培养提出了新的要求,催生和倒逼新一轮基础教育课程改革。

2.课程改革推动核心素养导向的课堂教学变革

多年来,应试教育的弊端令人深恶痛绝,但在没有探索出更好更科学的人才选拔办法之前,对大多数人而言,中高考仍是我国目前比较公平公正的人才分流和选拔方式。作为教师,我们无法回避中高考,也无法改变教育的大环境,但我们可以在自己能主导的课堂营造更有利于学生长远发展的小气候——在应试教育和素质教育之间寻求一个平衡点,既无愧于教育者的良知,也无愧于学生的未来。

新一轮课程改革,必将带来整个育人方式和人才培养模式的深刻变革,以核心素养为导向的新课标呼唤以核心素养为导向的新教学。如果我们不认真领会新课改的实质要义和新的人才评价与选拔要求,依然固守传统的教育教学观念,仅凭直觉和经验教学,不仅会在新一轮课程改革大潮中落伍,而且连原来我们引以为傲的高考、中考成绩也将不保。

---

① 任子朝,赵轩.基于高考评价体系的数学科考试内容改革实施路径.[J].中国考试,2019(12):27-32.

新课改落实到学校和教师层面就是"改课"。改什么？怎么改？教育部基础教育课程改革专家组核心成员、高中课程标准修订综合组专家余文森教授指出，新课程背景下的课堂教学应从以下四个方面入手进行改革①：

第一，在教学目标上，从知识本位走向核心素养本位，确立基于核心素养的教学目标。为知识而教和为素养而教是新旧教育教学的分水岭。核心素养基于知识、高于知识，是从知识中提炼出来的"精华"和"营养"，要根据核心素养来选择和组织知识内容。基于核心素养，确立课程目标和学业质量标准，再进一步细化为学年、学期、单元、课时的教学目标，这是教学的出发点、落脚点、着力点，教学的一切要素、资源、环节、流程、活动都围绕核心素养来展开和组织；依据核心素养来教、来学、来评，从而实现教学评的一致性。

第二，在教与学的关系上，从以教为主走向以学为主，构建新型的学习中心课堂。这是全球教学改革的潮流，是全面教学改革的必然方向。把教的力量不断转化为学的力量，让学习成为课堂的中心，相信和依靠学生的学习力，以学生的学习活动作为课堂活动的主活动、主形式、主线路，遵循学习的客观规律，让学生经历学习的过程，让学习在课堂真实发生。

第三，在学习方式和路径上，从传统的凸显"坐而论道"到强调学科实践，构建实践型的育人方式。实践出真知，把以听讲、记忆、背诵、作业、刷题、考试等为主的学习方式转化为"身体参与、亲身经历"的学习方式，让学生在"做中学""用中学""创中学"，去实践、体验和感悟，让学科实践成为学科教学的新常态；学科知识以情境、问题、项目、任务的方式间接呈现，以"登山式"推进，倒逼学生去参与、经历、探究、创作，感受知识的来源和背景，体验知识的用处和价值，发展学以致用的能力，使学科实践和学科认识融为一体，彰显学科实践的教育性及学科性（学科特质和精气神），从而实现学科的育人价值。

第四，在知识内容上，强调从知识点教学走向大概念教学，立足知识统整，推进大单元、大主题教学。传统教学遵循的是"从单个知识点的识记、理解到运用（解题）"的认知路径。如，数学的"知识点教学"就是"一个定义、三项注意、几个例题、大量练习"。语文的"挖坑式教学"，则是在规定的课时教一个个生字、学一篇篇课文、写一次次习作。这种碎片化、点状式教学割裂了课程知识的内在联系，严重阻碍了核心素养的形成。核心素养导向下的教学，要以"大概念"为支架统整。

什么是大概念？大概念是处于学科金字塔顶端的上位知识，是学生认识世界的一种"眼光""视角""尺度""方式"，是一个纲、一个组织者、一条线，把知识整合和串联起来。大概念也是相对的，一门学科、一个单元、一个章节都有大概念。因此，在教学内容的组

① 余文森.以核心素养为导向:建立与义务教育新课标相适应的新型教学[J].中国教育学刊,2022(05):17-22.

织上,教师要通过大概念整合和构建精简的素养、含金量高的知识内容和"少而精"的目标,然后以大单元、大主题组织教学,体现知识之间的逻辑联系,防止知识点教学的割裂和碎片化。

素养导向、学习中心、学科实践、单元教学四个方面是一个有机的整体,是我国基础教育20多年改革和实践的经验总结,是新课标新课改的方向和主题。余文森教授总结了基于核心素养导向教学的六大基本策略[①],简要归纳如下:

①整体化策略。强调知识的结构化、整合化,防止知识的孤立化、片面化。从知识本身的角度,整体意味着建立知识的各种"联系";从学生学习的角度,整体意味着"组织",即认知结构的重组与建构;从课程的角度,整体意味着"统整",包括以知识为纲、以主题为纲、以核心素养为纲三个层级的统整。

②情境化策略。解决知识与背景、理论与实践、文字符号与实际事物之间的关系。通过联系生活、实物、图像、动作、语言、问题、新旧知识和观念的关系、背景知识或场景等创设直观、形象、富有意义、体现学科特点的情境,建立课程内容知识与学生生活、经验、情感、生命等之间的联系,激发学生兴趣,创设让学生参与、体验类似知识产生和运用的情境。

③深度化策略。教师深度钻研教材,触及知识内部和本质,体现和反映学科本质,防止学科知识的浅层化和学生思维的表层化。教学时凸显学科本质特征和个性魅力,不能"耕了别人的田,荒了自己的园";聚焦核心知识,推进少而精的教学,在有限的教学时间内,目标要精准,教学要简约;以问题为导向,鼓励学生进行批判性思维,关键是设置有质量的问题。

④活动化策略。让学生通过参与活动,手脑并用、学思结合、知行统一,经历学习过程和完成一定的任务,在体验和感悟中获取知识,而不是直接从教材或教师传授中获取知识和结论。其主要形式包括操作学习、项目学习、做中学习、综合实践活动等,同时体现出活动的学科个性。如,语文是以语言为内容,以听说读写为形式的言语实践活动;数学包含观察、测量、计算、比较、归纳、探究、运用等活动,是从生活世界抽象、概括、转化为数学概念和模型的过程;科学有"提出猜想与假设"和"设计实验与验证"的探究活动等。

⑤自主化策略。在教师的引导下,学生以自主的方式主动学习、独立学习、自控学习,从依赖走向独立,从被动走向主动。教师既要"放权"又要"赋能",教学生学会阅读和思考,把学习的时间还给学生,坚持以学论教、因学定教;强调学生的主体性,不否认教师的主导性,教师要避免自我矮化、角色意识淡化、价值引导力弱化等"不作为"现象和"放羊式""自流式"教学行为。

---

① 余文森.核心素养导向的课堂教学[M].上海:上海教育出版社,2017:179-254.

国内关于自主化教学改革的案例很多，如，徐州市以"学进去，讲出来"为主要抓手的"学讲计划"，复旦大学张学新教授提出的把课堂时间一半留给教师讲授、一半留给学生讨论的"对分课堂"，江苏洋思中学"先学后教、当堂训练"教学模式，山东杜郎口中学"三三六"自主学习模式，还有本书第三章介绍的本校"双主互动"课堂教学模式等。

⑥意义化策略。教学的最终目的指向人的精神世界的发展，要让知识及其学习成为"学生生命得以涵养、心灵得以净化、情感得以陶冶、智慧得以启发、价值观得以形成"的过程。否则，教学就没有灵魂和高度。

根据奥苏伯尔和罗杰斯关于有意义学习的理论，有意义学习的意义包括以下四个方面：文本意义，作者赋予文本的原义，还原文本的意义是教学的必要前提，对读者而言还包括它产生的社会意义；潜在意义，由文本本义与读者的关系确定，只有文本略高于读者水平时，文本的意义才会转化为潜在意义；心理意义，知识由外在转化为内在、由客观转化为主观、由公共转化为个人、由潜在转化为内在的过程；精神意义，知识及其学习内具的促进人的思想、精神发展的力量。

意义化教学改革的案例也很多，如，郑州市的"道德课堂"，要求课堂要"合乎道，至于德"，课堂教学之本在"道"而不在"术"，在"德"而不在"知"；叶澜教授提出的"生命课堂"，"课堂教学应看作师生人生中一段重要的生命历程，是他们生命的有意义的构成部分"，每一堂课都是师生生命活动的一部分，是生命成长的过程；"幸福课堂"，佐藤学在《静悄悄的革命》一书中所说的"湿润的教室"，美国教师雷夫·艾斯奎斯在《第56号教室的奇迹》里所描绘的"缺少害怕的教室"；上海新纪元教育集团瑞安市新纪元学校20多年一直践行的"幸福教育"；等等，都有一个共同的特点：让学生感到课堂就是他们温暖的家。

三、课程开发：建设开放且有活力的校本课程

基于核心素养的课程发展直面的第一大挑战是，把握学校课程的整体结构。一线教师如何把握学校课程的整体结构？从教育目标的视角看，可从"能力的要素"（关键能力）和"能力的层级"（目标分类）进行分析；从构成要素看，整个课程结构分为"学科课程的领域"（学科框架中的学习）和"活动课程的领域"（立足于跨学科的综合实践活动与超学科的学校例行活动，由学习者自主决定与重建的学习框架的学习）；从质性分析的维度看，可从布卢姆"知识与认知过程二维结构"和马尔扎诺"学习的五维度框架"，或石井英真的"认知系统三重圆模型"（知识的知晓水平、理解水平、运用水平）解析。归根结底，要从"学力"与"学习"去整体把握学校课程。①

---

① 钟启泉，崔允漷.核心素养研究[M].上海：华东师范大学出版社，2018：8-13.

1.统整三类课程

课程开发可分为宏观、中观、微观三个层次。在我国,宏观层面,国家通过制定课程计划、课程方案、课程标准等政策性、纲领性的文件,对课程的性质、培养目标、内容体系、质量标准、实施建议等作出规定和要求,体现国家的教育意志;中观层面,教育行政主管部门依据国家课程方案和标准,组织或委托高等院校、科研机构的专家学者、一线名师等编写各种教材、教辅、教学资源、评价方式等;微观层面,主要指学校和教师以国家课程标准、统编教材为蓝本,结合本校具体情况,制定学校的教学计划、学科教学计划、单元教学设计、课时计划等。我国的课程包括国家课程、地方课程、校本课程三个体系,每个体系又分为必修、选择性必修、选修等课程类型。

课程是学校教育理念得以实现的主要载体,学校要统整好三类课程体系,为学校的育人目标服务。校本课程作为学校课程的重要组成部分,其开发、实施、评价的最终决策主体是作为实践者的教师。例如,我校的校本课程开发,围绕学校"尊重差异,提供选择,自主教育,和谐发展"教育理念,着眼于"自立能力、科学精神、人文情怀、强者气质"的育人目标,遵循课程"跨界、整合、分层、分类、选择"原则,聚焦核心素养,结合学段特点,将国家、地方、校本课程统整为基础型、拓展型、实践型三类课程。基础型课程保底,主要是对国家课程的选用、重组和改编,以适应本校校情和学情,更好地达成国家课程标准的基本要求;拓展型课程主要是对国家课程的深化和拓展,达成更高的学业质量标准;实践型课程主要用于开展跨学科、项目式、综合性、探究性学习,主要靠自己创编。开发每一类课程时,以备课组、教研组、年级组为单位,全校教师分工与协作,逐年不断完善。

我校在集团"尊重差异,提供选择,开发潜能,多元发展"教育理念指引下,经过20年的探索,初步构建了小、初、高三个学段的课程体系,强化十二年一贯制学段衔接课程、外语特色课程。校本课程的实施实行分类、分层、走班教学,满足学生个性化、多元化发展需要,体现"选择"与"个性"的课程价值。

小学段遵循"尊重教育,全面发展"理念,为学生提供品德、科学、语言、艺术、健康五大类63门拓展选修课程;固化了自理节、习养节、科技节、读书节、英语节、艺术节、达人节、体育节八大主题实践课程,尊重学生个性,保障全面发展。

初中段遵循"自主教育,和谐发展"理念,为学生提供语言与文学、数学与科技、人文与地理、艺术与体育四大类31门拓展选修课程,进自然、进社区、进军营等"五进"实践课程,固化诚信、理想、读书、青春、社团、行规、安全、体艺、英语等十大主题展示活动,保障学生自主和谐发展。

高中段遵循"差异教育，多元发展"理念，按照新课改新高考要求，为学生提供学科竞赛、大阅读、小语种、艺体等五大类24门拓展选修课程，以及名家大讲坛、志愿者服务等社团实践课程，引入大学自主招生课程，探索学生生涯规划教育，为学生提供升学、艺体、留学等多元发展通道，让每个孩子都能找到适合自身的成才之路。

2. 开发衔接课程

2022年版义务教育课程标准的显著变化之一是加强了学段的衔接。上海新纪元教育集团办学涵盖学前教育至K12教育体系，大多数学校为十二年或九年一贯制学校，通过近30年的探索实践，总结出"六通"衔接课程建设模式。

(1) 学段融通，打破学段阻隔

小、初、高一盘棋，打通学段的壁垒和明显界限，实现学段无缝对接。小学——五年级完全按国家规定课程、课时和课程标准常态教学；对六年级和七年级、九年级与十年级的语文、数学、英语、科学等学科的课程内容进行适当整合。

(2) 课程贯通，开发衔接课程

国家义务教育课程标准按九年一贯统一制定，分学段安排课程内容和目标，这为我们进行课程整合提供了基本保障。小学、初中、高中教师一起共同开发学段衔接课程，编印衔接教材；在开齐开足国家课程的基础上推出多门拓展性课程，按照大单元学习的基本思路，依据一贯化、序列化、整合化、进阶化原则推进不同学段基础性课程和拓展性课程的实施，在保证正常教学秩序，不增加学生负担，不降低国家课程基本要求的前提下，高质量实施拓展性课程。

(3) 师资互通，开展联合教研

开展小、初、高衔接贯通课题研究，开展幼小衔接、小初衔接、初高衔接教学研究活动、学生研学体验活动。作为衔接年段的六、七年级，其师资由部分初中和小学老师择优组成。只有当中小学教师同在一个学科备课组时，真正意义上的小初衔接教学研究活动才能真实有效地发生。中小学师资互通既有助于把初高中所需学科能力和学科素养的积淀从小学开始就进行一贯制的浸润和培养，同时，也有助于让优秀小学教师在初小衔接中拓宽学科视野，提高教育站位，更好地提升教育品质。

(4) 课时直通，组建实验班

从小学一年级开始使用上海牛津版的英语教材，本校小学毕业生升入初中再使用人教版、仁爱版英语教材，很不切合学生学习实际。因此，初中学段组建校内直升班或英语衔接教学班。从四年级开始对数学进行分层教学,六年级做好小初衔接教学,七年级组建"强基班",八、九年级根据学生差异进行分层教学,在九年级总复习阶段,让学有余力的九年级学生进入"初高中衔接实验班"。全程关注学法指导,阅读教学、单元整体教学、项目化学习、学科培优、特长训练等连续12年统筹安排,做到课时直通,系统发展。

（5）素养汇通，着眼核心素养

连续12年一以贯之地进行理想信念、创新精神和实践能力的浸润和培养,小、初、高教师通过定期公开课、教学研讨、专题讲座等教研活动进行思维碰撞,无障碍交流,学生之间有各种社团选修课,跨学科、跨学段项目化学习课程等满足高低年级学生之间的互动需求,有利于学生各种核心素养的汇通。比如,针对当前中小学生心理健康普遍存在的突出问题,我校在分管副校长的统领下,以专业心理教师为主,三个学段兼职心育教师为辅,共同开发和实施学生、教师、家长三个层面的心理健康教育课程体系（部分课程目录附本章后）,对持之以恒全方位培养学生心理素养发挥了很好作用。

（6）管理疏通，学段协调联动

小初高衔接课程实践涉及小学、初中、高中课程调整、教师调整、作息时间调整,以及有关学生就餐、就寝、锻炼等活动安排的调整,是一项系统性的工程。学校成立衔接教育工作领导小组,安排专人管理,协调各部门的配合,解决衔接课程建设实践中出现的问题和困难。

3. 拓展国际课程

上海新纪元教育集团有多所双语学校（国际学校）,各高中学校也设有国际部。在完成国家基础课程任务的同时,一直在探索与国际教育课程的接轨。如,上海新纪元双语学校办学定位为"为常青藤大学和全球顶级大学输送优秀人才",培养具有国际视野、民族精神、健康体魄、艺术情怀的少年英雄和青年才俊。为了实现这一培养目标,学校开发和实施"STEAM、外国语、艺体、国学"四大精品课程群,小初高课程体系建设与教师团队一体化发展。

在外国语课程建设方面,上海新纪元双语学校通过综合分析比较联合国教科文组织K12教育体系（IB）、英国中学教育A-Level体系、美国高中+AP体系以及加拿大、澳大利亚、日本、韩国等国外基础教育课程体系,结合学校的办学定位和培养目标,选择以美国高中+AP体系为主,融合国学系统课程,培养双语教育下的民族精神。

在外国语课程的实施上采用分级管理制度,把课程做成三级:

Normal 级课程,也称为通识级课程,成绩达到 A 和 A+GPA 最高为 4。取美国通识教育精髓,是新纪元双语学校学生选择本门课程必须达成的通识教育程度,此为课程的最低层级。

Honor 级课程,也称荣誉课程,成绩达到 A 和 A+GPA 最高为 4.5。如果一个学生非常擅长某科课程,学有余力,建议选修 Honor 级课程。如 A-level 体系,As 课程类比 Honor 课程。

AP 课程,又叫大学先修课程,相对于美国大一课程水平,成绩达到 A 和 A+GPA 最高为 5。学生在某学科学习成绩极其优秀,可选修此类课程。如 A-level 体系,A2 课程类比 AP 课程。

现代课程理论之父拉尔夫·泰勒指出,开发任何课程都必须回答四个基本问题:确定教育目标、选择学习经验、组织学习经验、评价学习经验。这就是课程研究的经典范式——"泰勒原理"。客观评价我们这么多年来开发并一直在实施的五花八门、热热闹闹的校本课程,真正能拿得出手的有多少?真正在发挥实实在在育人功能的又有多少?造成这种状况的主要原因是学校在开发校本课程时没有规划,没有遵循课程开发的基本原理,课程功能定位不明、目标确立不清、课程要素不全,教师在实践过程中缺乏专业的指导,鲜有科学的论证和专业的评审。

作为一线教师,我们要与时俱进、主动参与、积极实践、大胆探索,自觉投身到新课改的大潮中,不断增强课程意识,努力转变教学观念,不断提升自己的专业水平和职业境界。

课程和教学改革,我们一直在努力,永远在路上!

特色校本课程体系目录示例

心理健康教育特色校本课程体系目录

一、常规课程（部分）

小学三年级

第一课　好习惯是成功的捷径

第二课　会玩也会学

第三课　做情绪的主人

第四课　专注是一种魅力

第五课　快乐的秘诀

第六课　自己的事情自己做

第七课　认识自己 信心十足

第八课　我敢一个人睡觉

第九课　做最棒的自己

第十课　真诚赞美朋友多

小学四年级

第一课　接受我自己

第二课　考试，你好!

第三课　谦谦君子,礼让达人

第四课　沟通达人,幸福多多

第五课　矛盾冲突有方法

第六课　男生VS女生

第七课　记忆加油站

第八课　我有火眼金睛

第九课　做时间达人

小学五年级

第一课　对嫉妒说"不"

第二课　话语暖人心,爱要怎么说

第三课　记忆力大作战

第四课　如何与父母沟通

第五课　我有好朋友

第六课　温暖你我的蜜语

第七课　学会原谅

第八课　兴趣为学习导航

初中一年级

第一课　山不过来，我们过去

第二课　做最好的自己

第三课　直面愤怒

第四课　勇敢面对挫折

第五课　学会拒绝，敢于说"不"

第六课　学会倾听

第七课　做一个仔细观察的孩子

第八课　交往需美德，诚实最重要

高中一年级

第一课　我的情绪我做主

第二课　爱的吸引（高中生师生关系主题）

第三课　情绪七君子与情绪ABC

第四课　自立自强　学会学习

第五课　新生活的100种样子

第六课　认识"我"自己

第七课　规划生涯　未来可期

二、团辅课程（部分）

小学高段

第一课　会倾听的小耳朵

第二课　记忆有方，过目不忘

第三课　珍惜时光，合理用时

第四课　鲜花盛开，清风自来

第五课　做最好的自己

第六课　从两小无猜到亲密有间

第七课　探索潜力，启航未来

初中学段

第一课 最优秀的自己！

第二课 创造力改变世界

第三课 找准你的学习风格

学习风格测试

对视觉型学习者的学习建议

对听觉型学习者的学习建议

对动作型学习者的学习建议

所罗门学习风格自测问卷表

所罗门学习风格分析表

第四课 亲其师 信其道

第五课 谁绑架了我的课堂

第六课 奋斗的青春最美丽

第七课 梦想是个什么鬼

第八课 青春的模样

第九课 宝贝向前冲

高中学段

第一课 考试的意义

第二课 智对"错"折 逆境顺转

第三课 不烦就不笨，一乐就聪明

第四课 直面成长悲欢，拒做手机傀儡

第五课 关注情绪，做自己的光

第六课 高三优生心理团体辅导

第七课 微笑前行，给梦想一把梯子

三、导师培训课程（部分）

第一讲 手机过度使用的心理教育视角

第二讲 高风险学生的识别、转介和康复

第三讲 成长性心理困难学生辅导

第四讲 教师的福祉：幸福在左，进取在右

第五讲 系统视角下向心理咨询师转介"问题学生"

第六讲 心理筛查之后：心理咨询室的运行流程

第七讲　做家庭教育指导师

第八讲　初一新生适应问题辅导思路

四、家校共育课程(部分)

第一课　存钱不如存能力

第二课　唱反调的孩子怎么爱

第三课　我该更严格还是更宠爱

第四课　内向的孩子要怎么成长

第五课　孩子怕考试,父母如何助力

第六课　强化亲子关系,预防网络成瘾

第七课　你越催,孩子越磨蹭

第八课　做谦谦君子,不当受气包

第九课　父母恶语最伤人

第十课　父母如何认知孩子的情绪状态

第十一课　人职相匹,科学选科

(来源:重庆市中山外国语学校心理健康教育校本课程,颜晓荣等主编)

第三篇　育人篇

与学生一同踏上幸福之旅

　　"教育的智慧性是一种以儿童为指向的多方面的、复杂的关心品质"，"教育智慧与其说是一种知识，不如说是对孩子们的关心"。（引自马克斯·范梅南《教学机智：教育智慧的意蕴》）每一个孩子都是宇宙间独一无二的生命，他始终保持未完成的状态，按照自由的节律生长着，永远只能自己去活着。教育的秘诀就是符合人的天性及其发展规律，求证人性和生命的可能性，不断引领和拓展这种可能性。教师帮助学生开掘幸福之源，与他们一同踏上一段幸福的旅程。

第九章 双主德育：破解德育管理化倾向的实践探索

当前，受应试教育、片面追求升学率等功利化教育思想的影响，中小学德育普遍存在管理化倾向，甚至以学生行为管理替代德育。学生行为管理（以下简称管理）与德育（文中指广义的德育概念）虽然有紧密的联系，但二者的内涵和外延差异很大。德育原是"道德教育"的简称，"道德教育"指的是同学生道德行为以至道德品质（品德）形成相关的教育。[①]学生行为管理是指学生在校生活和活动的组织中，对学生不当行为的约束和对学生行为的指导。[②]可见，管理和德育的目的与作用有着本质的区别。管理是为了驯服人的野性，是教育的最低境界；德育是为了人的完善和服务大众，这才是教育的最高追求。本章针对德育管理化倾向的现象探究其主要原因，并试图从实践的角度寻求对策。

一、德育管理化倾向的主要表现

德育管理化倾向主要表现为学校管理者和教师对德育工作的重视程度不够，把管理和德育的目标等同，把常规管理量化考核和惩戒作为德育的主要手段，对学生品德的评价方式随意片面，普遍存在以"管"代"育"、以"分"代"育"、以"惩"代"育"的现象。

1.管理和德育目标等同

在一些学校管理者和教师的潜意识里面，不管教育理念和行为多么先进，考试成绩才是硬道理。学校一切管理的出发点都围绕提高考试分数这个中心，认为把学生管理得守纪律、讲规矩、爱学习，不给班级和学校添乱就万事大吉。只抓"管理"而忘了"训育"，"育人"被异化为"育分"，"管理"被异化为"管制"，"尊重"被异化为"顺从"……[③]忘记了立德树人这一学校教育的根本要务，忘记了人是有德性的动物，忘记了教育是要培养现代公民。但是，管理和德育的目标是有较大差异的。管理的主要目的是维持教学与教育秩序，为实施教学创造条件，主要着眼于当前的作用；而训育是指"有目的地进行的培养"，

---

① 陈桂生.中国"德育"的若干理论问题[J].上海教育科研,2003(01):6.

② 陈桂生."学生行为管理"引论[J].华东师范大学学报(教育科学版),2007(01):1.

③ 黄全明.当前中小学学生管理中异化现象透视[J].教育探索,2014(04):67-68.

目的是培养"性格的道德力量",注重儿童的未来发展。①

2.把常规管理量化考核和惩戒作为德育的主要手段

很多学校都制定了严厉而详细的校规校纪,"不准吃零食""不准留长发""不准带手机""严禁吸烟""严禁赌博""严禁打架斗殴"……"不准""严禁"几十条,无论是否有理,进了"我的校门"就得"服我管"。近年来,诸如"男女生之间的距离必须保持在44厘米以上"的"雷人"校规更是层出不穷。学校用常规管理量化考核来维护校规校纪的权威,公布各班得分成了集体周会的主要内容,班级得分是评选优秀班级和考核班主任工作的主要依据。学校将紧箍咒戴在班主任头上,班主任自然会转嫁给学生,制定一大堆班规班约。如果某周某班得分低受到大会点名批评,班主任颜面扫地,回去后就找学生算账,轻则狠狠批评、书面检讨、罚抄班规、面壁思过、打扫卫生,重则蹲马步、请家长、记大过……同时,辅之以现代网络媒体,随时随地在教师、家长微信群发布常规管理的文字、图表、视频等,让不良现象"原形毕露",让表现差的学生"游街示众"。正如陈桂生教授一针见血所指出的:"我们现在的德育,不完全是为了学生学会做人,往往成为教师'作秀',奉命今天做这个事,明天做那个事,这样习惯从何养成啊。"②

3.以纪律得分或考试成绩代替品德评定

品德评价,是按照一定的评价标准,对学生的品德形成、行为表现、发展状况进行考查后的褒贬与判断。从评价的主体看,包括自评、互评、他评;从评价的作用看,包括形成性评价和终结性评价;从评价的呈现方式看,包括等级、评语、鉴定等。品德评价对学生的品德形成具有重要意义,是德育工作的重要内容之一,也是最难最复杂的环节。但在实施过程中,评价被简单化、粗暴化,主要表现在三方面。一是直接将学生的纪律得分,或者依据得分划分为优秀、良好、合格、不合格几个等级,作为德育素质评价结果直接填写在学生的素质报告册上,并存入学籍档案。二是对学生的评语大同小异、千篇一律,岁岁年年"人"不同,年年岁岁"语"相似。三是将思品科目的考试成绩作为学生的品德(操行)得分,甚至参考学习成绩,凭主观印象直接给学生品德打等级。这些评价手段和方式,带有极大的主观性、片面性、随意性,难以反映学生品德发展的个性化水平,达不到促进学生品德形成的目的。

---

① 崔允漷.有效教学[M].上海:华东师范大学出版社,2009:36.
② 陈桂生,黄向阳.关于德育基本理论及问题的谈话[J].上海教育科研,2014(01):37.

二、德育管理化倾向的原因分析

造成德育管理化倾向的原因是多方面的,主观原因是对立德树人的认识不足,违背人的发展规律,忽视学生主体地位;客观原因是对德育目标认识模糊,把管理手段当成德育目的,德育课程建设滞后,导致了"育知"与"育德""两张皮",教育智慧缺乏,单纯进行空洞说教等。

1.学生主体地位弱化

教育工作的对象是人,人是有理性的动物,具有主观能动性,任何外因都必须通过内因起作用。学生品行的养成,需要在外力的引导下靠他们自己主动思考和建构。学生在德育中的主体地位主要体现在,尊重学生的独立人格,遵从学生发展的实际情况和合理需求,提供可选择的内容、形式、方法、时间、空间等,发挥他们的主观能动性和创造性。道德教育的主要任务是促进儿童道德判断、道德推理能力的发展,而不是向他们教授某些具体的道德规则。[①]然而,长期以来,教育要么强调为上层建筑服务,培养"接班人";要么强调为经济基础服务,培养"建设者";要么以成人的需要来塑造儿童,很少考虑儿童的需要,恰恰忽略了教育是为"人"服务的。[②]卢梭和康德认为,对人从管理开始,也就是管理他的外部行为,使他的行为合乎一定的规范,起初是"他律",但不能停留在"他律"阶段,必须从"他律"的道德教育,过渡到内在的理性化的道德教育。"人到十五六岁的时候,慢慢地会对人生进行思考,为什么会学习这些东西,无论是否出于爱好,背后都是有支撑的——理性。"[③]

2.把管理措施当成德育目的

按照陈桂生教授的德育分析框架,德育的经验形式包括教育课程、训练、管理、校内环境影响。[④]不可否认,对学生的教育和管理带有一定的强制性,管理就是要克服儿童"不服从的烈性",主要措施包括:威胁、监督、命令、适度的体罚、权威和爱。[⑤]德育要按照国家和学校的育人目标,运用课程体系对学生的知、情、意、行进行有目的、有计划的教育和训练,主要目的是使学生养成良好的道德品质和行为习惯。管理作为一种手段,仅仅是德育的经验形式之一,偏重于学生外显行为的指导和纠偏,具有极大的随意性和校际差异性,其主要目的是维系正常的教育教学秩序。管理所采取的措施不是德育目的,特

① 王啸.自由与自律:康德道德教育思想研究[J].北京师范大学学报(社会科学版),2008(01):41.
② 许军国.从校园文化视角看立德树人[J].中国教育学刊,2014(04):16.
③ 陈桂生,黄向阳.关于德育基本理论及问题的谈话[J].上海教育科研,2014(01):36.
④ 陈桂生,黄向阳.关于德育基本理论及问题的谈话[J].上海教育科研,2014(01):35.
⑤ 崔允漷.有效教学[M].上海:华东师范大学出版社,2009:36.

别是惩罚更要慎用。斯金纳认为,惩罚的效用至多只是起抑制作用,不可能通过惩罚根除有机体的某种不良行为反应,可能还会导致一种消极的情绪状态,如攻击性行为。[1]学生的道德生长要靠知、情、意、行的整体作用,教育的措施,除了压制与惩罚,还有赞许与奖励;既要晓之以理,更需动之以情、导之以行。由于缺乏由明理到践行的内在机制,学生普遍存在知行不一的双重人格现象,为守规矩而守规矩、为做好事而做好事的学生比比皆是。

3.德育课程建设滞后

《教育部关于全面深化课程改革落实立德树人根本任务的意见》指出:"高校和中小学课程改革从总体上看,整体规划、协同推进不够,与立德树人的要求还存在一定差距。"主要表现在"课程目标有机衔接不够,部分学科内容交叉重复,课程教材的系统性、适宜性不强……课程资源开发利用不足……"传统的思品、政治等德育课过于重视学科本位和道德知识的传授,但学生的道德提升与知识掌握有相当大的差异。一本固定的教材无法顾及众多学生丰富多彩的生活经历,教材经过编写、审定、印刷、发行等漫长的过程,内容滞后、时效性不强。学校开展的一些德育活动零散而随意,没有上升到课程的高度,更没有让活动课程化。德育课程建设滞后、资源不足,是导致以管代育、空洞说教的客观原因。此外,对教师的绩效考核偏重教学成绩,而德育工作评价标准不明,是造成教育功利化的重要原因。因而,教师在教育教学中,对与考试紧密相关的可检测的知识与技能目标高度关注,而对情感态度价值观的要求则忽略不计,"三维"目标变成了"二维"甚至"一维"目标。

三、破解德育管理化倾向的实践对策

克服德育的管理化倾向,必须将思想认识统一到立德树人的要求上来,摆脱只顾当下的功利化思想和行为,让教育回归本真。要积极开发双主体德育课程资源、丰富德育载体、创新德育手段,避免空洞说教、强制管束;要激发学生的主体意识,发挥师生的主观能动性和创造性。学科教学"育知"与""育德"管育结合,以育为主,德智相融,以德化人。同时,发挥隐性德育的力量。

1.将立德树人的意识贯穿于学校工作的全程

早在19世纪初,德国教育家赫尔巴特就指出,"教育的唯一工作与全部工作可以总结

---

① 施良方.学习论[M].北京:人民教育出版社,2001:125.

在这一概念之中——道德","道德普遍地被认为是人类的最高目的,因此也是教育的最高目的"。①

首先,学校必须守住立德树人这一基本底线。要系统设计课程,整体规划育人各个环节,整合利用各种资源,统筹协调各方力量,实现全科育人、全程育人、全员育人。杜威认为,学校本身"有道德",才能使学生受教育。目前,学校做得更多的是"关于道德"的教育,而不是"道德的"教育。学校在确立办学理念、核心价值、校训校风等理念文化时要"心中有人",即着眼于人的发展和完善,也要协调统一。例如,笔者所在的学校遵循主体教育思想确立的"尊重差异、提供选择、自主教育、和谐发展"教育理念,"辅仁成德、为事致善"的校训,"知行合一,学做相容"的校风,"以智启智,以爱育爱"的教风,探索与自主教育理念一脉相承的"双主互动"教学、"双主体"德育,充分发挥学生的主观能动性。在建设校园环境,开展教育教学活动中要"眼中有人",时时处处不忘以学生的发展为木,营建"以文化人"的精神家园。

其次,学校教育要坚持"人是目的"。人是目的而不是工具或手段,教育既不是培养奴隶和顺民,也不是培养解题和应试的机器。教师一切教育行为的出发点和归宿,是从人本身、人的需求和人的发展出发,是为了完善人性。在教育过程中营造民主、平等的氛围,丰富德育的形式和载体,关注学生的情感体验。子曰:"志于道,据于德,依于仁,游于艺。"韩愈指出,"师者,所以传道授业解惑也",没有教师的"道",就没有教育的"德"。教师是"知识分子"而不是"知识贩子",要当学生的"引路人",不做"教书匠"。

再次,教育要研究学生,遵循儿童的发展规律。基层教育重大的缺陷在于偏重方法、手段、技巧的研究,忽视对教育对象的研究,往往是好心办坏事。他们往往一看到孩子尽情地玩耍、说笑,或把时间花在成人看来毫无价值的事情上时,就担心孩子闹出乱子或"输在起跑线上",忍不住去说、去管、去指手画脚,容不得孩子干一点儿出格的事,不允许孩子尽情释放自己的天性。卢梭在《爱弥儿》中反复强调的一个观点就是"把儿童当作儿童","如果你想永远按照正确的道路前进,你就要始终遵循大自然的指导"。教育应当建立在人的天赋能力以及研究儿童需要的基础上发现人的天性是什么。《中庸》有云:"天命之谓性,率性之谓道,修道之谓教。"

2."双主体"德育课程的开发与实施

所谓"双主体"德育,是将课堂教学中教师主导与学生主体"双主"互动理念借用于学校德育,在德育课程的开发与实施过程中发挥师生的双主体作用,依据中小学德育大纲、课程标准和学校育人目标,开发基础型、拓展型、活动型德育课程,整体构建校本化、板块

① 崔允漷.有效教学[M].上海:华东师范大学出版社,2009:36.

化的德育课程体系,解决德育的管而不育、学生失语、偏重形式等问题。这种德育课程的价值取向在于不刻意追求德育知识的传授和落实,而是将国家对青少年的道德要求内化为学生的思想品质,外显为学生良好的道德行为。

首先,在基础型课程中激发学生的主体意识。依据课标,对中小学思品课进行改革,从学生的发展需要和生活实际来设计与组织教学。以法治教育为例,首先理清目标序列,小学从遵守班规校纪入手,中学从知法守法逐渐深入,大学上升到培养公民的法治观念、懂法用法的高度。在教育实施过程中,让学生看到现实的行为表现,激发主体意识,师生共同生成教育资源。例如,原粤教版七年级思品教材中有"法律护我"专题(新教材为《生活在法治时代》),这节内容距离学生生活比较远,教学乏味、效果差。可以结合升旗仪式了解国旗法的规定,聘请校外法治辅导员、关工委法律工作者作报告,带领学生参观专题图片展览、到法院旁听审判等,充分利用各种资源开展教学。

其次,在活动型课程中凸显学生的主体地位。在学生社团、主题班团队活动、升旗仪式、艺体节、校外实践等活动管理中,充分听取学生意见,师生共同挖掘课程资源、开发活动课程、制定评价方案;在组织策划、具体实施、评价反馈等环节尊重学生的个性需求,把德育活动的时空还给学生,大胆放手让学生自主设计、主动参与、自我评价,教师扮演好"协助者"和"参与者"的角色,让学生在活动中快乐体验、自主发展、和谐完善。同时,在实施活动型德育课程的过程中,强调序列性时加强针对性,注重实践性而不忘理论性,保证有效性要增加灵活性。

再次,在常规管理中开发动态的拓展型课程。树立大德育的课程观,以本校、本班学生常规管理中出现的问题或闪光点来确定教育主题,以社会典型案例和学生身边的事例为教育资源,不断丰富教育主题和内容,创新德育形式,建立动态的、发展的德育资源库。如我校开发了好习惯课堂、食育课程、成人仪式等拓展型德育课程,在实施过程中不断修订和完善;班主任开发的"故事青春"系列主题班会课,伴随学生成长历程讲述班级中老师、同学、家长之间的感人故事;探索实践的微型班会课,一篇文章谈生活细节、一段视频改变早餐习惯、一个实验激发学习潜能等;心理辅导教师开发的入学季、青春期、毕业季等不同阶段不同对象的认知、情绪、行为等系列动态课程。

3.学科教学"育知"与"育德"有机结合

"教学艺术的本质不在于传授,而在激励、唤醒和鼓舞。"首先,学校管理者应引领各科教师构建一种"育人"的课堂文化,营造基于爱、尊重、关怀、信任、希望、公正等积极的课堂教学氛围。在教学评价要素的设置上,摒弃唯学科论、效率论的狭隘技术观念,融入情感、态度、价值观目标的生成与落实。其次,教师在课堂上要眼中有"人"。营造"关注生命、关注生活、关注生长"的课堂生态,关照学生情感体验和独特感受。良好的课堂生态首先是基于对生命的尊重和敬畏,充满生命的活力与张力,从具体的教学情境出发调整和修正预设的教学目标,师生"共情、共生、共赢",体验到教学和学习的乐趣,升华学习的价值和规律。

最后,教师要全面吃透课标、准确解读教材,善于挖掘学科德育要素,在教学活动中恰当地展现出来,做到"育知"与"育德"有机结合。如,文质兼美的语文教材有着得天独厚的育人因素,工具性与人文性必须兼顾而不可偏废。借助语文教学中的逻辑思维、伦理道德、审美情趣、传统文化等因素优化学生人格中的认知、审美、价值观结构。在探究性阅读、任务驱动型作文教学中注意培养学生的创新精神,熏陶积极、健康、丰富的情感。又如,理科的概念和基本原理教学,不直接呈现结论让学生死记硬背,要让学生探究其形成过程,从而渗透学科思想、全面落实三维目标。

4. 发挥隐性教育的力量

苏霍姆林斯基强调,教育意图要隐蔽在友好的和无拘无束的教育关系中。对学生的品德教育应该显性与隐性并举,有时隐性教育的作用更大。卢梭认为,真正的教育不在于口训而在于行动。因为孩子们最容易忘记的是他们自己和别人说的话,而他们自己做的或别人替他们做的事则不容易忘记。

首先,广开隐性德育资源。社会事件、生活现象,事事可以讲述教育的故事,如校园广播和电视台可以定期播放学生的校内外活动,师生的感人事迹等。学校和班级环境、某种具体情境、身边的榜样都可以潜移默化地影响学生,要让每一面墙壁、每条走廊、每个角落都说话,如我校倡导的班班"有花香、有心语、有歌声、有活动、有壁报"的"五有"班级文化和"校园之星"评选活动等就是这样的例子。在社团、德育、校内外实践等活动中,让孩子的手、脚和眼睛成为他们最初的哲学老师。即便是在学校和班级事务管理中,也要大胆放手,让学生自我管理、自我教育。比如,我校近十年来一直推行班级自主管理、学生校长助理、行政值日班、学生违纪申诉、志愿者管理阳光书吧等制度,以此对学生进行隐性教育。

其次,教师本身是隐性德育的最好载体。教师的人格魅力、言行举止,甚至一个细小的教学行为都可能影响学生的一生。洛克在《教育漫话》中曾说:"人类之所以千差万别,便是由于教育之故。我们幼小时所得的印象,哪怕极微极小,小到几乎觉察不出,都有极重大长久的影响。"这需要每个教育工作者不断修炼教育的艺术,摆脱管理的固有思维,褪去空洞说教的痕迹。例如,张人利校长《两个案例:教学中的生成性教育》中讲述的"我的第一支粉笔"这个案例,初三数学教师在全班批评数学成绩差的S学生后觉得不解气,回办公室又向班主任告状。历史老师听到后不动声色,在接下来的历史课上有意请文科很好、书写漂亮的S学生回答问题、上讲台在黑板上写答案,唤起了该生内心一种积极的情感体验,从心灵深处打动并持久地转化为行为,从而改变了他的一生。这是一种"无痕的教育",一种"润物细无声"的教育,一种"纯粹的教育",因而是最有意义和价值的教育。

(原载《中国教育学刊》2017年第3期,发表时题目为《德育管理化倾向的原因及对策探析》,有改动)

学科育德实践探索案例

用趣味德育激活语文课堂

语文课堂渗透德育教育,需要我们充分挖掘教材中的德育因素,让课堂成为学生人生中的一段生命经历,让课堂充满个人体验,从而引导学生树立正确的世界观、人生观、价值观。

平时的教学中,最容易出现两种不良倾向:一是淡化德育,忽视教材的德育因素,课堂一切只为考试服务;二是喧宾夺主,把本该富有语文味的课堂变成了政治课堂。两种极端都需要克服。另外,很多语文老师虽然心中有德育,也知晓轻重比例,但形式流于机械传授,理论与实际脱节,学生只是被动接受,对教师所传之"道"并无兴趣,更无法奢谈得到熏染和提高。

作为一名语文老师,我们有责任让学生在语文课堂上感受到快乐。因此,要结合实际,开展形式多样、内容新颖、意趣深远的趣味德育活动,以吸引学生参与。

何谓"趣味德育"? 我的理解是:少一些灌输,少一些预设,少一些枯燥感;多一点儿活动,多一点儿生成,多一点儿语文味。

用趣味德育激活语文课堂的方式多样,最根本的是要把德育转化为语文活动、转化为语文作业。我认为,语文课堂的趣味德育可从三方面入手:以美育美、以情燃情、以辩明理。

一、以美育美

以美育美,就是要用优美感人的艺术形象,帮助学生认识生活,使他们受到生动的思想教育,促进他们的道德品质、道德面貌和思想感情健康地成长。

"以美育美"对语文老师而言,强调的是要用好课文素材,用美的篇章育成美的素养。至少可以有三方面的尝试。

1.拥抱大自然,感受景致美

中学语文教材中对自然美的描绘比比皆是。如朱自清《春》之灿烂,老舍《济南的冬天》之秀丽,沈从文《边城》的淳朴,李乐薇《我的空中楼阁》的清新,张岱《湖心亭看雪》中西湖雪景之素雅,杜甫《望岳》中泰山之巍峨,苏轼《念奴娇·赤壁怀古》中赤壁之壮观,等等。对这类文章,教师要引导学生读一读,背一背,品一品。

读读背背是过程，除了追求"美读"，还可以尝试"个性化诵读"。在一次班级诗朗诵活动中，我让学生自选内容，自选方式，作个性化朗读，结果出现了不少有创意的诵读方式。如，融音乐与诗歌艺术于一体的配乐朗读，特征鲜明的角色扮读，边诵读边书写的"写伴读"，还有"自创情境读"（一位学生在朗诵《秋窗风雨夕》时，关掉了室内灯光，点燃了手中蜡烛，乐曲响起，诵读者举烛巡游诵读，感染力很强）。

品即鉴赏，是"以美育美"的关键所在。品，可以从内容和形式两方面展开，要求用美的语言品析美文。

比如设计这样一道作业：用散文诗的形式改写王维的《山居秋暝》。

【示例】

金菊盛开，炎热的夏天已经远去了。

安静的小山孤立着，青翠的松树随风摇曳。秋雨淅淅沥沥地飘落下来，有一丝朦胧，似乎变成了小山的披风。滴答滴答，小水珠从叶子上滴落下来，发出好听的声响。

天刚刚黑，月亮就爬上了布满星斗的夜空。没有了风，松树与竹子一动也不动，仿佛进入甜甜的梦乡。皎洁的月光笼罩在小山上，又透过树木中的细缝照下来。

山间的小溪如同一条碧绿的绸带，飘来飘去。流水潺潺，漫过了油滑的溪石，哗哗哗，哗哗哗，加上那林中的虫鸣，成了欢乐的协奏曲。

忽然，一阵嬉笑的声音从竹林里传来。原来，那些洗衣服归来的妇女正朝这边走来，她们腰中夹着木桶，里面是洗好的衣服。扎着头巾的她们，长得清秀，一边走，一边还哼着小调，一派悠闲自在的样子。一阵风吹来，松涛阵阵，竹叶沙沙，小河中的莲蓬向两边晃荡，水花溅起，落在莲蓬上，滑动了几下，又重新跑到了水中。一艘小船下水，几个少年坐在当中，划动木桨，又激起了一层波纹。

虽然，秋天没有春天那么万紫千红，但秋天也有它的迷人风姿。如许美好的秋色，我怎能不多观赏几天呢？

2.走进心灵世界，感受情怀美

语文教师要用好写景类和叙事类文章，引领学生感受人物情怀的真善美。
以学习《小狗包弟》为例。至少要思考一个问题，完成一个练习。

一个问题:作者为什么要以歉疚、忏悔作为本文的感情基调?

在那个动乱的年代,多数群众卷入纷争之中,作者属于少数被侵害被侮辱的人,"文革"结束了,国人应该自我反省,而率先反省的竟然是一个无过错的老人!巴金的《随想录》以自我反省的方式观照过去的一段历史,警醒人们记取历史教训。本文的歉疚和忏悔就是作者反省的具体体现,这种特殊的反省能够唤起人们的良心、良知。巴金经历了一场浩劫,可他没有怨天尤人,没有用文章作为声讨、控诉的工具,而是自责、自省,很像道德主义者、良心主义者之所为,这能引起读者的深思和自省,引发读者与作者之间的心灵共鸣。

一个练习:以"包弟,我想对你说"为题,运用叙事抒情或直接抒情,替巴金写一段话(可以写成诗歌)。

【示例】(仿《大堰河,我的保姆》)

包弟,今天,你的主人仍然住在这所楼房里,

写着一首呈给你的忏悔诗,

如呈给你黄土下忠实的灵魂,

呈给你恐惧而无辜的眼神,

呈给你被割开的胸怀,

呈给你无影灯下黄色的皮毛,

呈给所有在油锅里受着煎熬的心灵。

3.翱翔文化星空,感受意蕴美

以课外选学张若虚的诗歌《春江花月夜》为例,文本解读时可设置以下问题:如果用一个字表达你对《春江花月夜》的阅读感受,你会用什么字? 请从不同侧面阐释。

学生可能会回答"美""丰""忧""叹""趣"等,教师应尽量肯定其闪光点。讨论回答完毕,教师引导学生对《春江花月夜》中的"美"进行分析并小结。

该诗主要体现为"三美":

意美——美在诗人对国土风物的热爱,美在诗中含有哲理性的探索,美在诗

人笔下思妇的情怀。

形美——诗中形象既有个体美又有整体美。

音美——叠字巧妙运用,有意重复用字,四句一换韵,排偶句的运用。

二、以情燃情

一篇文章感染人的,除了结构美和语言美,更重要的是情感美。情能引起人的共鸣,从而涤除人心灵的尘灰,陶冶人的情操,提升人的思想境界。用作者的情绪激起读者的情绪,就是"以情燃情"。那些蕴含真情、包孕思考的文章,就是我们"以情燃情"的范本。

提供两个案例:

1.一封书信

语文特级教师程翔在《一个语文老师的心路历程》里记述了学习《我与地坛》时的一个案例。

课堂上,同学们被史铁生同命运顽强抗争的精神震撼了,课后老师布置了一个作业:给作者写一封信,谈一谈自己的阅读感受。收上来的信里充满真情实感,老师也感动了,于是,老师突生一念:把这些信寄给作者,让作者了解当代中学生的心灵世界,让作者知道《我与地坛》对中学生所产生的巨大影响。第二学期,同学们收到了史铁生的回信,同学们的脸上都洋溢着意外的惊喜和缺乏准备的感动。

在学生与作者互通信件的过程中,学生受到了深刻的教育。学生喜欢一篇课文,原因可能很多,但有一个重要原因是课文给他们提供了好的精神食粮。这种精神食粮引起了学生的共鸣,照亮了学生的心灵,学生内心产生了一种欲望。这种欲望需要教师的"煽风点火",当学生的欲望之火燃烧起来后,他们的心灵世界就得到了净化,灵魂得到了升华,德育的效果就水到渠成地显现出来。

2.一篇颁奖词

学完《烛之武退秦师》,我布置了这样一个小练习:

烛之武以年过七旬的老朽之躯,以三寸不烂之舌,退敌百万,解救国难,十分感人,请你以郑国"感动郑国委员会"的名义,为烛之武写一则"感动郑国"颁奖词。

习作展示一：

烛之武，须发尽白，仍心怀天下；其貌不扬，却机智聪慧。能了然恩怨，善洞察人心。以退为进，步步深入，逞抱负于交锋，息蜗争于顷刻。小人物，大英雄！

习作展示二：

"苟利国家生死以，岂因祸福避趋之。"岁月给了你太多的落寞与不甘，同时也磨砺了你的沉稳与敏锐。你与秦伯的交锋从一开始就注定了你的胜局，几十年积蓄的能量终于在瞬间有了释放和爆发的闪亮时刻！

第二节课现场点评颁奖词时，我借分析烛之武的形象之机，引出"今天我们应该怎样爱国"的话题，引导学生心系国土，心怀大爱，理性爱国。"以情燃情"的效果不言而喻。

三、以辩明理

道理本身是比较空洞的，在课堂上讲述有关"道理"时，与其说教，不如辨析。

这里记述学习《鸿门宴》时的一次讨论会。

讨论要求：默读课文，勾画、批注文中写项羽和刘邦的有关语句，思考在项羽和刘邦两人中，你更喜欢谁，为什么？

班上临时分四个大组讨论，"刘邦组"两个，"项羽组"两个，学生自己选择入组讨论。讨论完毕，小组负责发言的同学陈述观点和理由。

更喜欢刘邦的小组发言举例：

生1：我们喜欢刘邦，尤其喜欢他的机智。具体理由是：初到鸿门时他谦卑隐忍、能言善辩，离开鸿门时慌而不乱，回到军营后又能够果断除奸，这一切都说明刘邦是一个非常机智的人。

生2：我们喜欢刘邦。理由是他沉着应变。表现在：初到鸿门时，他善于抓住项羽的性格弱点，在项羽面前低声下气（软中带硬）和据理（"理"有真、有假）力争，稳住阵脚以观事态发展，随机应变；趁樊哙闯帐、项羽赐酒赐肉、气氛缓和之际，借故"更衣"而逃离"虎穴"。

更喜欢项羽的小组发言举例：

生1：我们喜欢项羽。他重情重义、大仁大义，真挚坦诚、憨直耿介，自信十足、英勇顽强。正因为有这么多闪光点他才成为"西楚霸王"，才在推翻秦王朝残酷统治的征程中功勋卓著。他身上更多的是体现了一种"霸气"和"豪情",是个顶天立地的男子汉!正因为这些,所以司马迁将他写入"本纪"。

生2:我们喜欢项羽。理由是他坦诚直率、重情重义,与刘邦比起来,他更富有人情味。表现在:当刘邦初到鸿门时,他顾及兄弟之情而未将刘邦杀掉;在刘邦看似真挚、合"情"合"理"的言辞感动中说出了"曹无伤"的名字;在樊哙闯帐的情形下对樊哙的勇敢感到敬佩,英雄惜英雄。他是个有血有肉的大丈夫!

课堂发言中,后发言的还针对前面的发言作出辩驳,讨论会里多了辩论的成分,教师为此感到高兴。引导学生作总结时,教师充分肯定学生有理有据的发言的同时,也提出个人见解:同学们不妨首先从项羽身上学做人的道理,其次从刘邦身上学做事的道理。感性做人,理性做事!

课堂上的德育,更多的不就是要解决学生如何做人和做事吗?

总之,新课程背景下,只有充分利用好课堂教学,引导学生成为德育的主体并主动参与德育内涵的挖掘和实践,德育目标才会真正转化为学生自己的实践内容,德育工作才有实效。语文课堂需要趣味德育来激活,语文教师只要肯出点子、搞活动,就能让学生在美的熏陶、情的感染、理的辨析中,完成"精神的探险"(钱理群语),实现自我成长。

(原载《科学咨询·教育科研》2013年第01期,作者黄华文,重庆市中山外国语学校教师,有改动)

第十章　自主教育:解放教师和学生

教师与学生作为教育活动中最重要的两个要素,其地位和关系问题,历来是教育学界争论的焦点。师生关系可以从认识论意义、社会学意义、教学论意义等多个角度加以考察。社会学意义上的师生关系,即师生的人际关系;认识论意义上的师生关系,即教师与学生的主客体关系;教学论意义上的师生关系,可视为教与学的关系。正确认识和处理这三种关系特别是认识论意义上的师生关系,确立学生教育的主体地位,对学校落实立德树人根本任务具有重要影响。

从20世纪80年代开始,我国教育界就对教师与学生主客体关系进行了激烈的争论,主要有以下四种观点:"教师主体、学生客体"说,即"教师中心论";"学生主体"说,包括"学生中心论"和"教师主导、学生主体"说;"学生双重地位"说,或"教师与学生互为主客体";"教师和学生都是主体"说,或"教师与学生之间的主体间性"。①上述观点,除"教师中心论"外,其余观点虽然有一定的分歧,但都认同学生在教育活动中的主体地位。

然而,受应试教育、片面追求升学率等功利化教育思想的影响,中小学学生的教育主体地位并没得到足够尊重,被动接受教育管理的现象普遍存在:重"管理"轻"训育","育人"被异化为"育分"、"管理"被异化为"管制"、"尊重"被异化为"顺从";"育知"与"育德""两张皮",以"管"代"育"、以"分"代"育"、以"惩"代"育"。这里面的原因是多方面的,主观上存在对立德树人的认识不足,违背人的发展规律,忽视学生主体地位;客观上学校育人目标模糊,课程建设滞后,育人方式不科学不民主,忘记了立德树人这一教育的根本任务,忘记了人是有德性的动物,忘记了教育是要培养现代公民。②

我们认为,学生既是教育的对象,又是自我发展的主体。教育的最终目的是完善人,最终完成人的培养不是在学校,而是人在社会生活中不断自我教育和完善。因此,苏霍姆林斯基认为,真正的教育是自我教育。周国平先生说,"在我看来,一切教育归根到底都是自我教育,一切学习归根到底都是自学"③。从这个意义上说,培养学生的自我教育能力才是现代教育的真谛。基于上述认识,我校结合十二年一贯制、5000多名学生的校

① 崔允漷.有效教学[M].上海:华东师范大学出版社,2009:73.
② 邓超.德育管理化倾向的原因及对策探析[J].中国教育学刊,2017(03):100-104.
③ 周国平.周国平致教师:点亮孩子的心灵[M].杭州:浙江人民出版社,2022:233.

情,2003年建校伊始就提出并一直践行"自主教育"理念,以生为本、立德育心、德化于行,探索立德树人的校本路径。

一、自主教育的理论内涵

自主教育的理念源于对人的发展本质属性的哲学思考。以马克思主义和社会主义核心价值观为指导,植根于孔子"因材施教"、陶行知"学生自治"等教育思想,综合魏书生等当代教育家"科学民主"的学生管理观以及"主体教育"思想流派的理念,按照"立德树人"这一新时代教育根本任务要求,依据学校育人目标,我们确立了自主教育的理念。

1.自主教育的理论渊源

法国思想家卢梭认为"人的自由问题"是哲学的最高问题,也是教育的最高目的——培养自由人,而不是"培养奴才和暴君"。他把自由拔高到无可复加的程度,甚至发出了"不自由,毋宁死"的呐喊。我国社会主义核心价值观社会层面的首要价值取向就是"自由",自由是指人的意志自由、存在和发展的自由,是人类社会的美好向往,也是马克思主义追求的社会价值目标。

在现代西方哲学中,人与自然的关系是两分的关系:人为主体,自然为客体。主体是指实践活动和认识活动有目的的承担者,客体是实践活动和认识活动的对象。教育活动中的主体具有主体性,主体性包括自主性、能动性、主观性等。自主性是主体性的本质特质,是指活动的自我决定性,主要表现在三个方面:第一,活动者自己确定目的,为实现自己的目的而进行活动,即个体进行的活动是有目的的;第二,活动者在活动中自己选择活动的方式方法,自己掌握活动进程;第三,活动者在活动过程中进行自我监督、自我控制、自我调节。①

关于自主教育的思想,早在1919年,陶行知先生就有精辟的论述,他称之为"学生自治",其含义是"为学生预备种种机会,使学生能够大家组织起来,养成他们自己管理自己的能力"。他认为,学生自治如果办得妥当,有如下几种好处:可为修身伦理之实验,"修身伦理一类的学问,最应注意的,在乎实行";学生自治能适应学生之需要;能辅助风纪之进步;能促进学生经验之发展。②当代教育家魏书生、李镇西等又进一步继承和发扬了陶行知先生的思想,形成了民主科学的班级管理思想。

20世纪80年代,我国有学者提出了"主体教育"思想,基本观点是:人是教育的出发

---

① 崔允漷.有效教学[M].上海:华东师范大学出版社,2009:72.

② 胡晓风,金成林,张行可,等.陶行知教育文集[M].2版.成都:四川教育出版社,2007:54-56.

点,人的价值是教育的最高价值;培育和完善人的主体性,使之成为时代需要的社会历史活动的主体,是教育的根本目的;主体教育的过程必须把受教育者当作主体,唤起受教育者的主体意向,激发受教育者主体的自主性、能动性和创造性,使教育成为主体的内在需要,成为主体自主建构的实践活动。主体教育的目的是促进少年儿童生动活泼主动发展,终极目标是使每个人得到全面、自由、充分的发展。

我国开启了以中国式现代化全面推进中华民族伟大复兴的新征程。教育作为"国之大者",是国之大计、党之大计,是推进伟大事业、实现伟大梦想的基础性、战略性工程。国家的现代化离不开教育的现代化,而教育现代化的根本目标是人的现代化。所谓大国的崛起,首先应该是自由人和自由人教育的崛起。①教育的理念、观念事关人才培养的方向和质量,事关"培养什么人、怎样培养人、为谁培养人"的根本性问题。传统教育往往忽视教育对象的自主性、主动性和创造性,与现代教育最重要的特征——高扬人的主体性——格格不入。

2. 自主教育的内涵表达

基于上述思考,我校创办之初就确立了"自立能力、科学精神、人文情怀、强者气质"的育人目标。自立能力,包括生活自理、学习自主、精神独立,相信并依靠自己解决问题;科学精神,包括求实、怀疑、探索、创新四个层面,具备逻辑思维能力、批判性和创造性思维品质;人文情怀,广泛阅读和吸纳人类优秀文化遗产,欣赏美、创造美,以及对他人、对人类、对自然怀有深切的人道主义情感和为人类利益作贡献的精神;强者气质,在人生道路上敢于直面困难,迎接挑战,乐观自信,奋发图强,有责任,能担当。

我校的育人目标着眼于培养学生全面发展和终身发展所必需的素质和能力,与2014年教育部《关于全面深化课程改革落实立德树人根本任务的意见》中提出的"核心素养"概念的内涵十分吻合。2016年中国学生发展核心素养公布,我国基础教育改革迈入核心素养时代,我们也不断赋予本校育人目标新的时代内涵。

学校的教育理念必须为育人目标服务,成为"怎样培养人"的行动指南。为了实现学校的育人目标,我校确立了"尊重差异,提供选择,自主教育,和谐发展"的教育理念,四个侧面均尊崇和服务于学生的主体地位,保障学校育人目标的实现。

尊重差异,首先表明我们的教育思想和态度。教育要从尊重受教育者的主体地位和个体差异性开始,源于孔子"有教无类""因材施教"等教育思想。尊重差异,首先要了解学生的差异。子曰:"不患人之不己知,患不知人也。"(《论语·学而》)如何知人? 可"听其言",可"观其行","视其所以,观其所由,察其所安。人焉廋哉? 人焉廋哉?"(《论语·为

---

① 卢梭.爱弥儿(精选本)[M].2版.彭正梅,译.上海:上海人民出版社,2011:序21.

政》)我校学生入学时就参加差异化的人格、心理和智力诊断测评，不是将学生分成三六九等，而是作为教师制定教育教学策略的参考。"生而知之者，上也；学而知之者，次也；困而学之，又其次也；困而不学，民斯为下矣。"(《论语·季氏》)为继承和发扬孔子的教育思想，上海新纪元教育集团将9月28日——孔子的诞辰之日作为学校的重大节日——"桃李节"，举办庆祝表彰活动、师生文化活动、校友返校活动。

提供选择，是指提供差异化的课程、方法和手段供学生选择。尊重学生主体地位，具体体现在尊重学生对学习内容、发展路径等方面的自主选择权。学校专门成立学生生涯规划指导中心，指导和帮助学生及早合理规划发展方向，提供自主招生、普通高考、艺体升学、出国留学等多元发展通道。学校统整国家、地方、学校三级课程，从"能力的要素"(关键能力)和"能力的层级"(目标分类)两种视角，构建小、初、高三个学段和基础型、拓展型、实践型三类课程体系，开发数十门"登山型"校本课程供学生选择，满足学生个性化的发展需求；课程开发上实现跨界、整合，实施上采取分类分层、选课走班的方式；具体到课堂教育教学中，从目标的确立、活动的设计、作业和评价等方面体现差异性和选择性。

自主教育，尊重教育者和受教育者的主体地位并发挥其主观能动性。在教学上，探索出成熟的"双主互动"教学模式，以小组合作学习作为课堂教学的主要组织形式，培养学生独立思考和自主学习的能力；在德育中，实施"双主德育"，师生共同开发和实施德育课程，以学生自主管理为主要载体。学校放权让学生参与学校和班级的管理，放胆让学生自己组织教育活动，放心让学生自我发展个性特长，放手让学生进行自我监督评价，培养学生自我教育和管理的能力。

和谐发展，指教育的最终目的要实现受教育者全面、良好的发展，包括学生在身心、学业、人格、素养等方面的发展。我们一直的追求是：创造优质温馨的育人环境，让每一个孩子受到适切的教育，得到和谐的发展——孕育心智，发掘潜能，完善自我，"各美其美，美美与共"，最终实现人的价值。

这四者之间的关系是："尊重差异"是前提，"提供选择"是手段，"自主教育"是保证，"和谐发展"是目的。

二、自主教育的价值意蕴

我们许多老师既痛苦于学生教育和管理工作的低效，又不愿意从思想和行动上突围；只注重约束管理，而不愿意思考如何把教师要求学生做的事，转变为学生自己愿意做的事，实现"学生正在做的事就是教师希望他做的事"；班主任、辅导员成天埋怨太苦太累，却不愿意持之以恒地训练学生自我教育和管理的能力，以求得自身和学生的解放。

"真正人道的教育学——这是能够吸引儿童参加到造就他们自己的过程中去的教育学。"①

1. 为学生践行道德品格提供更多的实践机会

对学生进行道德教育必须"晓之以理、动之以情、导之以行、持之以恒",讲究德育过程中知、情、意、行的辩证统一。但是,在这个过程中,我们往往只注重了"晓之以理、动之以情",教师传授过多的道德知识,而学生缺乏实践的空间和基础,道德难以内化于心、外化于行。学生的道德行为养成应建立在实践的基础上,通过自身的道德情感体验才能完成。正如卢梭指出的那样,"教育给了我们各种无用的东西,唯独没有教给我们行为的艺术""人只有通过做好事,才变成好人"。②因此,道德的形成无法用知识的传授去完成,需要学生的自我体验。自主教育则为学生的道德实践、自我体验提供了广阔的平台和空间,使德育过程真正形成一个完整的体系。

2. 充分发挥学生的主观能动性

教育者不仅要从履行自己职责的角度去对学生展开教育,更要顾及教育对象的情感需求,不能让学生只是被动地接受学校和教师的教育。有关动机的研究表明,教育的服务对象——学生,他们有自己的特殊需要和态度。在校内,学生希望得到:对其校内身份的接纳、认可与尊重,集体归属感和同学间的依恋感,个人职责、自治权和独立性等。自主管理让学生自己管理自己,产生教育主人翁意识。因此,学生自主管理能充分调动学生的积极性和主动性,使德育过程由"一厢情愿"变为"双向互动"。魏书生老师关于教学和班级管理的最大秘诀,用他自己的话说就是"凡事和学生商量着办"。

3. 有利于建立民主平等的师生关系

教育者与受教育者不应该是"管理"与"被管理"的关系,也不是对立的矛盾冲突关系,而是一个学习和发展的共同体。很多情况下,依靠班主任个人的权威和力量,或仅靠纪律约束的方式对学生进行教育管理费力不讨好。如四川的一句歇后语说的那样:"顶起碓窝(舂米用的石臼)唱戏——费力不讨好。"班主任往往身兼"警察、法官和陪审员的角色",让学生的行为表现置于自己的视线范围之内,和学生玩"警察"抓"小偷"、"官兵"捉"强盗"、"猫"抓"老鼠"的游戏。当老师在时,学生表现得规规矩矩;一旦老师离开教室或学校,学生就肆无忌惮,甚至为所欲为。自主教育充分尊重和信任学生,发挥每个学生的主人翁作用,通过各个层级的自主管理组织,实现学生自我管理。教师则变为引导者、

---

① 阿莫纳什维利.孩子们,你们生活得怎样?[M].朱佩荣,高文,译.2版.北京:教育科学出版社,2005:49.
② 卢梭.爱弥儿(精选本)[M].彭正梅,译.2版.上海:上海人民出版社,2011:126.

组织者、参与者的角色,这有利于建立起民主平等的师生人际关系。

4.有助于培养学生的责任感和实践能力

造成现代人心理问题越来越多的一个重要原因是缺乏正确的"生活意义"和"社会情感"。所有的失败者——神经病患者、精神病患者、罪犯、酗酒者、问题少年、自杀者……之所以失败,就是因为他们缺乏归属感和社会兴趣。生活的意义是"为团队贡献力量",合作之道是防止病态发展的重要保障。①我国近百名专家组成的课题组历时三年研究出的"中国学生发展核心素养",把"社会参与"作为一个重要的方面,可谓对症下药、正当其时。但培养学生的"社会责任""劳动意识""问题解决""自我管理"等素养和能力,需要为学生提供更多的实践平台和载体。

自主教育以"自主管理"为主要载体,以"小组合作"为主要组织形式,以"学校和班级的事,事事有人管;学校和班级的人,人人有事干"为核心内容。学生在参与集体事务管理的过程中,需要人人履职尽责,有利于从小培养"我为人人,人人为我"的社会责任感;需要动脑管理、动手做事,体验到自己和他人的不易,有利于培养尊重劳动以及对自己行为负责的意识;学生在管理集体事务、管理他人、管理自我时会遇到诸多问题,需要建立规则、互相合作,这有利于培养他们的团队意识、规则意识、互助精神以及组织管理、人际沟通和解决实际问题的能力。

三、自主教育的目标内容

人必备的三种核心品格是:表现在人与自我关系上的自律(自制),表现在人与他人关系上的尊重(公德),表现在人与事情关系上的认真(责任)。②自主教育以培养学生"自理、自律、自治、自育"四个方面由低向高发展的"四自"为育人目标,培养学生的行为习惯和必备品格,具体内容包括:自我管理、自我服务、自我约束、自我教育的"四自修身模式",生活自理、学习自主、行为自律、个性自觉的"四自行为范式"。

1.自理

自理,即学生自我管理,学会自己照料自己,从小培养独立生活能力。魏书生主张,在一个班级中,小组长能做的工作,班干部坚决不做;班干部能做的工作,老师坚决不做。"全员参与,相互制衡",学生人人都是管理者,人人又都是被管理者。③与学生相关的公

① 阿尔弗雷德·阿德勒.自卑与超越[M].曹晚红,译.北京:中国友谊出版公司,2017:2-7.
② 余文森.核心素养导向的课堂教学[M].上海:上海教育出版社,2017:25.
③ 魏书生.班主任工作漫谈[M].2版.桂林:漓江出版社,2005:113.

共事务和个人事务都让学生自己管埋,主要内容包括:训练和培养学生合理安排时间,学会时间管理;合理使用和安排自己的生活费、零花钱,学会自己当家;学习整理内务、洗衣服、打扫房间,学会安排自己的生活;学习调节情绪的方法,在遇到困境、遭遇挫折等情况下,能管理自己的情绪等。我们编写了各个年段的《好习惯课堂》校本课程读物,指导学生的常规训练,有目的、有计划、成体系地加以培养。以下是我校小学生生活自理能力目标和内容(节选)之小学生自主教育生活自理好习惯。主要涉及就餐就寝、自我照料、卫生健康、体育锻炼四个方面,并融入军训、入学教育、社团活动,固化为学校的"自理节",每年十月集中展示成果。

小学生自主教育生活自理好习惯

一年级上册

1.会自己穿衣、穿鞋,养成独立睡觉的习惯。

2.早晚认真洗脸、刷牙,饭后漱口,掌握刷牙的正确方法。

3.按时就餐,不挑食,饭后用面巾纸擦嘴;就餐中有问题要举手向老师求助。

4.学习跳绳、跑步等运动。

……

三年级下册

1.学会叠被子和规范整理床铺。

2.会自己剪指甲、自己洗头,自己系鞋带。

3.会洗拖布、拖地板;会洗自己的袜子、内裤、红领巾。

4.能看懂篮球、足球等集体性比赛项目,喜欢参加体育锻炼。

……

六年级上册

1.会洗自己的衣物。

2.会用燃气灶、电饭煲煮米饭、面条等食物。

3.了解卫生防疫常识,遇到烦心事会找人倾诉或求助。

4.参加篮球和足球比赛,并坚持锻炼。

……

以下是我校在"自主教育"理念下提炼的中学生应养成的16个好习惯。

中学生应养成的16个好习惯

生活习惯:

按照作息起得早,床铺自己整理好。师生见面有礼貌,见到垃圾弯弯腰。

自主管理责任到,课间锻炼不可少。文明就餐莫吵闹,睡前反思很重要。

学习习惯:

书本整齐方便拿,规范书写笔生花。课前预习多勾画,耐心倾听他人话。

勇于发言多表达,小组合作有序化。及时作业莫闲话,错题重做想一下。

2. 自律

自律即自我约束,对法纪心存敬畏,自觉遵守班规校纪,从小培养法纪意识。包括诚实守信,心地善良,不说谎话,不做坏事;行为自律,关爱弱小,爱护环境,不乱吃乱扔;学习自觉,主动预习,独立作业,考试诚信,"五不"(不讲话、不下位、不讨论、不抄作业、不做与学习无关的事)自习,养成独立学习思考、坚持课外阅读的良好习惯等。

在班主任的指导下,通过主题班会等形式民主讨论并制订班规班纪,变班主任的个人意见为集体的意志,变教师的"独裁人治"为"集体法治"。大到"一期常规""一周常规""一日常规",小到"就餐就寝""上课出勤""两操集会""自习纪律""着装礼仪"等规范,建立奖惩制度。

3. 自治

自治即自我治理,自我服务。要让学生积极参与集体治理,从小培养民主意识。成立学生会、自主管理委员会、志愿者协会等自治组织,负责全校、年级和班级自主管理。在全校发挥团委、学生会干部的作用,赋予他们常规管理的监督、检查、评比、考核职权,取代值周教师的部分职责;把学校开展大型文体活动、主题班团活动,管理广播站、校园电视台、校刊校报、社团活动等部分权限交给学生。在班级民主选举班委干部,实行班干部轮换制度,做到明确分工,互相监督,协调配合。发挥班委、团支部干部的管理作用,把包括学生操行量化评定、座位的编排轮换在内的权限都交给学生干部。

4. 自育

自育即自我教育,格物致知。要让学生修身养性,个性自觉,自觉矫正行为偏差,从小培养责任担当意识。只有让每个学生在班级中担负责任,他才会对这个集体更有爱心和责任心。创设情境,通过主题班会、团队活动、学生民主生活会等方式,搭建学生自我教育的平台;发挥集体和榜样的引领激励作用,强化同伴互帮互助和学生自我教育的作用,塑造独立的人格。

四个层级目标可以整体推进,但各个学段又各有侧重。小学和初中阶段,重点培养"自理""自律"能力;高中阶段,重点培养"自治""自育"能力。通过持续培养,我们期望孩子们最终达到康德所说的境界——人能够为自己的行为立法,意识到灵魂的珍贵,实现人的真正"自由"——这一精神层次的道德追求。

四、自主管理:自主教育的主要载体

学生自主管理这个概念取自陶行知先生关于"学生自治"的阐释——"自己管理自己",是培养学生自我管理和教育能力的有效途径。学生自主管理不是自由管理,"学生自治,不是自由行动,乃是共同治理;不是打消规则,乃是大家立法守法;不是放任,不是和学校宣布独立,乃是练习自治的道理",[①]其核心要义是让学生成为学校和班级的主人。实施学生自主管理,需要建立其组织体系、规则体系、评价体系;需要对全校师生进行动员和培训,讲明自主管理的意义和价值;需要搭建各种平台,对学生进行有目的、有意识的、有计划的指导;需要转变家长的观念,得到他们的支持和理解,不片面认为自主管理会耽误学生的学习。

1.建立学生自主管理的组织

健全的学生管理组织机构是自主管理的基础,依据《学生会管理章程》《年级部委制办法》《学生干部竞聘上岗办法》,设置若干职位,明确各个岗位的任职条件和主要职责,建立校级、年级、班级三个层级的学生自主管理委员会。如,校级组织的职务有学生校长助理、学生会主席、副主席,各部部长、副部长等,通过公开竞选或招募产生。每周安排一名学生校长助理、若干学生会干部、一个行政值周班轮流管理,各年级安排若干名学生轮流担任值周学生,负责全校学生的管理,值周领导和教师则变为值周导师。每天公布情况,周末总结评价,下周升旗仪式或学生集会时,由学生值周干部进行总结,学校值周领导点评。

校级学生自主管理委员会主要履行校园维权、校园执法、后勤服务和救助弱势等四个方面的职能。校园维权,让学生在受到不公正待遇时有地方申诉,让少数学生在有重大违纪需接受处分时能从心底认同,实行听证制度让更多的人受到教育,减少学生的逆反心理,增加对学校制度的认同度,增强责任意识;校园执法,主要指导、督导值周班的履职情况;后勤服务,主要收集学校后勤服务、花草管理、校园环境卫生等方面的意见,组织

---

① 胡晓风,等.陶行知教育文集[M].2版.成都:四川教育出版社,2007:54.

人员为重大活动提供后勤保障服务;救助弱势,组织爱心活动,关注弱势群体,参与学生资助管理办公室的工作。

在班级设学生班主任助理,建立班委会、团支部、学习小组等管理体系。班团干部通过竞选和学生民主推荐产生。班主任助理是班主任的得力助手,直接对班主任负责,在班主任不在的时候,全权处理班级事务;负责安排值日班长、值周小组轮流进行班级管理,每周总结评比。班委会是班级的核心力量,每个成员负责各自的工作内容,分工协作,对班长负责;团支部负责黑板报、班团活动开展、班级文化建设等工作,由学校团委和班主任双重管理;组员轮流担任小组长,直接对班级的值周干部负责,管理本组的3至4名成员,每个组员安排具体的管理岗位和项目,班级对小组成员进行捆绑评比。

2. 制订学生自主管理的规则

学生自主管理要明确管什么,怎么管,谁来管。首先,通过学生代表大会民主讨论制订学校、学部、年级各个层面的自主管理办法或规则。在学校党组织领导下,团委指导学生自主管理委员会讨论制订《学生自主管理实施方案》《行政值日班实施细则》《班级自主管理考核办法》《学生违纪处分办法》《学生听证制度》《学生申诉制度》等规则,由学校团委、党委审核批准后编印成册。班级层面的自主管理委员会与年级、学部"部委制"相匹配,管理办法要经班委会讨论,全班同学表决通过。各个层面的管理办法确定后,要对全体学生进行广泛宣传、培训,让人人知晓。在实践中不断完善改进,"章程不必详尽,组织不必细密;一面试行,一面改良"[1]。

3. 搭建学生自主管理的平台

实验研究表明,学生喜欢讨论同自己有关的问题,也喜欢为自己的事作出决定。对于绝大多数人而言,归属感是一个强大的动力因素。[2]学生在小组,要有小组的归属感;在班级,要有班级的归属感;在学校,要有学校的归属感。自主管理恰好能为满足学生这种归属感的心理需求搭建多个平台。

首先,在具体事务管理方面,将学校和班级的管理事务,遵循"愿意管且能管"的原则,根据学生年级和能力特点,分配到每个班。每个班将各种管理项目细化,落实到每个学生,实行承包责任制并公示上墙,给每个项目管理员取个好听的名字,并定期轮换。比如,称花草管护员为"护花使者",电灯开关管理员为"光明使者",垃圾回收管理员为"资源部长",班费收支管理员为"财务大臣",其他诸如一体机管理员、讲桌管理员、饮水机管理员、图书管理员……总之,让班级的事,事事有人管,让班级的人,人人有事干。

---

① 胡晓风,金成林,张行可,等.陶行知教育文集[M].2版.成都:四川教育出版社,2007:59.
② 里德利,沃尔瑟.自主课堂:积极的课堂环境的作用[M].沈湘秦,译.北京:中国轻工业出版社,2001:53.

其次,在班级层面为学生满足心理需求搭建自主管理的多种平台。学校积极倡导班班有花香、有歌声、有活动、有壁报、有心语的"五有"班级文化并纳入自主管理,营建民主平等、活泼生动的班级氛围。教师和学生共同制订班训、班级奋斗目标、班级宣言、班级规范等;每天晨会由值日干部主持并总结当天的班级情况,小记者进行一分钟班级新闻报道;针对班级现状轮流演讲或讲有教育意义的小故事,学生可以讨论;班主任用2至3分钟讲话作为补充提升。将晨会课还给学生,让学生用自己的嘴说自己的事,树立自己的事情自己解决、班级的事情大家管的主人翁意识。不良的习惯、违纪的学生接受集体的监督和教育,好人好事博得大家的掌声。

最后,在校级层面,可以通过学生校长助理履职、听证会、志愿者服务、班级轮流值日等方式,让学生参与校园事务管理,讨论和策划重要活动开展,主持升旗仪式、国旗下讲话和值周总结等,从而搭建多个自主管理的平台。以下是我校学生自主管理理念下的《行政值日班实施细则》(节选)。

重庆市中山外国语学校行政值日班实施细则(节选)

一、宗旨:体验中明理,生活中育德。

二、职责

1.自觉执行学校的各项规章制度和学生自主管理办法。

2.负责一天内对全校学生行为规范、文明礼仪、学习纪律、清洁卫生、公物安全等进行督查和管理。

3.有权对学生行为规范进行考核,对违反纪律的学生进行批评教育、提出处理意见建议,对好人好事提出表扬嘉奖的建议。

三、总体要求

1.值日工作由班主任指导进行,提前一天对值勤同学进行岗位培训。

2.值日班班主任早上6:50到校查岗,并全天参与。

3.值日班当天不上早自习,老师布置课外作业。

4.值勤同学首先做到……

四、具体岗位要求

岗位	值勤内容与要求
指挥调度岗	1.学生校长助理和班主任助理安排各岗位人员……6.当天晚上6:30将值周牌、值周记录表交给下一个班级(星期五值日班级交到学校值周领导)
安全监督岗	1.校门执勤早上7:00到岗,男女生各4人……5.检查消防、运动器材设备设施等,发现安全隐患及时报告

续表

岗位	值勤内容与要求
环境卫生监督岗	1.提醒和劝阻乱吃和乱丢乱扔……4.办公楼前2人,门厅前2人,校内道路沿线8人
劳动服务岗	1.利用早自习清理教室、寝室外垃圾(至少10人)……4.协助学校食堂工人搬运食材或完成其他临时性劳动任务
自主管理检查岗	1.检查各教学院落厕所是否点檀香,拖把等劳动工具是否摆放有序……3.教室走廊是否干净整洁(早自习检查一次)
就餐监督岗	1.提醒同学有序排队用餐、光盘行动,吃完后清理桌面,将餐具送到指定地点,不乱倒乱扔剩饭和垃圾……7.食堂1楼6人,食堂2楼2人,小卖部前4人,食堂广场2人
考核标准	1.不按时到岗每人次扣5分……5.满分20分

4.完善学生自主教育的评价体系

多元智能理论认为,人具有自我认识能力——内省力。在赏识教育理念的指导下,建立个体和集体"自主管理动态评价体系",让学生对自己的行为进行评判,将表现性评价作为综合素质评价的重要依据。

学生个体自主教育动态评价体系主要采用真实性评价和表现性评价。学生在教师的指导下,自己动手设计个人成长记录袋,并不断充实完善。班级建立学生争星簿、争星榜,根据学生各方面的表现分设"文明星""学习星""进步星"等。每周升旗仪式上,由主持人推介"每周之星"事迹并颁发奖品和证书。每月通过学生自己小结、小组评议、全班评价,参考"家校联系卡"的家长反馈意见,授予学生相应的星级称号,月月升级,并综合评选"每月之星",照片张贴在教室门口的公示栏内。每期评选"校园之星",把"校园之星"的大幅照片、主要事迹、个人理想等内容做成精美的写真,张贴于教学楼走廊的镜框中。

阶段性学业结束时,采用形成性评价和终结性评价。每期末把《素质报告册》《综合素质评价报告表》发给学生本人,自我对照各项评价指标自评,并写一份50—100字的评语;然后提交小组讨论,小组长组织本组成员展开互评,修改评语;最后,班主任组织班委成员,参考平时的记录审核确定。经过班级、学部的评价推荐,学校每期评选进步学生、五好学生、明星学生,颁发校长奖,开学典礼举行隆重的表彰仪式并广泛宣传。一个学段结束,作为学生综合素质评价的重要依据,填入档案系统。

班级自主管理动态评价体系,以小组、寝室等为评价单位,其评价指标和方法与个人评价体系一脉相承,小组评价激励机制是保障班级有效实施自主管理的基础。以小组为单位,包括学习、行规、生活、品德等自主管理表现项目,整合小组合作学习中的"积分评价法"促进互帮互助的团队建设(详见第六章案例),营建积极向上的班级文化,促进学生自我管理、自我规范、自我教育、自我发展。

　　学校自主管理动态评价体系，主要包括班级、年级、学部三个方面。学部每周评比自主管理"合格班""优秀班""示范班"，升旗仪式由值周学生干部颁发流动红旗。同时，学部内对年级自主管理进行评价，促进年级之间互相学习借鉴。学校成立教育教学常规督查组，其类似于教育行政主管部门的督导机构，结合学生校长助理、行政值周班级每周的管理情况，在开学典礼上表彰优秀班级、优秀学部。

学生自主教育案例反思

给孩子一块"自留地"

最近目睹的两件小事让我感触颇深。

二年级数学课上,老师请孩子们给蔬菜和水果分类。一个孩子看到辣椒的图片不知该怎么办。老师问为什么,孩子说:"老师,我不知道这是什么东西。"老师问:"这是辣椒,你没吃过吗?"孩子的回答是:"我每次吃到的辣椒都是被奶奶切碎的……"

还有另一件事,我家隔壁新搬来一对租房的母子,儿子快30岁了,1.8米的个头,刚考上公务员。母亲退休了,离开还没退休的老伴儿,大老远从主城跑来专门照料儿子的饮食起居。

其实,现在岂止存在不认识辣椒的小学生,分不清小麦与韭菜、不会洗衣做饭的大学生比比皆是。这种现象不得不让我们反思,为什么我们培养出的"四体不勤、五谷不分"的孩子越来越多?

我想,究其原因,主要有三:一是城镇化进程加快,越来越多的孩子脱离了农村。国家统计局公布的数据显示,2014年中国城镇化率达到54.77%。此外还有2.5亿流动人口,进城读书的农民工子女超过千万。二是以前过惯了苦日子的家长,抱着"再苦再累也绝不让孩子吃苦受累"的思想。特别是数以亿计的独生子女被捧为掌上明珠,受到几代人的溺爱,过着"衣来伸手,饭来张口"的生活。孩子课余时间不是看电视,就是玩手机、打游戏。三是多年来应试教育的积弊,孩子课业负担过重,老师、家长只管孩子学习,除了考分和高考结果之外,其他都不看重。

脱离土地、逃避劳动、远离大自然,这对孩子一生的发展来说是极为不利的。记得一位外国作家说过这样一句话,大意是:一个人的一生15岁以前最好在农村生活。周国平先生在《城里的孩子没有童年》开篇第一句说,"一个人的童年,最好是在乡村度过"。20世纪七八十年代的农村孩子,每天放学后都要帮家里煮饭喂猪、生产劳动。每到农忙季节,学校还要特地放一周"农忙假",让孩子们回家帮忙抢种抢收。经过这种生活锻炼的一代人,大多吃苦耐劳,有着较强的独立生活能力。

我们不指望让城里孩子到农村生活,但我们可以给孩子们留一块"自留地",

让他们去劳动锻炼。去年,我们将学校一块发展预留地划拨给孩子们,开辟成一个小小的种植园,让孩子们去种上萝卜、白菜、蒜苗、小麦等农作物。孩子们在科学老师的带领下,开荒、播种、浇水、施肥、除草,一有空就到种植园去照料那些宝贝,写观察日记,忙得不亦乐乎。收获时节,孩子们和食堂的工人一起,一步一步将蔬菜粮食加工成食品。孩子们感受了生产劳动的整个过程,体验着劳动的艰辛与快乐。

城镇的土地很宝贵,学校的空间也十分有限。但一所学校,总能找出一小块空地。即便找不到,楼顶、走廊、阳台等地方进行,用花钵、盆子也可以,还可以搞无土栽培。不在乎结果,重要的是过程。

不仅是种植,凡是孩子能自己动手做的事,大人不要完全包办代替,一定要给孩子留下一块"自留地",锻炼他们的基本生活能力。

（原载2015年2月2日《中国教育学刊》微信公众平台,2017年2月2日该平台再次推送,有改动）

后记:2018年9月,习近平总书记在全国教育大会上指出,党中央经过慎重研究,决定把劳动教育纳入社会主义建设者和接班人的要求之中,提出"德智体美劳"的总体要求。2020年3月,中共中央、国务院印发《关于全面加强新时代大中小学劳动教育的意见》,劳动教育再次受到党和国家的高度重视。2021年4月,第十三届全国人民代表大会常务委员会第二十八次会议通过《关于修改〈中华人民共和国教育法〉的决定》,将教育法第五条修改为:"教育必须为社会主义现代化建设服务、为人民服务,必须与生产劳动和社会实践相结合,培养德智体美劳全面发展的社会主义建设者和接班人。"

教育的契机:儿童眼光与成人视角

一

我和妻子边做家务边讨论孩子的教育问题,回忆起女儿7岁时的一件趣事。一天,女儿放学回家,妻子发现她神色不对,便问是怎么回事。女儿哇的一声哭了起来,一问才弄明白。原来是音乐老师叫她到办公室去"还琴",而她不知道老师的办公室在哪里。5岁的儿子原本在一旁玩耍,听了我们的对话却突然插嘴了:"姐姐是借了老师的电子琴吗?她那么小搬得动吗?"

我们笑了,边笑边解释,姐姐不是"借"了老师的琴,而是要把老师在课上教的练习曲自己下来练熟、弹会,然后到老师的办公室去弹给老师听,接受老师的过关检查,来证明她会弹了,这就叫"还琴"。这里的"还"并不是去归还东西的意思。儿子似懂非懂地点头走开了。

老师让孩子去他那儿,却没告诉她具体的位置。很多时候,我们教育孩子不也是如此吗?大人们总是习惯于站在成人的立场,用成人的思维、话语和眼光与儿童沟通,很少考虑到孩子的感受。他们是否理解我们的语言?能不能接受我们的观点?每一个儿童都有一个独特的内心世界,甚至一片浩瀚的宇宙。他们会用自己的眼光来审视和理解这个被成人主宰的世界,他们也会用自己独特的语言、行为方式来表达他们对这个世界的理解。只是很多时候,我们以成人的视角却无法想象和观察到而已。

最近,听一位小学数学老师说,她在上"人民币的认识"这个内容时,向学生提了一个问题:"假如你在文具店买一支价格为3.6元的笔,该怎样付钱呢?"学生回答:"我给一个三元的,一个六角的……"老师哭笑不得。大人们忽略了一个问题,电子支付、网上购物在我国已经普及多年,日常生活中很少使用现金,许多小孩根本没用过甚至见都没见过元、角、分这些小额的现金,也不知道人民币的面值。在他们的潜意识中,钱只存在于大人的手机里,需要付钱只需要用手机扫个二维码,输入一个数字而已。

这又让我回忆起儿时老师教我们的一些情形,那时候的我们对老师和父母的一些言行不甚理解,有些问题直到我们长大成年后才明白其中的意思。

记得读小学一年级的时候,语文课本里有一首关于交通知识的儿歌:"红灯停,绿灯行。过马路,左右看,不在路上跑和玩。"对于生活在20世纪七八十年代的农村孩子,我们看得最多的是田间的机耕道,此外就是晴天尘土飞扬、雨天泥泞不堪的乡村公路。我压根儿不知道斑马线、红绿灯是个什么东西,老师也不讲什么意思,只是教我们认字、写字、朗读和背诵儿歌。我很快便背得滚瓜烂熟,但心里一直有一个大大的疙瘩:"怎样的'玩'是'跑和玩'呢?"这个问题一直困扰着我,直到后来读到四年级才顿悟过来。"和"原来是"我和你"的中间那个"和","跑和玩"是用"和"这个词把"跑"和"玩"两个单独的词语连在一起的啊!再后来学了语法则进一步明白了"和"是连词,"跑和玩"是个并列词组。可能老师压根儿也想不到,孩子怎么会不明白这么简单的意思呢?

上小学三年级的一天,班主任把我叫到她办公室,从办公桌里拿出一封信,慈祥地说:"你能帮我把这封信送给×老师吗?"我很高兴,不假思索地说:"保证完成任务!"我当时想,班主任把这个光荣的任务交给我,是多么信任我啊!当我把这封信拿到教室时却傻眼了,信封上写的收信人的地址就是我们学校,可这个老师到底住在哪一间房子里呢?我又不认识他(她)。自己在班主任面前那么爽快的表态,怎么好意思又去问她呢?唉,还是回家去问问爸爸吧!我把信放进书包,放学后背回了家。晚上,我拿出信问爸爸,他笑着说信上的这个老师就住在操场东边那栋楼底楼的第一间寝室,你们班主任住在操场西边底楼第一间,中间只隔了一个篮球场,其实只有三四十米远。啊,原来这样近啊,我真笨!第二天早上一到学校,我便把信送到×老师家:"×老师,这是我们班主任叫我送给您的!"她笑眯眯地说:"谢谢你了,小朋友!"上课前班主任问我,昨天的信送到了吗?我说送到了。其实班主任不知道,这封信绕了一大圈第二天早上才送到呢!

我至今也无从得知,班主任当时是有意不告诉我地址呢,还是在她心里压根儿就没想到,我会不知道同一所学校另外一位老师的住处!恐怕后者可能性更大一些吧。

二

苏霍姆林斯基说:"只有那些始终不忘自己也曾是一个孩子的人,才能成为真正的老师","教师要学会对准学生心弦的音调"。当我们为人父母甚至做了老师后,我们又在重复昨天的故事,对孩子说了或做了自以为太简单的事情,包括处理教学上一些我们看似简单得再不能简单的知识点。殊不知,有时候我们认为很简单的一些言行,儿童却无法理解,甚至让他们一头雾水!

　　"教师心中没有学生，是教师心灵世界中最大的空白，也是最不应有的空白。"①教师要像医生研究病人、画家研究人体、将军把握部下那样去研究自己的学生。顾明远大声疾呼"不要用果农使用的膨大剂催熟孩子，这样长大的儿童有爆裂的危险"，李政涛谆谆告诫"孩子的内心是一个宇宙""把儿童当儿童"，清华附小高扬"让儿童站立在学校正中央"的教育理念……难道这些振聋发聩的呼吁不值得我们警醒？

　　我曾留意本校同年级两个班级的发展状况。两个班都是从一年级入学随机分班组建的，同一个数学老师任教，两个班的班主任兼语文老师都是刚毕业的女大学生。两三年后，两个班的发展却出现了较大的差异，一个班的学生活泼好动，各科成绩在年级六个班中领先；另一个班的孩子规规矩矩，成绩在年级靠后。是什么原因导致了这么大的差异？有的说是两个班的学生智力水平有差异，有的说是学生的家庭背景不同。我们承认，学生智力因素和后天环境对学生个体发展有十分重要的影响，但就一个班级的整体而言，这些因素绝不是主要的，而且也不应该出现这么大的差异。然而，这样的现象几乎在每个年级都存在。

　　通过观察、比较、分析，我们发现，两个班主任的管理和教学风格的差异才是导致班级发展差异的根本原因。成绩优秀、学生活跃的那个班，班主任语言表达能力较强，性格比较活泼，课堂和班级看起来似乎有点儿乱；而另一位班主任则对学生严加管教，经常大声呵斥，不许孩子乱说乱动，渐渐地学生上课下课总是表现得规规矩矩。有人说，一个好校长就是一所好学校，这句话可能还带有一些夸张的成分。但是，一个优秀的班主任会带出一个优秀的班集体、一群优秀的学生，这话却是千真万确的！

　　作为教师，我们喜欢那些文静、规矩的"乖孩子"，因为这样的孩子管理起来轻松、不费力气；我们厌恶和打压那些顽皮的、淘气的孩子，他们经常令我们伤脑筋。但是，从小被压制了天性的孩子，将来能有多大的作为呢？"一个孩子不会顽皮，这就意味着，他丧失了某种东西，他内在的某种重要的东西没有得到显露和发展。"②苏联著名教育家阿莫纳什维利认为，儿童的成长有四种基本的运动形式：符合成人规定标准的运动，以自由选择感为基础的游戏、顽皮、劳动。顽皮是童年的智慧，"没有儿童的顽皮，没有顽皮的儿童，就不能建立真正的教育学"③。对儿童的纪律约束不是去压制顽皮，而是去改造它。

---

① 李政涛.教育常识[M].上海:华东师范大学出版社,2012:124.

② 阿莫纳什维利.孩子们,祝你们一路平安![M].朱佩荣,译.2版.北京:教育科学出版社,2005:211.

③ 阿莫纳什维利.孩子们,你们好![M].朱佩荣,译.2版.北京:教育科学出版社,2005:22.

在卢梭看来,教育的最终目的是培养自由人。他主张对孩子进行自然教育,即遵循人的自然本性,使教育与人身心发展的各阶段协调一致,既不能超前,也不能滞后。他认为,在万物的秩序中,人类有它的地位;在人生的秩序中,童年有它的地位:应当把人看作人,把孩子看成孩子。"如果我们打乱了这个次序,我们就会造成一些早熟的果实,它们长得既不丰满也不甜美,而且很快就会腐烂:我们将造成一些年纪轻轻的博士和老态龙钟的儿童。"①

三

教育要对准儿童的心弦,否则难以弹奏出和谐之音。儿童的心弦就是儿童发展的需求,就是他们理解知识、看待成人世界的视角。当我们捕捉到儿童视角与成人眼光之间的丝毫差异,这就是我们教育的契机。

我们从孩子的需求出发,带着一种教育者强烈的责任感、使命感,带着对孩子的关怀、信任和同情,去敏感地聆听、体察每一个具体的教育情境,并采取智慧性行动,不断提升"洞察儿童内心世界的能力"和对教育的感知、理解、反思能力,也就是现象教育学开创者马克斯·范梅南所称的"教学机智"。

我们经常嘲笑"拔苗助长"寓言故事中的那个傻子农夫,好端端的禾苗都被他弄死了。然而,拔苗助长的事在现实的教育中却随处可见、司空见惯,学校有之、家庭有之、社会有之,最时髦的理由是"不要让孩子输在起跑线上"。家长、教育工作者觉得现在的生活水平普遍提高后,儿童变得越来越"聪明",智力发展水平提前,加之教育的技术手段不断改进,因此,千方百计追求知识教育的低龄化、超前化、加速跑。

布鲁纳曾提出一个有争议的建议,他认为几乎所有的东西都可以以一种简化的、理智上是诚实的方式教给任何年龄段的儿童。这个观念也再次说明,任何东西对任何孩子来说都是可教的,关键是看老师用什么样的方式去教。但是,在什么时候教给儿童,却需要我们严肃认真地审视,也就是要把握好教育的时机。马克斯·范梅南指出,教育学是迷恋儿童成长的一门学问。"儿童能够做某些事情并不意味着他们就应该学习它们——'应当'并不紧接在'能够'之后! 同样地,儿童不能做某些事情并不意味着他们不应当试着去学习这些事——'不应当'并不紧接在'不能够'之后!"②

---

① 卢梭.爱弥儿(精选本)[M]彭正梅,译.2版.上海:上海人民出版社,2011:44.
② 马克斯·范梅南.教学机智:教育智慧的意蕴[M].李树英,译.北京:教育科学出版社,2001:58.

吕叔湘先生有这样一个比喻,他说教育的性质类似农业,而绝不像工业。① 教育和种地有很多相似之处,劳作的对象都是鲜活而独特的生命,易受外部环境的影响。因此,对待生命需要精心侍弄,找到最佳的时机,提供并创造良好的生长环境,然后静待花开、结出硕果。成尚荣先生也曾这样形象比拟:"对待儿童的心灵就要像对待玫瑰花上的露珠一样。"他认为儿童研究是教师的"第一专业",教师成为儿童研究者以至儿童教育家,既是教学改革的走向,又是教师专业发展的伟大目标。②

当我们带着精心准备的讲义和教案走进课堂之前,我们要反复审视"学生已有什么""学生这节课需要掌握什么""学生学习的困难和障碍是什么",难点、障碍点找到了,学生的生长点就找到了。"中小学教育的内容和方法必须根据现代社会的需要和时代的发展加以重新认识和进行改造。"③

当我们看到孩子异常的言行举止时,当孩子忐忑地、激动地、词不达意地向我们表达或提问时,我们要认真仔细地揣摩他们真实的想法和意愿。如果武断地当头棒喝,或肤浅地理解和处理,我们的教育可能就是一厢情愿,甚至适得其反,浇灭孩子的求知欲、创造欲、扼杀天才儿童!

当我们感到孩子在召唤我们做点儿什么的时候,当我们打算对孩子施加教育影响的时候,我们需要依据当时的情境现场决策、立即行动——此时,我该说什么、做什么,或者什么也别说也别做。有时,你只要在孩子身旁就足够了。这种行动既是充满智慧的,又是未加思索的。④ 这种机智行动是一个"瞬间反思的行动",是教师在实践中长期积累起来的教育智慧。

教育之春何处寻,只拣儿童多处行!"想要了解儿童心灵的秘密,想要揭示教育的技巧和教育学科学的秘密,先要把每一个儿童认做是自己的老师和教育者。"⑤ 向儿童学习儿童的教育,这是我们每个教育人应该努力的方向。

① 刘国正.叶圣陶教育文集(第二卷)[M].北京:人民教育出版社,1994:531.
② 成尚荣.教学的再定义及其变革走向[J].人民教育,2012(18):46.
③ 阿莫纳什维利.孩子们,你们好![M].朱佩荣,译.2版.北京:教育科学出版社,2005:263.
④ 马克斯·范梅南.教学机智:教育智慧的意蕴[M].李树英,译.北京:教育科学出版社,2001:156.
⑤ 阿莫纳什维利.孩子们,你们好![M].朱佩荣,译.2版.北京:教育科学出版社,2005:3.

第十一章　主题班会：德育的有效载体

　　刚参加教育工作的年轻教师，学校一般会安排其兼任班主任。虽然班主任工作是一个苦差事，但一个教师如果从教一辈子而没有做过班主任，那么他的教育生涯是不完整的。只有做过班主任的教师，才会体会到教师职业的全部价值和幸福。班主任的价值绝不是微薄的班主任津贴所能体现的，而是培养出的一批又一批的人才。多年以后，甚至离开讲台或退休以后，仍然有一届又一届的学生记得你、念叨你，甚至从天南海北跑过来看望你，和你一起同忆他们成长过程的点点滴滴，此时你才会真正体会到当初付出的意义。正如魏书生老师所说，不做班主任的老师太吃亏了。人走茶凉可能适合其他任何一个行业，但班主任绝对是一个例外。

　　班主任的工作繁杂而琐碎，涉及班级管理、思想政治教育、学生管理、生涯规划指导等等。在家庭教育日益缺失的当下，班主任很多时候在承担"父母"的职责。但班主任又绝不是一个教育保姆，他有专业性极强的工作，如果你只会在学生面前婆婆妈妈、唠唠叨叨地空洞说教，不仅收效甚微，反而会引起学生反感。学生最喜欢的教育方式是在活动中受到教育，活动育人、实践育人绝不是一句空话，主题班会活动既是最具教育意义的一项经常性的活动，也是班主任开展德育工作的有效载体。

　　然而，迄今为止，也许是我孤陋寡闻，很少在师范院校的教育学教材中看到关于如何上主题班会的专门论述，师范院校也似乎没有安排班主任专业方面的课程。西方经典教育学、教育心理学理论书里面也几乎没有专门论述班主任工作的章节，因为西方基础教育中没有班主任这个概念，每个班或每个年级配有一个homeroom teacher，类似于我们所说的班主任。许多刚参加教育工作的年轻教师接手班主任工作时感到茫然，特别是对如何上好主题班会课更是困惑。即便是当了多年班主任的教师，也经常为怎样上好一堂主题班会课而伤神。主题班会课普遍存在教育目标不明、内容形式单一、缺乏针对性、育人实效性不强等问题。

　　我们每年在进行新教师岗前培训时，都会把主题班会作为一项重要的课程，通过专题讲座、方案设计、实操演练等，提升年轻教师的主题班会课教学技能。同时，集团和学校两个层面成立了若干名班主任工作室，带领班主任一起研修成长。许多年轻的班主任迅速上手，成为同行中的佼佼者，在各级班主任基本功大赛中脱颖而出，甚至评上省市级优秀班主任,到全国各地上主题班会示范课。

近十多年来,班主任工作的专业属性日益受到教育工作者的重视。许多专业的报刊,如《班主任》《班主任之友》《新班主任》《中国德育》等开辟专栏介绍和展示主题班会课。国内一些德育专家和优秀班主任对如何上好主题班会课作了长期的探索,编辑出版了多部优秀案例集和理论专著。如,全国优秀班主任、特级教师、被誉为中国班会课第一人的丁如许老师编著了《魅力班会课》(小学卷、初中卷、高中卷)优秀班会课案例集,并配有课堂实录光碟,还编著了《打造魅力班会课》《班会课,就是要解决问题(初中卷)》《班会课100问》《初中主题教育36课》等,为我们提供了很好的借鉴和参考。

一、系统建构:主题班会课程化

班会课是上了中小学课表的课程,主题班会课是兼有一般学科教学"课"的共性特点和"教育活动"专属特点的一类综合性课程,而这门课程国家没有专门教材。开发和实施这门课程,要依据国家教育目标,细化德育目标;需要从校级到班级进行顶层设计、系统规划班会课系列;各班依据班情和学情,设计并实施班会课方案,最终实现以主题班会活动为载体、有效落实立德树人根本任务的目标。

1. 分解德育目标,突出教育意义

学校层面,依据教育部发布的《中小学德育纲要》《中小学德育工作指南》以及生命教育、安全教育、法治教育、环境教育等指导性文件的目标、内容、要求,结合校情、学情,按照本校的教育理念和育人目标,细化教育目标,规划课程方案,制定各个学段、各年级的系列化的主题班会目录指南,供教师参考。

和课程标准一样,《中小学德育纲要》和《中小学德育工作指南》中对目标的表述是笼统的、概括性的,需要分解到学段、年级。然后以此作为设计主题班会目标的依据,并形成系列化的课程。

如,小学阶段的德育目标的分解。

依据《中小学德育工作指南》《中小学生守则》《中小学生日常行为规范》(以下简称《行为规范》)要求,结合不同年段学生的生理、心理、认知特点,将小学德育目标分解如下。

低年级

教育和培养学生初步的爱祖国、爱人民、爱劳动、爱科学、爱社会主义的情感;懂礼貌,尊敬老师、孝敬父母、长辈,团结同学;喜欢班集体,愿意为集体服务;热爱校园环境,讲究卫生,爱护公物;遵守学校纪律,听从老师的教导;勤奋学习,自己的事情自己做。

中年级

教育和引导学生爱祖国、爱人民、爱劳动、爱科学、爱社会主义的情感;遵守校规校纪和社会公德,能自觉以《行为规范》来约束自己的言行;树立环保意识,能积极参加劳动,勤俭节约、不攀比;懂得尊重老师、孝敬长辈,能和谐、融洽地与人相处;拥有良好的意志品格和活泼开朗的性格。

高年级

引导学生具有爱祖国、爱人民、爱劳动、爱科学、爱社会主义的思想情感和良好的品德;具有遵守社会公德的意识和文明行为习惯;有良好的意志品质和活泼开朗的性格;能够帮助别人,愿意为集体服务;形成诚实守信、友爱宽容、自尊自律、乐观向上等良好品质。

在此基础上,从学校适应与习惯培养、基本认知能力等六个维度,根据学段、年级特点,进一步细化各个年级的育人目标,表11-1为小学一年级的具体育人目标。

表11-1　小学一年级育人目标

关注维度	关注重点	具体育人目标
学校适应与习惯培养	适应学校	在1—2个月内了解学校要求,适应新环境,融入小学生活,完成角色转换
	学习习惯	养成课前、课上、课后的基本学习习惯
	生活习惯	养成良好的生活习惯,生活基本能自理,讲卫生、讲文明,爱锻炼,作息规律
基本认知能力	注意力	短时间内只专注一件事情,注意力集中
	想象力	能多角度看待事物,能联系生活展开想象
	观察力	喜欢观察,能通过观察来感知事物的差异和变化
学习品质与能力	学习兴趣	能够保持对知识的好奇,喜欢学习,能体验到学习带来的愉悦感受
	学习方法	掌握一些简单的学习方法,如简单的复述策略
情绪与自我发展	自信心	树立自信心,相信自己,勇于展示自己
	情绪理解与表达	能够正确认知自己的情绪,能够客观地表达自己的情绪
	自我保护	具备基本的安全常识,懂得保护自己身体的隐私部位和人身安全
行为与品德发展	规则意识	知道规则的重要性,能有意识地执行规则
	诚实	能说实话,不隐瞒自己的错误
	热爱生命	有爱心,热爱生命,尊重生命
人际交往能力	师生关系	能适应小学新的师生关系模式,喜欢和尊重老师
	同伴关系	能接纳同学,也能被同学接纳

2. 丰富教育内容，聚焦班会主题

主题班会课的内容要始终围绕学生的成长和全面发展，归纳起来，主要涉及以下八个方面的内容。

爱党爱国教育：从热爱家乡教育入手，结合历史知识及国际国内形势，开展"四史"教育，加强时事教育、国情教育、中华民族优良传统教育，教育学生关心国家大事，培养学生的家国情怀、爱国之心、报国之志。

行为习惯教育：结合各年级学生行为训练要求，从学习、生活、文明礼仪等方面引导学生，并在体验中形成良好习惯，明白"习惯影响一生"的道理。

理想信念教育：让学生初步明确自己的理想定位，结合升学、志愿选择，正确认识对待个人前途与社会需要的关系，鼓励学生在奉献社会、建设祖国的事业中实现人生的价值。

集体主义教育：结合班级常规建设和学校常规管理的各项要求，引导学生树立集体荣誉感，积极维护集体利益，明白国家、集体、个人利益的关系。

遵纪守法教育：教育学生遵纪守法，自觉遵守学校规章制度，培养学生社会主义法治观念，知法、懂法、守法，学会运用法律法规保护自身的合法权益。

道德品质教育：以社会主义核心价值观体系为指导，注重道德行为的养成教育，充分认识道德品质是个人综合素质的基础，自觉遵守道德基本要求，巩固以往形成的良好道德规范。

劳动审美教育：培养学生一定的劳动技能，引导学生积极参与家务劳动、社会公益劳动，培养学生树立为社会服务的思想意识；尊重劳动人民、珍惜劳动成果、爱护环境，与环境友好相处；培养学生艺术兴趣爱好，参加文艺活动，提高审美能力。

心理健康教育：开展青春期生理卫生、心理健康教育，学会调适情绪、悦纳自己和他人，培养学生活泼开朗、主动热情、乐观大方、沉着冷静的良好心理和个性品质。

3. 加强资源建设，形成班会系列

班级层面，结合学生年段特点和本班的学生阶段性实际情况，参考思政、语文、历史等学科德育的知识内容，师生共同开发资源，共同实施、共同评价班会，以达到最佳的育人效果。学校层面，围绕上述德育目标和主要内容，确立各个主题的基本课型，每期开展主题班会赛课、优秀课例评选活动，建立主题班会课的资源库、案例库，包括教案、课件、素材等，逐年补充、优化、完善，全校和全集团资源共享，供一届又一届的班主任借鉴、参考，可以稍作调整、拿来就用，以减轻班主任工作负担，避免每次主题班会课都要另起炉灶和重复劳动。一些学校和优秀的班主任已经形成了比较成熟的各个学段的主题班会系列和丰富的资源,这里不一一列举。

二、方案设计:主题班会规范化

如何设计一堂好的主题班会课,许多专家都有全面而详细的论述和总结。如丁如许老师在《打造魅力班会课》中将其总结为八个方面:巧借八方力、全班总动员、善用多媒体……笔者认为主题班会的设计要重点关注以下几个方面。

1.主题来源:问计于生,满足需求

主题班会课不同于一般的班级例会、主题教育、班级文体活动,首先要有一个明确的主题,主要目的是解决班级管理和学生成长过程中的阶段性问题,加强班集体建设。主题的来源和依据是多方面的,包括:德育的目标,学段和年级特点,班级发展的实际情况和需要,阶段性的重要工作安排,国际国内新近发生的重大新闻事件,重大的节日和纪念日,身边突发偶发的事件等。班主任可根据班情,与班干部讨论,广泛征求学生意见,在了解学生需求的基础上确定班会的主题。

2.方案设计:要素齐全,科学规范

一个完整的主题班会方案应包括设计背景、教育目标、课前准备、活动过程、总结升华、活动反思等要素。根据情况,教案可详可略,但无论如何都要作充分的思考论证。

(1)设计背景要"三问"

为何开? 怎样开? 何时开? 需要给主题班会定调,同时把握好合适的时机,选择恰当的方式。

(2)教育目标有"四性"

教育性,这是主题班会的灵魂,因为主题班会不同于班级文体、娱乐等活动,其根本性质是"课",主要目的是教育引导学生和班集体沿着正确、健康的发展方向前进,营造学生成长的良好班集体舆论氛围;知识性,通过主题班会活动,拓展学生见识,特别是学生在教材上不能学到的社会的、人际交往的、心理健康等方面的知识,培养他们的综合素养;情感性,再好的教育目标和内容,如果不能与学生共情,不能触动和唤起他们内心深处的情感认同和共鸣,其效果也将大打折扣,甚至流于形式;方法性,理性认知也好,情感体验也罢,最终要落实到学生的实际行动并收到效果,就需要教给学生方法和对其进行行动指导,让学生明确"我该怎么做""我该怎么办",最终解决教育的实际问题。

3.课前准备:全班动员,全员参与

分为教师和学生两个方面的准备。班主任根据主题班会的方案,收集整理相关素材资源,制作课件,准备相关物资,布置环境等;与班委讨论,将全班划分为若干个小组,围绕主题和活动流程,让学生分头准备;确定和培训主持人,拟主持词、准备讲话发言稿等。低年级段,班主任的准备工作要做得更多更细;初高中段,很多工作可以指导学生完成,活动实施前班主任要全面检查准备工作情况。

4.活动过程:层层推进,高效流畅

导入环节:一般由班主任负责,介绍本次主题班会的背景、意义和期望达到的目标,激发全班同学参与的热情。

活动过程:一般由学生主持,班主任适时介入,并充当多个角色,有时是参与者,有时是引导者,更多的时候把自己作为与学生同等地位的角色参与其中。

总结阶段:包括学生和教师两个层面,学生可以谈认识谈收获谈体会;教师最后要作总结性的谈话,提升大家的认识,可以布置实践性的作业,让班会课的教育意图落实到学生行动上,实现其价值和效果的最大化。

5.课后反思:及时总结,后续跟进

这是班会课方案的一个重要组成部分,包括课前和课后的反思,及时总结课的实际效果,以及实施过程的经验教训,为下一次开展主题班会积累经验。

三、实施策略:主题班会活动化

1.把准备过程变成教育过程

主题班会课效果好不好,能否达到预期的目的,课前做好充分的准备十分关键,包括主持词、主持人、素材收集、课件准备、教室布置等各个方面各个环节都要考虑到。主题班会应该是一个培养学生综合素养的载体,要让准备的过程变成教育的过程,锻炼学生各种才能的过程,训练学生读、写、听、说、问、演、展、思以及沟通协调、人际交往、组织策划等多种能力。

2.遵循班会活动课的基本逻辑

班会课和一般的学科课程虽然有相似性,但也有明显的区别,带有明显的教育性质的活动课特点。仅靠空洞的说教、知识的灌输达不到教育的目的,需要让学生在活动中提高认识、增强体验、受到教育。我们认为,主题班会课应遵循如下的基本逻辑顺序:创设情境,激发兴趣→情境互动,感性认知→理性思辨,加深体验→方法支着,行动引导→笃行实践,务求实效→课后反思,总结提高。

3.创新形式增强主题班会的吸引力

班会课有没有吸引力,直接影响着课的效果。主题班会除了主题的选择之外,课的形式也很重要。班主任要与时俱进,不断创新,采用学生喜闻乐见的形式,提高学生参与的积极性、主动性。一是善于借助新媒体、新技术、新事物,整合多种资源,激发兴趣,让学生多种感官受到强烈的冲击,带来深刻的体验;二是通过讲故事、讨论、辩论、展示、实验等多种方式,让师生之间、生生之间产生多维互动、思维碰撞,从现象到本质,加深学生理性认知;三是让学生多动手、动口、动脑,在活动中实践,在实践中育人。

四、创新实践:主题班会微型化

班主任每天既要完成繁重的教学任务,又要处理繁杂的班级事务,每周都去精心设计一堂主题班会课,显然精力不济。如果仅靠班级例会,一味对学生空洞地说教,则又老生常谈,收效甚微。网络改变生活,也改变着教育的手段和方式。微博、微信、微课、微电影……微班会也伴随"微时代"悄然兴起。

1.微班会的主要特点

"短",一般10分钟左右,用时短暂,力求高效,满足中学生时间紧、生活节奏快的需求。"快",班会设计和组织实施快,可根据班级情况,及时应变展开教育,凸显德育工作的时效性和有效性。"小",切入的主题小,聚焦所要解决的问题明确。小题材,可一事一议;大话题,要化大为小,一点切入。见微知著,系列推进。"活",可根据班情、德育大纲、身边案例、阶段性的教育要求等灵活地选择教育主题。如,一篇文章可谈生活细节,以一段视频来纠正不良行为习惯,一个实验激发学习潜能等。在时间的安排上,可根据班级实际、教学进度等灵活处理。

实践证明,微班会"麻雀虽小,五脏俱全",并以其短小精悍的特点、灵活生动的形式,快捷明显的效果,受到师生青睐。

2.微班会的主要形式

观视频,获感悟。教师根据教育的主题,可从网上选择或自行拍摄合适的视频并进行必要的剪辑,使时间更紧凑、主题更突出,用生动的画面、精练的文字、震撼的声响,让学生获得直接感受,受到心灵的冲击。如当学生觉得到高三努力为时已晚时,可播放励志短片《一切都来得及》《梦骑士》等视频。

讲故事,悟道理。故事是岁月的沉淀、智慧的结晶、文明的宝库,班主任要成为故事大王,要善于讲哲理、讲人生故事。如《褚时健种橙子的故事》,网购褚橙让大家品尝,感悟他的人生追求。

做实验,明哲理。如,学生觉得自己已经尽全力学习时,可以模仿《哲学人文课——一个罐子》视频中老师的做法,动手做一个"杯子装满了吗"的实验,让学生谈体会和感受,懂得合理安排和利用时间的道理。

搞活动,谈体验。小游戏、小活动,形式多样,学生喜闻乐见,学生通过亲身参与,产生深刻的体验,感悟生活和人生的哲理。

此外,通过拍摄日常生活中的照片、短视频,从现象看本质,通过师生之间书信交流、对话等,碰撞心灵的火花,激荡情感的涟漪。总之,微班会应采用学生喜闻乐见的方式,从中获得强烈的感受和体验。教师适时精练地进行点拨引导,让学生在多元对话中碰撞思维、交流感悟,从而受到启发和教育。

上好微班会,需要班主任做一个有心,要在日常生活中、在上网聊天时留心收集富有教育意义的视频、案例、故事等素材,有意识、分类别、成系统地建立自己的资源库。一有需要,即可信手拈来,快速实施。如果几十个班主任能做到资源共享,就可以建成学校的特色德育课程。

日积月累,积微成著。微班会,也可以成就大德育。

主题班会设计与实施案例

我是理财小专家

——初中主题班会活动方案及课堂实录

时间: 2008年10月14日下午第三节

班级: 重庆市中山外国语学校初二(15)班

执教: 邓超

【活动背景】

"再穷不能穷教育,再苦不能苦孩子。"从那个物质匮乏年代走过来的家长,望子成龙心切,大把花钱也在所不惜,他们总想方设法让孩子在学生时代少吃苦,希望孩子能圆自己的教育梦。不少孩子从小就有独自的消费行为,到了中学时代,许多学生每月都有一笔固定的零花钱。以我班学生为例,学生每月可支配生活费和零花钱在400元至1000元不等。调查发现,学生花钱主要存在以下问题:

1.互相攀比,追求时尚。"吃要美味、穿要名牌、玩要高档",养成了许多不良习惯。

2.随心所欲,盲目消费。不根据自己的需要和家庭承受能力来消费,有钱时出手阔绰,但临近周末或月末,便囊中羞涩,寅吃卯粮,形成恶性循环,甚至引发矛盾纠纷。

3.消费结构不合理。买零食、买服饰、庆生日等,物质消费多,精神投资少。

在与班干部和部分学生的交流中,同学们就"如何合理消费"等问题展开了热烈的讨论,大家认为有必要开展这方面的教育,讨论确定开展"我是理财小专家"班级活动。

【教育目标】

1.通过活动,学生了解消费现状,认识不良消费的危害,学会当家理财。

2.增强学生珍视父母劳动成果、崇尚节俭、合理消费的意识。

【班会准备】

1.每个学生如实记录开学一个月每天的消费账目,各组了解本组每个学生的消费情况,制作一月开支统计图表。

2.撰写主持词,培训主持人。

3.排练情景剧《零食摊前》,准备好情景剧的道具、服饰。

4.拍摄学生消费现状DV短片,制作多媒体课件,准备奖状。

5.布置教室:黑板上书写班会主题,课桌摆放成四组。

【活动过程】

一、短片导入

播放学生消费众生相短视频。

镜头一:时髦一族身穿名牌服装,兜里揣着MP3,嘴里嚼着口香糖,他们彼此互相比较自己的打扮和装束。

镜头二:好吃一族在小卖部门前,有的喝可乐,有的啃鸡腿,有的吃薯片。

镜头三:豪气一族的生日聚会上,满桌丰盛的菜肴,大大的生日蛋糕,琳琅满目的精美礼品。

师:同学们,刚才的视频中有你们的身影吗? 你们每个月的零花钱是怎么花掉的? 我们该如何花钱? 今天,我们就开展班级活动,掌声有请主持人王××、李××同学。

王:怀揣理想,我们开始独立生活。

李:离开父母,生活安排自己主宰!

王:憧憬未来,梦想已经展翅飞翔。

李:人生理财,要靠自己当家作主!

合:"我是理财小专家"主题班会现在开始!

二、小组讨论

王:同学们,刚才我们看了DV短片,你们有什么感想呢? 请同学们发言。

同学1:我觉得刚才视频中的这些同学都存在乱花钱的行为。

同学2:虽然视频中没有我们班同学的镜头,但我觉得老师是顾及我们的面子,因为我们班也存在许多类似的情况。

同学3:这些同学真是不当家不知柴米油盐贵,把父母每个月给的零花钱都乱花掉了,真可惜。

李:我们班每个同学的零花钱的开支状况是怎样的? 是否也存在乱花钱的现

象呢？下面请各组代表介绍本组的开支账目表，并作统计结果说明。（各组代表上台汇报本组一个月来每位同学的开支明细，并用视频介绍统计图表）

第一小组（其余各组略）：

第一小组2008年9月消费情况统计表

统计：谭嘉×× 肖×× 　　2008年10月14日　单位：元

姓名	类型	父母给本月开支费用	开支情况					
			正常生活消费	零食饮料消费	书籍文具消费	交通费用	其他消费	节余情况
钟××	寄读	450	352	56	15	8	10	+9
覃××	走读	350	140	165	10	0	35	0
兰××	寄读	700	420	208	12	10	80	−30
朱××	住读	900	450	180	40	80	125	+25
肖××	住读	400	264	24	45	10	15	+42
谭××	住读	380	264	25	56	10	25	
平均值		530	315	109.67	29.67	19.67	48.33	7.67

注：学校生活费标准早餐3元、正餐3.5至4.5元，城内公交车每次1元；住读生本月实际在校22天。

第一小组2008年9月消费结构统计图

王：请同学们说说，你们从中发现了什么问题？哪些开支是必要的、合理的？哪些开支是不必要的、不合理的？

同学1：一日三餐，生活用品、图书文具这些消费是合理的，这些消费是父母提倡的。

同学2：学校食堂有可口的饭菜，班上有桶装矿泉水，零食饮料这笔数目不小的消费是可以压缩的；还有其他一些娱乐性质的消费也可以省掉。

同学3：如果把一些不必要的开支省掉，对有些同学来讲，每月可为父母减轻三分之一的负担。

李:是啊,不算不知道,一算吓一跳。我们平时每日每月不留意,这里随便花几元,那里随便花几元。日积月累,积少成多,我们自己都不敢相信。

王:下面请各小组讨论以下乱花钱的原因。

(小组代表发言,略)

李:通过同学的讨论,乱花钱主要有两个方面的原因。1.自身的原因。自己管不住自己,虚荣心、攀比心严重。2.家庭的原因。父母已经把钱给足了,爷爷奶奶又偷偷给;在家里很容易拿到钱;家长忙于工作,一心巴望孩子有个好成绩,经常用钱来刺激。

三、情境互动

1.观看情景剧

王:无计划地乱花钱会带来哪些不良后果呢?下面请观看情景剧《零食摊前》,掌声有请。

时间:放学后。

道具:课桌两张(桌上摆放零食数袋,将其布置成零食摊)。

人物:摊主一人,走读生四名

(放学铃声响,几名学生背着书包上场:放学了,放学了,回家啰!)

摊主(大声叫卖招揽学生):来来来,卖了,卖了,麻辣烫、臭豆腐、火爆鱿鱼、油炸火腿肠,麻辣鲜香,吃了还想啊!

同学甲:来一串臭豆腐!

同学乙:来一包"流口水",再来一袋泡椒凤爪。(撕开包装袋,随手扔在地上,边走边吃)

同学丙(对乙):把你的钱借3元给我买一瓶百事可乐,我口渴惨了!

摊主(犹豫):你的150元欠账什么时候还?

同学丙(哀求):下个月,下个月我一定还上!

同学丁(趁摊主不注意,顺手将一包零食揣进自己的口袋):走啦,走啦!

摊主(继续大声叫卖):来来来,卖了,卖了……

李:同学们,看了刚才的表演大家有何感想呢?请联系实际情况谈谈你们的感受。

同学1：用父母辛辛苦苦挣来的钱去买垃圾食品吃，不仅使许多同学养成好吃的毛病，还影响身体健康和环境卫生。

同学2：向家长、同学撒谎拿钱或借钱，甚至偷东西有损学生的形象。

同学3：我们有些同学把大把大把的钱送到了网吧里面，沉迷于网络游戏，严重影响学习成绩，真令人担忧、

同学4：我们有些同学不比学习，而是互相攀比吃穿，增加父母负担来满足自己的虚荣心，真不应该。

王：是啊，不良消费带来的种种危害真不小。

2.现场采访

王：同学们，你们了解你们家庭的月收入及支出情况吗？下面我们随机采访几名同学。

李：朱××同学，请问你的父母从事什么职业？他们每月的收入大概有多少？

朱：我的父母在浙江开了一个面条加工厂，他们的收入情况我不太清楚。

李：你能具体谈谈他们工作的情景吗？

朱：暑假我去他们那里玩，我了解到他们每天早上三点多钟起床开始加工，五点多钟开车将面条送到各个面馆。每天晚上要和好第二天的面……

李：你觉得他们挣钱容易吗？

朱：他们一年四季起早摸黑很辛苦，有好几年没回家了，挣钱很不容易。

李：谢谢你接受我的采访，希望你平时多关心一下父母。

王：肖××同学，你能谈谈你家的情况吗？

谭：我的父母是农村小学教师，他们的工资不高。据我了解家庭月收入3000元多一点点。

……

师：同学们，据我统计调查，我班少数同学的父母经商，家庭相对富裕；一部分同学的父母是公务员和职员，家境还可以；多数同学的父母四处奔波进厂打工。他们工作都很辛苦，挣钱都很不容易。

四、老师家长讲故事

王：下面我们请邓老师讲讲他中学时代的故事。掌声欢迎！

师：刚才看了同学们的调查表，听了你们的介绍，我感慨万千，不由得想起了

我中学时代的生活。我就给同学们讲个"两元钱的故事"吧。

两元钱的故事

1986年,我12岁那年考入区重点中学,学校离家20公里。我父母都是农民,开学缴费30元,都是东拼西凑了。我根本不敢奢望坐车到校,每周往返步行,还要背上一周的粮食,每次要走3个多小时的山路。每餐吃的是自己用碗在食堂蒸的饭,用开水泡上从家里带的炒咸菜。父亲每周给我5毛钱的零花钱,可以打10次素菜汤。上初三时学习紧张,为了节省回家的时间,每月回家一趟。一个星期天到校,我翻遍了自己的口袋也没找到父亲给的那一叠毛票凑起来的2元钱。我心里一下就慌了,趴在床上痛哭了一场。那一个月,我一次汤菜也没吃上,整整吃了一个月咸菜泡饭……

李:同学们,听了老师的故事,你们有何感想呢?

王:今天的班会,我们也请到了几位家长。下面我们请龙××的爷爷为我们讲《粮票的故事》。

家长代表:同学们,我非常高兴能参加今天15班开展的"我是理财小专家"这个主题班会。刚才听了同学们的汇报发言、看了表演,我感到你们今天的生活条件真是太好了。听了邓老师讲的故事,我的思绪又回到了我的学生时代,今天我也给大家讲个《粮票的故事》。

粮票的故事

1960年,正是我们国家最困难的时候,"人民公社""大跃进",加上三年困难时期,国家经济几乎到了崩溃的边缘。上至国家领导,下到普通劳动人民,生活都十分艰难,为了顾及每个人的基本生活,所有物资全部实行供应制,吃饭要粮票、买肉要肉票、穿衣要布票、点煤油灯要煤油油票。当时,我在云阳中学上高中,吃集体伙食,每餐只有三根红薯,根本吃不饱。我们想上饮食店去吃点儿东西,光有钱还不行,还得有粮票。我们在学校吃"伙食团"是没有粮票的,即使兜里有钱,也不敢上食店。一进门,店员一看就把我们往外赶:"去去去,你们是学生,已经在学校里面吃了还要出来吃。"而且,公安经常到各个餐馆巡查,我们根本不敢进餐馆。一个星期天,我们几个住读的同学实在是饿得撑不住了,就满街转悠想找点儿吃的。最后我们打听到班上有一名走读的同学家里在大东门后面开餐馆。晚上,我们就悄悄溜去,同学的父亲很可怜我们,就不收我们的粮票,偷偷地给我们做了吃的。吃完了,又让我们从后门悄悄出去。以后,我们只要兜里有了钱,就去他家改善一下伙食。到现在,我们打心里都还在感激那位同学的父亲……

李:同学们,听了龙××的爷爷讲的故事,你们又有何感想呢?在计划经济时代,祖辈上中学时有钱也别想在餐馆买到东西吃!

五、我为理财支一招

王:我班有不少同学善于合理开支,下面我们请几位同学交流一下他们理财的小窍门。

钟××:我父母按月给我银行卡上打450元,我每周取100元,80元充在饭卡上,留20元零用,剩余的钱留在卡上。即便有时父母没有按时把钱打过来,我也还可以应付几天。

李:从钟××的介绍中我们看出,她开支有计划,分次支取,这样就避免了"经济危机"的发生。

李××:我每天在家里吃早饭,父母每天给我11元,2元车费,9元吃中饭和晚饭。我家距学校大概走10分钟,我上学放学尽量不坐车,每天可以省下2元,每周可省10元。我把钱存起来,有时买一些自己喜欢的课外书。

王:李××同学以步带车,不仅省下了车费,还锻炼了身体。

覃××:食堂吃饭,套餐每份4.5元,荤菜每份4.5元,素菜每份3.5元。我在吃饭的时候,经常和胡××、戴××等同学组合。中餐三荤一素,晚餐两荤两素。一个月下来,我们每个人不仅节省了20多元的开支,而且每餐的菜还丰富多样。

李:覃××他们几个同学真是善于精打细算,不愧是理财的能手。

六、评选班级"理财小专家"

王:下面请同学们根据刚才的经验介绍和我们平时的观察,各小组评选推荐一名"理财小专家"。

(小组讨论,各组将结果写下来报主持人)

李:经过各组的认真讨论、评选,下面我宣布15班首批"理财小专家"名单,他们是:覃××、谭××、李××、钟××。

王:让我们用热烈的掌声向他们表示祝贺,有请邓老师和各位家长代表为他们颁发奖状。

七、同学们谈活动收获和体会

(投影一组不同职业的父母在各种环境下辛勤劳动和工作场景的图片,配乐

《感恩的心》。)

王:同学们,让我们看看父母劳作的情境吧!烈日下,他们在田间挥汗如雨;旅途中,他们背着沉重的行囊挤上拥挤的列车;工地上,他们肩扛背磨辛苦地搬运;晨曦里,他们匆匆忙忙奔波经商。

李:下面请大家谈谈活动的收获和体会。

同学1:这次班会让我深受教育,平时大手大脚花钱不觉得,总认为这钱是父母给的,自己想怎么花就怎么花。看了班上一些家庭条件好的同学用钱这样节约,自己以后要向他们学习。

同学2:以前,总觉得父母挣钱很容易,根本就没想过这钱是怎么来的。以后我乱花钱的时候一定多想想父母挣钱的情景。

同学3:我觉得自己买书的钱花得还不多。其实,每次说到要买书,父母总是慷慨解囊。我想以后还要多吃些精神食粮,这样才更"健康"。

同学4:这次班会不仅让我受到了教育,还增长了一些知识,学会了统计分析的方法,在说服别人时用数据和事实说话更让人信服。

同学5:我们每天在走廊上的垃圾桶里会发现许多扔掉的废纸、矿泉水瓶、可乐瓶,这些东西扔了很可惜。我们可以发动全班同学一起来收集废品,卖的钱可以作班费,买课外读物或添置花草。

……

王:刚才同学们谈了很多的收获。我觉得回收垃圾创收这个主意很不错,我们在节流的时候还要想到开源,建议我们班尽快实施。

李:看来,通过这次班会活动,同学们的收获真不小。

王:同学们,我们现在还是一个消费者而不是财富的创造者,父母为我们的成长历经千辛万苦。

李:我们现在掌握的知识和本领越多,以后创造出的财富才会越多,才能更好地实现人生的价值。

王:我们向全班同学倡议,有富余的零花钱可以储存起来,以备急时之用;可以购买课外书籍,增加我们的精神食粮;帮助需要帮助的人,享受助人为乐的快乐。

李:下面有请邓老师为本次活动作总结指导。

八、教师总结并布置作业

师:同学们,我觉得这次班会是我班开得最成功的一次班会,每个同学都参与

到了活动中来而且有很多收获,这是难能可贵的。21世纪是一个商品经济时代,每个人每天都在与钱打交道。我送同学们一句话:

学会规划,做当家理财专家;崇尚节俭,走健康人生道路!

最后,给同学留个作业(月底给父母写封信,主要是汇报自己十月份的开支情况,要真实具体),对作业完成得好的同学给予全班表扬,并作为期末学校评选"自理之星"的重要参考。

【教后记】

这节班会课让我有以下几点体会:

第一,活动育人能收到良好的效果。对于如何花钱的问题,我在周会上和学生讲过多次,但收效甚微。本次主题班会用统计表和统计图的方式展示相关数据,令学生信服;情景剧再现学生花钱的真实生活场景,具体可感;教师家长讲过去亲身经历的故事,与学生现实生活形成鲜明对比,让他们深受感染;课后实践作业加以巩固,让班会课得到延伸。在活动的全过程中,要让学生动手、动口、动脑,师生之间、生生之间、家长孩子之间的观念、情感互相碰撞,让学生的认知在情感体验中逐渐转化为自觉行为,最终达到自我教育的目的。课后从与家长的交流沟通反馈的情况来看,孩子乱花钱的现象少了,一些家长兴奋地告诉我,孩子在家庭开支中多了一个心眼,有了理财意识,经常帮助家庭出主意精打细算,合理开支。特别是回收废品创收这个创意得到了全班同学的积极响应,虽然每个星期的收入只有10多元,但这是靠大家平时一张张纸、一个个瓶子凑起来的,都觉得这是自己劳动的收获。我们用这些钱买盆花摆放在窗台上,大家像宝贝似的呵护。同样的问题,空洞说教和在活动中育人效果两样,从这个意义上说:没有活动就没有教育。

第二,班会课前的准备越充分效果越好。一节班会课只有45分钟,准备工作是否充分直接决定活动和教育的效果。首先,选题恰当是基础,要根据学生的年龄特点和班级的实际问题选好一个适合的主题。其次,周密设计活动方案是关键。必须考虑到活动流程是否符合学生的认知规律,充分考虑人选、资料、物资、环境布置等各种要素。最后,班主任要做好分工安排,让全班同学都参与到准备中去,让学生把活动当成自己的事,而不是班主任或班委的事。

第三,学生参与班会课的面越广效果越好。班会课不是少数学生活动和表演的舞台,尽量做到人人参与,才能达到人人受教育的目的。学生参与班会包括课前、课堂、课后三个环节:课前的参与,如本课中学生的调查统计分析,排练情景剧;课堂上的展示、讨论、互动交流以学生为主,教师适时点拨引导和总结;课后参与表现在实践作业的完成,教师要跟踪调查。

专家点评(丁如许)

这节班会课很好地体现了"全班总动员"。

首先,课题的产生来自学生。班主任发现班级的学生在消费方面有许多问题。在与班干部和部分学生的交流中,班主任发现同学们对"如何合理消费"等问题很有想法。大家认为有必要开展这方面的教育活动,并确定开展"我是理财小专家"的班级活动。我认为,这是"问计于生",在活动前,就激发了不少学生的参与意识。

其次,学生广泛参与活动。活动前,各组进行了消费情况的调查和统计。学生的积极参与使小组统计表和统计图的数据真实可信,学生表演的情景剧再现了日常消费的真实场景,具体可感。

最后,值得称道的课后实践作业。班主任通过课后实践作业对学生提出要求,使班会课的成果得以巩固,让班会课的内容得以延伸。班主任兴奋地告诉我们,课后,他与家长进行了沟通,从反馈的情况来看,孩子乱花钱现象少了。一些家长告诉我,孩子有了理财意识,经常帮助家庭出主意来精打细算,合理开支。特别是通过回收废品来创收这个创意得到了全班同学的积极响应,虽然每个星期的收入只有十几元钱,但那是靠大家平时的一张张纸、一个个瓶子凑起来的,大家都觉得这是自己劳动的收获。他们用这些钱买了盆花摆放在窗台上,大家精心呵护,取得了非常好的效果。这是我们期待的变化,这是我们盼望的结果。

(此主题班会设计案例入选《打造魅力班会课》,丁如许主编,华东师范大学出版社出版,有改动)

第十二章　特殊学生教育:中小学困境学生 教育现状及对策

据长江上游某县统计,2020—2022年中小学学生非正常死亡38人,其中,54%死于自杀,高中学生超过70%。另,自杀未遂的还有10多例。

中小学心理疾病、品行障碍、网络成瘾等学生群体呈快速增长和低龄化趋势,此类学生的学习、生活、成长面临诸多困境,自伤、高坠、暴力伤害等事故频发,极易出现非正常死亡和走向违法犯罪道路,严重困扰着学校和家庭教育以及社会治理。加强困境学生群体的教育管理,降低学生非正常死亡率和违法犯罪率,维护社会的和谐稳定和长治久安,是当前及今后一段时期基础教育领域面临的一个沉重而急迫的课题。

一、困境学生产生背景探析

1.概念界定

本文所称的困境学生,包括但不限于《中华人民共和国未成年人保护法》中所称的困境未成年学生,主要是指因特殊的成长背景导致比较严重的心理疾病或品行障碍,表现出自伤、自杀、暴力、攻击性等行为倾向,极易危及自身及他人生命安全或走向违法犯罪道路的学生。中小学教育管理实践表明,自伤、网络成瘾、品行障碍、创伤后应激障碍等类型的困境学生风险较大。近年来,据教育行政主管部门统计,轻生自残类占学生非正常死亡总数的71%。

自伤,也被称为"非自杀性自伤"(Non-suicidal self-injury,NSSI),是指为减少心理痛苦而进行的、有意的、影响自身的、低致命性的身体伤害,该行为是不被社会所接纳的。[①]自杀(Suicide)是一种主体蓄意或自愿采取各种手段进行自我伤害或自我毁灭的行为,其

[①] 米勒,布罗克.中小学生自伤问题:识别、评估和治疗[M].唐苏勤,黄紫娟,译.北京:中国轻工业出版社,2012: 1-8.

结果可以是死亡、致残或被救治。[①]自杀是全世界最大的公共健康问题之一，每年约100万人因此丧生。

网络成瘾（Internet Addiction Disease，IAD），是一种在没有明显成瘾物质的作用下，对网络产生过分依赖，从而导致其情感和社会化功能受损，生活质量下降的行为，属于一种强迫性行为。[②]中国互联网络信息中心（CNNIC）第48次调查报告显示，截至2021年6月，我国互联网普及率为71.6%，网民规模达10.11亿，其中6—19岁网民1.58亿，占网民整体的15.7%。[③]我国网瘾青少年占青少年网民总数的13.2%，另有13%的青少年存在网瘾倾向。有专家对全国百余座城市调研发现，80%的网络游戏含有暴力、色情、欺诈成分，70%的犯罪青少年与网瘾有关。[④]"电子海洛因"正毒害着越来越多的青少年的身心健康，由此引发的青少年退学、猝死、自杀、暴力冲突事件不断，成为家庭和学校教育十分棘手的问题。

品行障碍（Conduct Disorder，CD），属于破坏性行为障碍的一种，是一种反复而持续地影响到他人的权利或破坏社会规则的行为模式，主要表现为对人或动物表现出攻击性，破坏财物、偷窃、抢劫、强奸或严重破坏规则。品行障碍是青少年一种常见问题，以反社会行为为特征，并且这种行为难以改变，会造成严重的功能损害，发生的平均年龄为11.6岁，在非就诊人群中发病率从1%—6%不等。[⑤]

创伤后应激障碍（Posttraumatic Stress Disorder，PTSD），是一种暴露于极端创伤性事件后出现的焦虑障碍相关症状的疾病，这些事件包括暴力性的个人攻击、自然或人为的灾难及事故。个体对这一事件产生强烈的恐惧、无助和惊骇感，具体症状包括：再体验、回避或麻木、唤醒增强等。[⑥]在当代社会，大约1/4的青少年会在16岁之前经历一次或多次潜在创伤性事件，PTSD具有发病率高、症状隐匿、危害较大等特点。研究表明，交通事故后，约25%的儿童会患PTSD；地震后3年，小学初中生总体发病率为5.2%。[⑦]

2. 产生背景

困境学生的产生不是单一原因造成的，而是多维度因素相互叠加、错综复杂交互的

---

① 边玉芳，钟惊雷，周燕，等.青少年心理危机干预[M].上海：华东师范大学出版社，2010：73.

② 边玉芳，钟惊雷，周燕，等.青少年心理危机干预[M].上海：华东师范大学出版社，2010：143.

③ 中国互联网络信息中心.CNNIC：2021年第48次中国互联网发展状况统计报告[EB/OL].（2021-08-27）[2021-12-1].http://www.199it.com/archives/1302411.html.

④ 边玉芳，钟惊雷，周燕，等.青少年心理危机干预[M].上海：华东师范大学出版社，2010：145-150.

⑤ 休斯，克罗瑟斯，吉姆森.中小学生品行障碍：识别、评估和治疗[M].彭维，等译.北京：中国轻工业出版社，2012：5-41.

⑥ 尼克森，里夫斯，布罗克.中小学生创伤后应激障碍：识别、评估和治疗[M].贺婷婷，徐慊，译.北京：中国轻工业出版社，2012：1-9.

⑦ 边玉芳，钟惊雷，周燕，等.青少年心理危机干预[M].上海：华东师范大学出版社，2010：107-108.

结果。从生物的心理社会模式来看,包括环境、生物、认知、情感、行为等维度的因素。[①]

(1)特殊的成长背景

困境学生的产生与青少年成长环境密切相关。随着社会的转型发展,工业化、信息化、城镇化进程加快,人们的思想观念、家庭结构、生活娱乐方式、人际交往模式等发生了巨大的变化。"00后"的青少年物质生活条件得到极大改善,生理发育提前和更快,青春期延长(11—21岁);他们不再为吃穿发愁,经历挫折更少,能通过手机、电脑等媒体方便快捷地了解社会万象及新近所发生的一切。与此同时,他们也面临身心发展不协调、人际交往复杂化、学业和生存竞争压力增大等成长性问题。

我国离婚率持续增长,单亲、离异、重组家庭日益增多,留守儿童、隔代抚养、独生子女等教育问题日益突出。在我国中西部及经济欠发达地区,中国的第一代留守儿童已经为人父母,他们的子女成为第二代留守儿童。恒河猴实验表明,未得到良好照料的个体成年后无法与同伴良好互动,更缺乏照料子女的能力。"留守儿童2.0"在需要家庭支持时,问题越严重的学生其父母功能越低。一些儿童长期目睹家庭矛盾纠纷,或因身体缺陷、长期受虐、遭受性侵等,过早蒙上心理阴影;一些儿童因家庭成员有残疾、慢性病、精神病、服刑、刑满释放或有酗酒、吸毒、赌博等恶习,从小生活贫困、心理自卑、性格孤僻。案例1是一个典型的家庭环境导致的成长悲剧。

案例1:叶×,男,2004年10月出生,某校九年级学生。小学三年级时其父在工地因意外事故去世,其母再婚后生育一女,叶×经常遭到继父打骂,后与爷爷生活,爷爷去世后不得不与母亲一同生活。叶×性格倔强固执,自由散漫,易冲动,经常违纪。2019年10月至11月,因多次连续旷课,学校让其母领回家中管教。2019年12月至2020年1月,叶×因涉嫌参与盗窃、伙同社会青年混入学校殴打学生,被公安机关立案调查,因系未成年人未被治安处罚。新冠疫情推迟开学期间,叶×经常夜不归家。2020年4月11日晚与几名社会青年在外玩耍,12日凌晨3点左右在长江边溺亡,死因不详。

据2020年5月长江上游地区某县教育主管部门调查统计,该县有特殊家庭背景的学生7.8万人,占学生总数的50%;心理异常、特异体质、孤儿等类型的学生1700多人,超过学生总数的1%。对其中一所小学抽样调查显示,该校共1990名学生,其中,单亲、离异、重组家庭368人,有残疾、精神病、服刑及刑满释放等家庭成员的106人,父母均外出的留

---

① 休斯,克罗瑟斯,吉姆森.中小学生品行障碍:识别、评估和治疗[M].彭维,等译.北京:中国轻工业出版社,2012:20.

守儿童429人，上述三类学生占比47%。

（2）遭受重大危机

当学生个体遭受心理应激事件时，极易引发心理危机和伤害事故。主要包括：学生家庭发生重大变故，如父母离异、经济严重受损、近亲意外死亡等；个体遭遇危机，如蒙羞、欺凌、性侵等；受到意外惊吓，如惨烈的交通事故、目睹他杀和自杀、破坏性的地震/水灾、重大疫情等。对2008年汶川地震重灾区中小学生身心状况调查研究发现，震后30个月的中小学生PTSD和抑郁发生率分别达6.6%和69.5%。[①]多种特征并存或多因素叠加的学生风险更大，如下面的案例2。

案例2：郑×，女，17岁，某校高二住读学生。七八岁时，其父在外务工时意外身故，其母再婚并在家务农。2021年上期，郑×开始出现心理问题，11月被确诊为重度抑郁并休学治疗。2022年春季开学，郑×及家长认为病情好转申请复学，教师帮其补课的同时，郑×自己购买网课并利用周末上课，复学后首次月考成绩名列年级第5名。3月下旬某天，另一班级的学生报告在宿舍丢失现金数百元，和生活教师一起调取监控录像，发现郑×曾私自进入该寝室，大家怀疑系郑×所为，便向班主任报告。班主任鉴于郑×的心理问题，没有直接询问郑×本人，但告知了其大哥。3月31日，郑×向班主任请假离校到城内大哥家中上网课，其哥问及宿舍丢失现金的事情。4月1日早，郑×向其哥嫂谎称回校上课，独自到滨江公园，沿库岸石梯走向江中，所幸被市政工人发现及时救起。

2020年新冠疫情引发的心理危机，从某种层面上说比病毒对健康的直接危害更严重。学生因活动空间和人际交往受限、学习压力增大等，普遍产生焦虑、恐惧等心理应激反应。以本校为例，2020年2月到4月，线上接待心理咨询的学生中有较重情绪困难（抑郁、焦虑、自杀念头和自伤行为）者占12%，4月复学至6月现场咨询占10%，9月到11月达21%。2020年2月到11月，学校心理咨询室接待个案比上年同期增加一倍。

（3）一定的器质基础

神经生物学、遗传学、脑科学等研究证据表明，一些心理障碍存在器质性基础。某些遗传基因或胎儿发育环境导致脑结构异常，大脑某些区域损伤、功能失调或神经激素分泌不正常。如，精神分裂症遗传的可能性约为80%—85%，如果直系亲属患有精神分裂症

---

① 林崇德，伍新春，张宇迪，等.汶川地震30个月后中小学生的身心状况研究[J].心理发展与教育，2013，29（06）：631-637.

的话,那么个体患病的风险比其他人高出10倍[①];攻击性行为可能是大脑负责情绪调节的区域(包括杏仁核及前额皮层)出现功能失调而导致,大脑前额皮层区域损伤,会对情感加工过程及社会功能产生影响[②];生物易感性可能是由于神经递质系统紊乱,增加了青少年自杀自伤的可能性。[③]

二、困境学生教育现状分析

目前,由于对困境学生群体的教育管理重视程度不够,专业人才不足,专门教育和矫治机构缺少,"三全"育人机制不健全等现实困境,困境学生成为"家长管不住、普通学校管不了"的烫手山芋,导致伤害事故、非正常死亡人数、违法犯罪率上升等社会问题。

1.学校教育管理乏力

在育人观念上,"立德树人""五育并举"要求还停留在一些学校的口头上,没能有效落实到学校的管理、课程、教育教学行为上。在一些学校的管理者和一线教师的潜意识里,升学质量才是硬道理,他们通过各种手段加重学生的学习负担,忽视学生身心健康发展,轻视育德育心和相关课程建设,对困境学生的教育帮扶更是力不从心。

在管理机制上,对困境学生群体教育管理工作机制不健全,没能建立有效的管理系统和规范的处置流程。缺乏前期的主动介入和预防性干预,不能为学生提供有效的帮助和支持;轻预防重事后处理,偏重于危机事件发生后的行政干预、道德说教、纠纷调解、矛盾化解、物质赔偿等善后处置,参与的人员以学校领导、安全管理干部、班主任、当事人家长为主。

在人才资源上,心理健康教育专业师资队伍严重不足,农村和落后地区学校很难配备专业专职的心理健康教师,能够建立专业心理咨询室的学校更是屈指可数。对于有数千名学生的大规模学校,仅靠一两名专职心理教师难以应对,心理健康课列入课程计划难以落实。此外,一些学校未能充分发挥心理健康教师的专业作用。

在家校共育上,学校不能有效引导家长识别困境学生的潜在风险。由于新生代学生家长对孩子的成长和发展期待更高,诉求更多,具有强烈的民主意识,对学校信任程度有

① 李慧君,皮尔罗,吉姆森,等.中小学生早发性精神分裂症:识别、评估和治疗[M].尉玮,王辰怡,译.北京:中国轻工业出版社,2012:15-16.
② 休斯,克罗瑟斯,吉姆森.中小学生品行障碍:识别、评估和治疗[M].彭维,等译.北京:中国轻工业出版社,2012:14-15.
③ 米勒,布罗克.中小学生自伤问题:识别、评估和治疗[M].唐苏勤,黄紫娟,译.北京:中国轻工业出版社,2012:15.

所下降,家校关系容易变得紧张,"超过九成班主任报告与家长沟通遇到困难"①。社会转型发展,儿童发展面临新的问题,教育"耐药性"增强,父母教养压力增大,"约七成父母为孩子的教育感到焦虑"②却苦无对策,消极应对,家校合作误解和矛盾加剧。一些学校仍停留在传统的、形式化的家校合作方式上,家校互动的渠道和支持系统不完善,对教师家校沟通的技能技巧培训没能跟上。

2.家庭教育管理缺位

家长普遍对困境学生的认知不足,缺乏危机意识。孩子出现明显的心理或品行问题,未能引起足够的重视。学校已经发现问题并告知,一些家长碍于情面,不承认自己的孩子有心理健康问题,只是简单地归咎为孩子贪玩、不听话、闹脾气等,批评指责孩子并要求学校严格教育管理。对于性格内向,看起来文静规矩、成绩优秀的乖乖娃,家长更不相信自己的孩子有什么心理健康问题。如下面的案例3。

案例3:周×,女,2007年11月出生,某校七年级住读生,父母一直在外地务工,从小和弟弟与爷爷奶奶一起生活。周×性格文静、学习努力、成绩优秀、乐于助人,担任团支部书记,2020年下期一次考试,成绩名列年级第8名。2020年11月1日(星期日)中午,周×请假外出购物,独自一人到滨江公园玩耍,并一直与其母通电话直至手机没电。下午5时许,该生沿长江边石梯径直向水中走去,所幸被散步行人发现及时救起。事后,心理教师和班主任通过心理访谈了解了事情的缘由:周×觉得父母长期在外辛苦打工供她上学,平时不敢多花钱;认为本次考试成绩远远超出自己的预期,担心下一次不会再考这么好;觉得生活没有意义,六年级时曾对弟弟说过轻生的想法。

当孩子出现负面情绪或行为偏差时,大多数家长欠缺教育引导的策略和方法,以指责、惩罚、冷漠、说教等方式对待孩子;有的家长怕麻烦、缺耐心,以为矫治心理和品行问题像治疗生理疾病一样会药到病除、立竿见影。经过一两个月的治疗,收效甚微就坚持不下去而放弃治疗;或者情况稍微有好转,怕过多地耽误孩子学业,就中途停药或停止治疗,急切地送学生复学,结果问题反复甚至症状加重。孩子出现危机事件时感到痛苦绝望、不知所措,也不知道寻求专业人员的帮助。

父母的教育管理角色缺位。一些学生的父母常年在外,把孩子丢在寄宿制学校或寄

---

① 梁丽娟,马海燕,张馨宇.我国中小学家校合作状况的十年变化及影响因素剖析[J].中国教育学刊,2020(12):56.

② 梁丽娟,马海燕,张馨宇.我国中小学家校合作状况的十年变化及影响因素剖析[J].中国教育学刊,2020(12):55.

托在亲戚家里,认为教育孩子是学校和老师的事,平时疏于与孩子联系交流,对孩子的心理需求漠然视之。当学生出现严重的心理或品行问题,学校提出需要父母配合治疗或教育管理时,父母以工作忙、抽不出时间照料、怕耽误或影响孩子学习等为由不支持不配合,存在甩包袱的思想,孩子的心理疾患或品行问题得不到及时矫治而越来越严重。如下面的案例4。

案例4:郑×,女,2006年6月出生,某校七年级住读生。2020年9月入学不久,郑×经常毫无征兆地哭泣、无病兆性头疼。后班主任了解得知,该生父亲因贩毒被判无期徒刑,郑×原在另一区县读八年级,2018年12月被县级医院诊断为抑郁症。家长隐瞒郑×病史,在原校办理休学后到现在学校报名就读七年级。2020年9月25日晚,郑×坐到教室走廊栏杆上哭泣,说想跳下去,被同学发现劝阻,班主任及心理教师介入。郑×多次表示有自伤和伤人的想法,难以自控。学校要求家长进一步诊断并休学治疗,其母拒绝。2020年12月14日晚,郑×用美工刀将同年级一名不相识的男生脖子划伤,险些伤及其颈动脉,然后跑到心理咨询室主动求助并交出刀子。当晚,家长接回郑×,随后送精神专科医院,诊断结果显示为中度强迫、抑郁、焦虑、恐惧、偏执、人际关系敏感等症状,并建议住院治疗。

3.社会教育资源不足

在公共教育保障方面,我国公办的特教学校仅限于招收盲、聋、哑、智障等生理方面有缺陷的未成年人。针对困境学生的专门教育机构稀缺,此类学生只能随班就读,辍学停学现象时有发生。针对13—17岁轻微违法犯罪的未成年人,则送入工读学校,带有事后强制管理和惩戒教育的性质。由于带有"标签印记"等各种原因,工读学校招生难、矫正效果不佳而运转困难,曾一度大量关停,需要接受教育矫治的未成年人得不到应有的教育矫治。2012年修正的未成年人保护法改"工读学校"为"专门学校",2020年修订该法,专门学校的建设重新提上议事日程。此外,政府主导的特殊未成年人保护关爱机制还没形成合力,教育、政法、卫健、民政等部门及群团组织在关爱帮扶困境学生的信息、资源、人才等方面未能有效整合。

在社会教育资源方面,一些冠名为"特殊训练学校""行为矫治中心"等民办教育机构,实际办学效果不佳。一方面由于高额的收费,普通家庭难以接受;另一方面办学资质和条件不达标,让学生接受不科学的训育,甚至长时间遭受虐待,导致一些个体问题加重甚至终身再难以矫治。如,本校某高一学生,2019年9月抑郁、拒学,2020年7月被家长强制带入某特殊训练机构封闭训练两个月后,与母亲反目,拒绝入学和求治。目前长期居家,亲子冲突严重。

在心理科学研究与运用方面,我国的心理危机干预还处于探索阶段。学校教育工作者特别是家长的心理卫生意识普遍薄弱,心理咨询机构零零散散。一般的县级精神卫生保健中心仅限于对重症精神疾病患者的治疗和管理,对青少年神经症水平以及严重心理问题处理难以胜任。目前,我国仅在上海、北京、广州、重庆等城市成立有青少年心理危机干预机构。与发达国家的心理援助工作相比,我国还有较大差距,特别是在经济落后地区,心理服务还是"奢侈品"。

三、困境学生教育对策建议

党的十九届五中全会提出"建设高质量教育体系"目标,强调"重视青少年身体素质和心理健康教育""完善普惠性学前教育和特殊教育、专门教育保障机制"。党的二十大报告提出要"加快建设教育强国""办好人民满意的教育""重视心理健康和精神卫生"。教育部等十七部门印发《全面加强和改进新时代学生心理健康工作专项行动计划(2023—2025年)》,提出了构建"四位一体"心理健康工作体系和多方协同联动的工作格局的工作目标。加强困境学生的教育,是全面贯彻党的教育方针,完善各类教育体系,加快建设教育强国的长远发展所需;是直面基础教育的痛点难点,补齐专门教育短板,办好人民满意的教育的客观现实所需,需要动员学校、家庭、社会力量,搭建各方协调育人机制和资源平台。

1. 学校:自觉担当,主动作为,不断创新心育模式

"学生生命安全、身心健康是高质量教育的前提,生命至上、健康第一的理念要贯穿教育的全过程。"[1]无论是从关爱学生身心健康、着眼孩子终身发展,还是从最大限度地减少学生伤害事故和非正常死亡人数,降低校园安全风险等方面考虑,学校都应自觉担当,主动作为,采取有效措施加强困境学生群体的教育管理。

(1)成立组织,完善教育管理机制

其一,学校应成立困境学生教育管理工作领导小组和专业指导小组,组成人员包括分管副校长、德育主任、心理健康教师、校医、卫生副校长、社区卫生院心理健康评估或治疗方面的专家等,全面领导和指导困境学生的筛查、会商、评估、干预、转介、康复管理等各个环节的工作。同时,建立和完善教育管理机制和流程(见图12-1),并让全体教职工知晓。

---

① 郑富芝.建设高质量基础教育体系要在六个"强化"上下功夫[J].中国教育学刊,2021(01):卷首语.

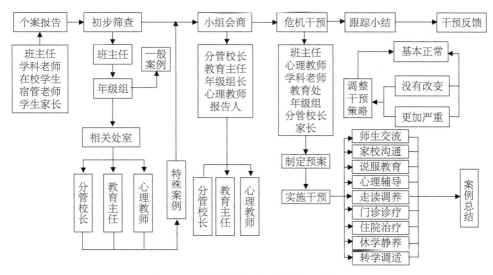

图12-1 困境学生筛查及教育管理流程图

其二,营造良好育人氛围。将校园和班级打造成青少年可以表达自己、讨论关心的问题、与同伴和成人同处于安全空间、并在经历困难的时候可以寻找资源的安全环境。[1]依恋理论、人类发展的归属感假设、自我系统信念模型、自尊的中介作用等心理学研究表明,良好的校园氛围和人际关系,能让学生找到归属感,融入班集体和学校环境,提升个体社会适应能力。教师支持和同学支持能促进青少年的自尊水平,减少个体自杀意念或企图。[2]

其三,建立全员育人机制,充分发挥每位教职工的作用。如,一些学校实行的"全员导师制""暖心工程",将困境学生分类分组并落实到导师人头,3—5人组建一个"师生小家庭"。导师经常了解关心"家庭成员"的学习、生活及思想情绪状况,指导其生涯规划,定期开展集体或个体的交流讨论、实践活动,帮助解决困难。学校从教师绩效工资中划出专项经费,学期或学年末由考评小组对重点学生进行调查访谈,根据导师工作开展情况及实际效果进行考核奖励。

(2)摸清家底,动态掌握困境学生情况

困境学生常常在情绪、行为、认知、生理等方面表现异常,学校教育工作者要了解并注意识别。情绪方面,其主要表现为负面情绪增多,或焦虑、紧张、担心、悲伤,或抑郁烦躁、容易激动等。行为方面,其主要表现为一段时间注意力不集中、成绩突然下降、经常缺勤,找借口拒绝上学,人际交往明显减少或增多,行为、言语紊乱或古怪;有自伤或自杀

---

① 米勒,布罗克.中小学生自伤问题:识别、评估和治疗[M].唐苏勤,黄紫娟,译.北京:中国轻工业出版社,2012:120.

② 杨雪,王艳辉,李董平,等.校园氛围与青少年的自杀意念/企图:自尊的中介作用[J].心理发展与教育,2013,29(05):541-551.

历史。生理方面，其主要表现为睡眠、饮食或体重明显增加或减少，经常失眠、做恶梦，体质或个人卫生状况下降等。其他还包括做事效率低下、犹豫不决、缺乏自信等认知表现。新生入校之初，学校要通过问卷调查、个别交流、家长访谈等全面掌握学生的身心状况，以后每期调查摸底，掌握动态。学校专业指导小组要聚焦重点对象，从人口统计学、流行病学、心理学等角度，运用行为等级量表、人格问卷、访谈、行为观察等测量工具和方法进行综合评估，锁定重点对象并分类分级建档。

（3）分层培训，开发各类心育课程

困境学生的教育是一项系统性和专业性极强的工作，需要学校、家庭、社区、师生、家长等全方位参与。学校要系统设计教师、家长、学生三个层面的培训课程，有计划、分层级开展线上线下培训，提升各类群体的应对策略和方法，提高学生的自我调适能力。

教师层面，要打造一支心育教师团队。对于有数千名学生的大规模学校，面对较多的困境学生，一两个专职心理健康教师的力量十分有限。学校要培养一支数量够用、专业较强的专兼职心理健康教师队伍。同时，开发诸如"高风险学生筛查及应对——识别、转介和康复""成长性心理问题学生的辅导""问题学生转化策略""有效的家校沟通策略与技巧""学生危机事件处理流程"等培训课程，对班主任、导师、生活教师等群体开展通识培训及心理健康教育。只有教育者自身心态健康，有教育理想信念，有仁爱之心，才能培养出阳光健康的学生。

家长层面，首先，要完善家校合作的机制，建立校级、年级、班级三个层级的家委会，让家长参与学校管理、现场体验、亲子活动等，增进与孩子的亲情，建立公平互信、良性互动、合作共育的家校共同体。家校一心，共同应对和化解困境学生的教育难题。其次，要满足所需，为家长赋能。以家长学校为载体，通过专题讲座、线上培训、沙龙活动、座谈交流等方式，加强家庭教育指导，切实履行家庭教育促进法赋予家长的法定责任和义务；引导家长转变育子观念，提升亲子沟通技能，重点培训困境学生家长，共同探讨困境学生的应对策略和方法。最后，要充分借助信息化手段，通过微信、钉钉等平台，开展在线培训或定期推送《家有儿女》《亲子沟通》《青少年手机过度使用的心理教育策略》等方面的课程资讯。

学生层面，应开发各类心理健康教育和德育课程，提升学生自我心理调适能力。"犯罪与其他形式的社会隐患来源于社会没有能够使其价值观在人们心中留下深刻影响。反社会行为源于社会化不足。"①浇花浇根，育人育心！针对学生对自身生命价值感、意义感缺失的现状，多种形式开展世界观、人生观、价值观以及生命、生存、生活教育。"生命是

---

① 史蒂夫·布鲁斯.社会学的意识[M].蒋虹,译.南京:译林出版社,2013:69.

教育的核心和原点"，通过专题课程、学科渗透、主题实践等多种模式，开发和整合相应课程，引导学生理解"生命与自我、生命与他人、生命与社会、生命与世界"的关系[①]，养成良好的学习和生活习惯，掌握自我保护和应对危机的能力，培养积极的自我认同感和生活态度。开发各学段常规心理课程，以及入学季、青春季、毕业季等专题心理辅导课程，开展专题知识讲座、团体心理辅导、个别咨询、主题班团活动、校内外实践及拓展训练活动等，提升学生的"心理复原力"。

（4）分类施策，制定个性化教育方案

在分析每类和每个困境学生情况的基础上，制定个性化教育方案，分类施策，一生一策。如果情况已经比较严重，教师要及早报告，寻求专业的帮助或如实告知家长及时转介治疗。

针对单亲、留守等特殊家庭背景学生，应多给其生活和学习上的关爱，以弥补他们亲情的不足。心理学研究发现，一些学生之所以采取割伤手腕、划伤皮肤等自伤行为，极有可能是由于其长期得不到家庭关爱、缺乏朋友倾诉心中的烦恼和痛苦，要么通过自发负强化缓解心理上的痛苦或正强化创造满意的生理状态，要么通过社会正强化引起他人的注意或社会负强化摆脱人际关系及需求。[②]

针对网络成瘾学生，应采取科学的治疗方法。如：认知疗法，包括认知重建、自我提醒、自我辩论、自我暗示和自我管理等方法；行为疗法，包括强化法、行为契约法、厌恶刺激法、放松疗法等。或采取团体咨询法，在心理咨询师的指导下，6—8人为一个团队，搭建一个交流平台，一周一次，每次1—2个小时，团队成员共同交流、讨论、游戏等。[③]要按照教育部办公厅《关于加强中小学生手机管理工作的通知》要求，班主任、家长、学生三方达成共识和管理契约。

对于学习压力过大的学生，应帮助其进行合理的生涯规划，制订切合实际的学习和发展目标，树立"天生我材必有用"的自信心，能上北大清华的毕竟是少数，考"985""211"也不是唯一出路。对于以自我为中心、处理问题能力较弱的学生，要加强责任感教育，通过班团活动、拓展活动，增强其班级、寝室、家庭团队意识，增强小集体对他们的凝聚力、向心力，让他们在遇到困难和问题时，能和大家共同解决，或学会寻求他人的帮助。

（5）规范行为，减少危机事件诱因

首先，规范教育教学行为。要正确理解和使用《中小学教育惩戒规则》，在教育管理

---

① 孙卫华，许庆豫.生命教育研究进展述评[J].中国教育学刊，2017(03):72-78.

② 米勒，布罗克.中小学生自伤问题：识别、评估和治疗[M].唐苏勤，黄紫娟，译.北京：中国轻工业出版社，2012:16-19.

③ 边玉芳，钟惊雷，周燕，等.青少年心理危机干预[M].上海：华东师范大学出版社，2010:150-155.

学生的过程中，避免刺激性、歧视性、侮辱性的语言，更不得体罚或变相体罚。有时候，教师的一句侮辱性的语言、一记耳光都可能直接引发学生的危机事件。学校要按照"双减"要求，严格落实"五项"管理，规范考试和评价，协调和控制学生的作业总量，实行"清单式"作业管理，控制学生在校学习时长，为学生全面发展和健康成长提供更多的时空保障。

其次，规范管理行为。目前，一些学校和老师为了规避自身的安全责任，针对困境学生随时可能出现的安全事故，与家长签订"安全协议"。但是，这种安全协议既不具有合同的性质也无法保证真正的安全。①应该由学校心理健康教育中心设计一套"治疗声明承诺"，包括学生心理问题告知书、家长不同意就诊责任书、学生复学须知、返校责任书等书面文件，学校如实描述和告知家长学生的心理状况、潜在的风险并提出治疗建议方案等，并开具学校心理健康教育中心个案转介单。

最后，班主任要注意建立自己的信息系统，畅通任课教师、家校、学生之间的信息渠道，及时了解学生的情绪及思想动态，对学生行为、情绪、身体状态等发出的预警信号保持敏感性，及早发现和干预危机事件。

为了保障有特殊教育需求的儿童的受教育权利，并让他们获得进入普通学校学习的机会，1994年6月，联合国教科文组织在西班牙萨拉曼卡市召开了"世界特殊教育大会"，颁布了《萨拉曼卡宣言》，提出了"全纳教育"的思想。近年来，江苏等地的中小学成立了"融合教育资源中心"，整合生命、生活、康复、智识、艺术、亲子等各种课程资源，在困境学生的教育方面作出了有益的探索和尝试。

2.家庭：转变观念，加强学习，提升教育引导能力

家庭是孩子安放心灵的港湾。婚姻的质量、父母的个性、家庭的氛围、教养的方式等对孩子的心理发展和性格形成起着至关重要的作用。孩子成长过程中，父母的作用谁也无法替代，尤其是童年和少年期，更需要父母的陪伴和呵护。父母应切实履行家庭教育促进法规定的监护责任和教育义务，尽量多抽时间陪孩子游戏、玩耍、生活、学习。父母给孩子一个美好的童年，是留给孩子一生最宝贵的财富。父母的身教重于言传，夫妻和睦、尊老爱幼、待人友善、积极乐观、热爱学习等一言一行都会给孩子潜移默化的影响。

作为新时代的家长，要加强自身学习，转变教育观念，提升育子能力。首先，要摒弃"重学业轻品行""重身体轻心理"等观念，认识到培养身心健康的孩子，对家庭和社会的重要意义，根据孩子的天赋和基础，合理规划发展目标。其次，当发现孩子出现心理问题时，要认真反思在家庭环境或教育方面的问题及根源，想办法从根本上改变亲子关系和

---

① 米勒，布罗克.中小学生自伤问题：识别、评估和治疗[M].唐苏勤，黄紫娟，译.北京：中国轻工业出版社，2012:68.

沟通问题,不让孩子心理问题继续加剧。最后,当孩子出现心理危机时,要勇于面对现实,不回避问题,不惊慌失措,和孩子一道共同面对,尽到父母的责任;积极配合学校教育,家校合作、良性互动,主动听取学校和心理专家的意见建议,采用"家庭式心理咨询""家庭疗法";或及时送诊并采信专业机构的治疗方案,积极配合矫正治疗。

3.社会:长远规划,配置资源,完善专门教育体系

2019年,中共中央办公厅、国务院办公厅印发《关于加强专门学校建设和专门教育工作的意见》,为加强和改进专门学校、专门教育工作指明了方向。2020年修订未成年人保护法、预防未成年人犯罪法,以法律形式明确了专门学校的性质、作用和各方责任。2023年4月,教育部等十七部门印发《全面加强和改进新时代学生心理健康工作专项行动计划(2023—2025年)》。一系列文件和法律法规的出台,表明党和国家高度重视困境学生的教育问题。对此,有人大代表建议,加快地方立法,整合各类专门学校资源,尽快制定县级以上政府专门学校的布局规划,明确"国家监护权",加强罪错未成年人帮教;完善专门学校制度,明确专门学校的法律地位,对罪错未成年人进行"提前干预,以教代刑",加强对罪错未成年人分级教育矫治等。①

在各级党委和政府的集中统一领导下,按照新修订的未成年人保护法和预防未成年人犯罪法等法律法规的要求,县级层面应尽快成立"专门教育指导委员会",完善相关工作制度,制定专门教育规划,将困境学生的教育帮扶纳入社会综合治理体系。明确家庭、学校、社会各方责任,建立三方协同育人机制,整合医疗卫生、学校教育、法律援助、社区教育服务机构等社会资源;建立政法、教育、卫健、民政、关工委、群团组织等部门之间的联席会议制度,做到信息共享、资源共建、人才共用,把有限的资源集中在需要重点教育帮扶的困境学生身上。

加快心理健康等专门教育人才培养,分级分类建立为困境学生提供特殊教育服务的专门教育机构。这种教育机构融青少年心理健康教育研究、心理治疗、行为矫正、学历教育为一体,与现有的专为残疾未成人提供教育服务的特教学校,共同构成具有中国特色的未成年人特殊教育体系。同时,加强专门学校与普通中小学、中职、特教学校的合作,畅通学生转学渠道,为困境学生提供重要的教育保护措施。超前谋划、提前介入、未雨绸缪、防微杜渐,把未成年人的违法犯罪消除在萌芽状态。这对"让每个未成年人不掉队","健全预防性法律制度建设、提高学校和社会治理体系和治理能力现代化水平、保持社会和谐稳定,具有十分重要的现实意义"②。

① 李春薇.冯键代表:完善专门学校制度,加强对罪错未成年人分级教育矫治[N].检察日报,2020-05-27(09).
② 张力.努力完善未成年人专门教育保障机制[J].中国教育学刊,2020(12):3.

让爱的阳光普照留守学生

改革开放以来,特别是随着我国经济的转型发展,外出务工经商成为农村经济发展的一个重要组成部分,越来越多的家庭成为"空巢"。2010年全国妇联发布的《全国农村留守儿童状况研究报告》显示,全国农村留守儿童(0—17岁)约有5800万人。2016年12月,中国青少年研究中心发布的《全国农村留守儿童现状调查研究报告》显示,全国留守儿童数量为6000万人。2021年,第七次全国人口普查公布的数据显示,人户分离人口为49276万人,其中,市辖区内人户分离人口为11694万人,流动人口为37582万人,其中跨省流动人口为12484万人。我国经济社会持续发展,为人口的迁移流动创造了条件,人口流动趋势更加明显,流动人口规模进一步扩大,留守儿童规模庞大。

在我国中西部经济欠发达地区,农村留守儿童的比例更高。以我校(寄宿制学校)为例,据不完全统计,有60%以上的学生父母双双在外打工,有的孩子一年到头也很难见到父母一面。小学生住读率为75.5%、初中生住读率为82.3%,小学生和初中生托管率(周末留校)超过40%。缺乏家庭教育的孩子很容易成为教育的弱势群体,存在安全隐患多、学业成绩滑坡、心理问题突出和行为偏差等严重问题,甚至引发社会问题。留守学生的教育问题引起了党和国家的高度关注。党中央、国务院以及各级教育行政主管部门多次要求全社会要高度关注留守儿童工作,解决好留守儿童的教育问题。留守学生的教育和管理必须在党政部门领导下,以学校为主阵地,以班主任为主角色。

一、学校是留守学生教育管理的主阵地

从当前来看,要破解留守学生教育之难题,家长、学校、社会一个也不能少。但对留守学生而言,学校教育的作用会大于其他一般儿童。学校是孩子学习生活的主要场所,教育、管理好农村留守儿童是学校的重要职责。要通过强化学校和社会教育来弥补家庭教育的缺失,构建家庭、学校、社会三位一体的教育管理体系。我校从2003年办学以来,努力从多个方面为留守学生的教育创造良好的环境并取得显著效果。

1.加强校园文化建设,打造书香校园

知识是人类进步的阶梯,是人类灵魂的归宿与寄托。对于留守学生来说,建设"书香校园"容易使他们找到灵魂的依傍,弥补他们内心缺失的爱。为此,我校不断加大阅览室和图书馆建设力度,近年来投入300余万元,先后建设了阅读环境温馨、场地宽敞明亮、图书报纸丰富的多个阅览室。其中,小学生专用阅读室——"文昌书斋"(根据我校最初办学场所在千年盐文化古镇云安的"文昌宫"而命名),面积120多平方米,图书、报纸数百种;在教学楼底楼打造绿植花草环绕、空气自然流通,面积为250平方米的开放式阅览室——"阳光书吧",将图书室、阅览室的图书、报纸定期搬出摆放于此,师生可随手取阅,也成为师生自有书报的"漂流"驿站;将新综合教学楼三楼的整个楼层建成中学生阅览室,面积900多平方米,座位300多个,联网计算机50多台,藏书数万册,订阅报刊100余种,可满足6个班的学生同时阅读。

各班按照学校"五有"班级文化建设的标准和要求,定制个性化的书架,师生共同建设班级图书角。学校倡导全校学生开展"大阅读"活动,编印《经典润童心》《以读促写》《好习惯课堂》等校本材料,阅读课排入各班课程表,每周升旗仪式学生代表上台推荐好书,定期开展"群文阅读"课例教研、学生读书报告会、演讲赛、诗歌朗诵赛等丰富多彩的活动,学生睡前阅读、餐前排队阅读成为习惯。

学校每年举办艺体节、戏剧节、英语节、校园歌手大赛、非凡少年才艺大赛等,通过班级海选、年级复赛、校园总决赛,为全校学生搭建才艺展示的广阔平台。陶艺、沙画、创客、球类、声乐、器乐、舞蹈等60多个社团、100多门校本选修课程,为学生发展兴趣特长提供多样化的选择。我校的"云外文学社"成为全国50佳中学生文学社团,两次被团中央主办的《中学生》杂志专题介绍,文学社刊物《云外文丛》(后升级为上海新纪元教育集团和云阳校园文学社团刊物,更名为《新纪元文丛》)已连续出版75期,成为集团和地域83所学校学生的精神家园,荣获全国校园学生刊物一等奖。学校经常邀请知名教授、专家学者来校对学生开展科普、文学、艺术等讲座活动,为学生提供文化大餐。

此外,学校近几年累计投入资金数百万元,对校园的绿化美化升级改造,打造最美校园。校园绿化面积5万余平方米,绿化覆盖率超过50%,四季鸟语花香,令人流连忘返。

2.强化师资培训,体现人文关怀

留守学生的教育管理与一般学生相比,有其特殊性和更多的不确定性,难度

较一般学生更大,这就要求实施教育和管理的教师必须掌握相关的理论和实践知识。在师资培训的内容中除了强化教师职业道德培训之外,还增加了关于留守学生、心理健康教育、家校沟通策略等方面的内容。留守学生远离父母和家庭,更需要集体的关爱与温暖。学校要努力改善办学条件,想他们之所想,急他们之所急,努力让他们吃得放心,睡得安心,学得舒心,玩得开心。推行"代理家长制",让教师帮助留守学生解决心理上的困惑、物质上的困难、学习上的疑惑、亲情上的疏远、道德上的偏差等问题,搭建多向沟通桥梁,树立留守学生成长的信心和塑造留守学生的健康人格。我校还专门成立学生服务中心,周末组织留守学生开展丰富多彩的文体活动,让学生在学校找到家的归属感。

3. 创新留守学生教育管理形式

我校建有留守学生的翔实档案。各班在新学年学生报到注册时将学生父母外出务工情况、家庭成员情况逐一进行登记,建立留守学生档案和联系卡,推行校级、部级、年级、班级四级周末管理制度。周末组织留守学生开展研学旅行,举办放风筝、看电影、校园卡拉OK、趣味运动会、美食厨艺体验等校内外休闲娱乐和实践活动,让学校成为留守学生喜欢和留恋的温馨家园。

充分发挥学校教育主阵地作用。各班实行教师结对帮扶留守学生制度,开展"一帮一"活动。我校从2004年开始推行"全员导师制",组建"师生小家庭",工作取得了显著成效。近几年来,针对留守学生心理健康方面的突出问题,学校打造了一支20人的专兼职心育教师队伍,针对不同群体开展经常性的团辅、班辅活动,心理健康教育课排入课表并真正落到实处。学生随时可以到学校心理咨询室进行个别咨询。

实施学生自主管理,让学生人人有事干,事事有人管,培养学生"自理、自律、自治、自育"的能力,定期开展"自理节""自理能力大比拼"活动,让留守学生学会独立生活和自我教育。

畅通交流沟通渠道。与电信公司合作建立"校讯通平台",学生的出勤、归寝等在校情况以短信的方式及时反馈到班主任和家长的手机。学校值班室、每栋教学楼开设多个"亲情聊天室",学生可以和家长免费通话、不限时长。此外,通过班级微信群、钉钉群、不定期召开线上会议、家校周末联系套餐等多种形式和渠道,加强学生、家长、教师三者之间的联系与交流。

4. 办好家长学校,转变家庭教育观念

关爱留守儿童,家长的关心是第一位的。国际基础教育界有一句名言:"一个

母亲胜过一百个教师,一个父亲胜过一百个校长。"因此说,家庭教育是最重要的教育。首先,建立学校、年级、班级三级家委会,成立"家长学校",与代管家长、监护人面对面交流,开展家庭教育知识和技能培训,以提高他们对留守学生的监护能力和教育管理能力。其次,引导学生父母转变教育观念,重视孩子的全面健康发展,想尽一切办法去关心孩子的生理、心理、情感,关注孩子的所思、所想、所为。外出务工时,尽可能留一方在家抚养和监护孩子,身体力行地给予孩子温暖和教育。在条件不允许的情况下,父母要为孩子寻找可靠的监护人,让他们尽到"家长"的责任。出门在外,要经常保持同孩子、代理监护人、教师的联系,随时掌握孩子的成长情况,解决好存在的问题。在有了一定经济基础或较稳定的收入后能就近务工,或至少留一人在家照管教育学生。

近几年来,我校一直将关爱留守学生作为一项重要课题,开展"问题学生及学生问题"和"留守学生教育转化策略"课题研究。将关爱留守学生作为提高学校教育教学质量、提高办学水平、促进学校可持续发展的一个重要手段,从而使我校教育教学成绩不断攀升,连续十多年高考、中考取得可喜成绩,升学率、优秀率、学生素质教育测评等成绩高居地域前列。教育质量、安全稳定、党建团建队建、学生心理健康教育等工作考核评比,每年受到市县级教育行政主管部门或党政部门的表彰。

二、班主任是关爱帮助留守学生的主角色

所有教师,特别是班主任的爱心是搞好留守学生教育的前提。教师应站在事关民族未来发展的高度,以高度的责任感和使命感关心留守学生的教育。给特别的留守学生以特殊的关爱,并使他们切实感受到班集体的温暖,减少留守学生教育的断层与真空,让留守学生的生活充满"阳光"。特别是班主任,应该用满腔的热情去关爱留守学生的学习、生活,更不得歧视留守学生。

班主任要随时洞察留守学生的心理,对留守学生的情况要烂熟于心,经常有针对性地开展心理引导,在班级开设"悄悄话信箱",用真情推开一扇扇幼小的心门,解开一个个心结。通过电话联系家长、座谈、结对帮扶等办法,给这些学生以更多关注,激发其热情。平时,细心观察留守学生的学习、情绪、身体、表现;多与留守学生交流、谈心,了解他们的喜怒哀乐、爱好兴趣;了解留守学生的家庭情况,分析其思想动态;关注留守学生点滴的进步,及时鼓励、表扬。

班主任要多开展丰富多彩的班队活动,如"体谅父母教育"活动、"感恩教育"活动、"交往辅导"活动等。让留守学生在活动中亲身体验,感受到集体温暖的同

时受到教育。要经常组织留守学生参与文体娱乐活动,充实业余生活,以此来弥补亲子关系的缺失对其人格健全发展的消极影响。在活动中培养留守学生多方面的兴趣,让留守学生养成多种良好的习惯,即切实加强应试教育向素质教育的转化,使留守学生的特长得到充分的体现和发展。

　　留守学生是未成年人队伍的重要组成部分,留守学生的教育是一项现实而艰巨的社会系统工程,我们必须高度重视,相互配合,创设人人关心孩子,个个关爱学生的良好社会氛围。关注留守学生的教育,关爱留守学生的成长,让爱的阳光普照每个孩子的身心,才能真正办好"人民满意的教育",全面实现教育事业的健康快速发展,才能使我们的社会更加和谐稳定。

(原载《重庆教育》2010年第1期,有改动)

阅读，让师爱增辉

曾听过这样一个故事：一个工人到一家木材厂找工作，老板见他年轻力壮，给了他不错的报酬，还送他一把锋利的斧头。他很珍惜，下决心好好干。第一天，他很轻松地砍了18棵树。老板说："干得好，就这么干。"他很受鼓舞，第二天干得更起劲了，却只砍了15棵树。第三天，他加倍努力，结果更糟，只砍了10棵树……他觉得很惭愧，跑到老板那儿道歉，说自己也不知道怎么了，好像力气越来越小了。老板顿了一下，问他："你磨过斧头吗？""磨斧头？"工人诧异地说，"我天天忙着砍树，哪有什么闲工夫磨斧头去！"

当伐木工人在砍树感到吃力的时候，该想到去磨斧头。当我们教师在教育教学中感到困惑的时候，又该想到什么呢？今天，我只想给大家讲一个我的故事。

在我的抽屉里，一直珍藏着一份特别的授权书。那是两年前，一位家长特意为我写的。今天，我把它带来了，读给现场的朋友们听听。

授权书

现授予邓老师以下权力：

如果田小磊不遵守学校的制度，不接受老师的批评教育，我作为家长授予老师体罚的权力（可以鞭打屁股、手掌30次）。

家长：田惠

生：田小磊

2005年10月20日

这哪里是什么授权书啊，这分明是一颗望子成龙的心哪！这也是对我教育无能的莫大讽刺！每当看到这张纸的时候，我的脸就会火辣辣的，我就会想起我和小磊的那一段难忘的经历。

2005年，曾在多所学校上过学的小磊转学到了我班。他从小父母离异，随母姓，习惯很差，我对他是关爱有加，几乎每天充当"三陪"的角色——陪吃、陪睡、陪作业。但是，小磊根本不吃我这一套，一些平时不大调皮的学生，在他的"领导"下也纷纷"浮出水面"，趁机"兴风作浪"，搞得我手忙脚乱，左支右绌。

那是2005年10月20日的中午，我把小磊领到了学生处，还请来了他的妈妈。我数落着他这一周来的表现：玩游戏机、欺负女生、拒绝吃饭、上课违纪、顶撞老师……他妈妈越听越生气，命令他跪在地上，一阵殴打……小磊撕心裂肺地喊叫。他妈妈当着领导的面写了那份特别的授权书，还强迫小磊在上面也签了字。

我的心被震撼了！我满脸羞愧！此时，我才明白：爱不是万能的，缺乏智慧的爱是苍白的，是没有力量的。

一次逛书店，我发现了《魏书生班主任工作漫谈》这本书。我买回它一口气读了两遍。我不仅读出了魏老师"民主、科学"的班主任工作秘诀，还读出了他博大的胸怀，哲学家的思想，忧国忧民的责任心。他说："世界也许很小很小，心的领域却很大很大。班主任是在广阔的心灵世界中播种耕耘的职业。这一职业应该是神圣的。愿我们以神圣的态度，在这神圣的岗位上，把属于我们的那片园地，管理得天清日朗……"

宛如在黑暗中看到了黎明的曙光！

仿佛在困境中增添了无穷的力量！

好像在走投无路时打开了智慧的锦囊！

后来，我又阅读了一些班级和课堂管理、教育教学行为方面的理论书。我尝试着改变班主任的工作方法，让学生人人有事干，人人都成为班级的主人。小磊不是多动好表现吗？就让他当体育委员，去尝尝管理别人的滋味。当我宣布这一决定的时候，全班一片哗然，一些同学公开反对："他连自己都管不住，还怎么管别人？""他成绩那么差劲儿，让他当体育委员，别败坏了咱们班的形象……"我说："小磊从现在开始要管住自己了，你们总得给他个机会吧！"第一次课间操集合整队，他在前面像模像样地大声下口令："立正——"有几个调皮的家伙嘻嘻哈哈，任凭他喊破嗓子，还是东倒西歪，急得他满头大汗。我去帮他解围，他从内心感激我，也明白了"要管理别人就要先管住自己"的道理。我经常陪他单独练习乒乓球，他成了乒乓高手，让班级那一大群乒乓爱好者心服口服。渐渐地，他有了自信。

为了帮他提高成绩，树立威信，我从他最薄弱的作文入手。开始，我只要求他列出提纲，口述作文内容，然后要求他能写多少就写多少。一次单元测试作文写《20年后的我》，我给他打了高分，讲评时还特意表扬了他，他的脸上写满了自豪。那一次写《最后悔的一件事》，他这样写道："我后悔，我一次次地让老师、让妈妈对我失去信心……我恨我自己管不住自己……"我请他上台朗读，读着读着，他竟流下了眼泪，教室里响起了热烈的掌声。我将此文推荐到校报上发表。他妈妈看到儿子发表的作文，给我打来电话，她说读了儿子的作文感动得哭了，这是儿子写得最用心的一篇作文，看到儿子的悔恨，她很后悔当初离婚，没想到离婚竟给儿子造成了这么大的伤害！……那一学期，小磊第一次拿到了"三好学生"的奖状。我也拿到了教师生涯中的第一张"优秀班主任"的奖状。

是坚冰，也会被真情融化！

是顽石，也会被智慧开窍！

是锈铁，也会被耐心擦亮！

那一刻，我分享着小磊一家的快乐，我感受到了教师职业的幸福！

我得感谢那份特别的授权书，它时刻嘱咐我铭记责任，开拓创新，才能不辱使命！它时刻提醒我抬头砍树、低头磨斧，才会事半功倍！

我更要感谢那些如磨刀石般的优秀图书，是它们把师爱磨出了灿烂的光辉！

（本文系2007年教育系统"读一流好书，创一流业绩"主题演讲比赛演讲稿，文中学生及家长名字系化名）

第十三章　保护学生就是保护我们自己: 学生伤害事故的预防与处理

2016年11月21日,星期一。

下午第三节课,全校小学生坐在教室收听值周总结广播。三年级某班班主任站在讲台上,辅导员站在教室后面。按照该班惯例,利用这个时间,教师让值日生小文爬上窗台去收拾整理全班同学的书包。小文用力去提其中一个书包时,站立不稳突然扑向窗帘,然而窗帘后面的玻璃窗并没关上。悲剧发生了! 小文一下扑空,直接从三楼摔下。两个老师边哭喊边跑下楼,只见小文头部朝下,刚好摔在花台边沿的瓷砖上,鲜血从口鼻中汩汩流出。救护车十分钟左右赶到,紧急送医院抢救治疗。

11月24日,小文永远离开了慈祥的父母、朝夕相处的伙伴。一个如花的生命,凋谢在了人生的春天里!

家长悲愤欲绝,几十个家属聚集到学校,要冲击校门,找老师和学校讨要说法,班主任几乎精神崩溃。特警队严阵以待,维持学校秩序。在信访、公安、教育等行政主管部门的主持下,家属代表和学校代表进行了一轮又一轮的协商谈判,终于达成赔偿协议。学校一次性赔付各种费用85万元,总算息事宁人。加上医疗费、接待费等,学校共计支付了100万余元。

事后,学校受到上级部门的严厉批评,责令学校限期整改安全隐患;相关责任人受到处分,该班辅导员被解除劳动合同,班主任、学生处主任、安稳办主任受到行政处分,学部部长、安全分管领导、校长被诫勉谈话。学校痛下决心,彻底排查校园安全隐患,投入数百万元整改不符合安全标准的设备设施,包括将学校所有教室、寝室的窗户加装隐形防护网。

第二年,小文摔下的地方,三棵两米多高的桂花树莫名地枯萎了。

一次次血淋淋的教训,一场场刻骨铭心的苦痛,一个个鲜活的生命! 为什么唤不醒一些麻木不仁的心? 为什么总是好了伤疤忘了痛? 为什么总是抱着侥幸的心理?

生命不保,何谈教育?

家长将孩子送到学校,考虑的首要问题是孩子在校是否安全和健康,其次才考虑孩子的学习和发展。作为教师,保护好学生,是我们做好教育工作的前提和基本要求;对于学校来说,安全稳定是其发展的底线和基本保障。学校对学生的责任主要包括三个方面:教育、管理和保护。防范学生伤害事故的发生,是每个教育工作者义不容辞的责任。我们需要学习相关的法律知识,了解学生伤害事故预防和处理的一些知识。2002年8月1日,教育部发布《学生伤害事故处理办法》,明确了学生伤害事故与责任、处理程序、事故损失的赔偿、责任者的处理等事项。

一、学生伤害事故的主要类型

根据伤害事故的不同情形和责任主体,学生伤害事故主要分为以下四类。

1.学校责任事故

学校责任事故,即由于学校过错造成的事故。这类事故将由学校和相关责任人承担主要责任。

《学生伤害事故处理办法》第九条 因下列情形之一造成的学生伤害事故,学校应当依法承担相应的责任:

(一)学校的校舍、场地、其他公共设施,以及学校提供给学生使用的学具、教育教学和生活设施、设备不符合国家规定的标准,或者有明显不安全因素的(**设备设施**);

(二)学校的安全保卫、消防、设施设备管理等安全管理制度有明显疏漏,或者管理混乱,存在重大安全隐患,而未及时采取措施的(**管理制度**);

(三)学校向学生提供的药品、食品、饮用水等不符合国家或者行业的有关标准、要求的(**饮食卫生**);

(四)学校组织学生参加教育教学活动或者校外活动,未对学生进行相应的安全教育,并未在可预见的范围内采取必要的安全措施的(**安全教育**);

(五)学校知道教师或者其他工作人员患有不适宜担任教育教学工作的疾病,但未采取必要措施的(**用人不当**);

(六)学校违反有关规定,组织或者安排未成年学生从事不宜未成年人参加的劳动、体育运动或者其他活动的(**活动组织**);

(七)学生有特异体质或者特定疾病,不宜参加某种教育教学活动,学校知道或者应当知道,但未予以必要的注意的(**特异保护**);

(八)学生在校期间突发疾病或者受到伤害,学校发现,但未根据实际情况及时采取相应措施,导致不良后果加重的(**处置不当**);

(九)学校教师或者其他工作人员体罚或者变相体罚学生,或者在履行职责过程中违反工作要求、操作规程、职业道德或者其他有关规定的(**师德失范**);

(十)学校教师或者其他工作人员在负有组织、管理未成年学生的职责期间,发现学生行为具有危险性,但未进行必要的管理、告诫或者制止的(**放任危险**);

(十一)对未成年学生擅自离校等与学生人身安全直接相关的信息,学校发现或者知道,但未及时告知未成年学生的监护人,导致未成年学生因脱离监护人的保护而发生伤害的(**脱离监护**);

(十二)学校有未依法履行职责的其他情形的。

2.学生责任事故

学生责任事故,即由于学生本人或未成年学生监护人的过错造成的事故。这类事故将由学生自己或监护人承担相应的责任。

《学生伤害事故处理办法》第十条　学生或者未成年学生监护人由于过错,有下列情形之一,造成学生伤害事故,应当依法承担相应的责任:

(一)学生违反法律法规的规定,违反社会公共行为准则、学校的规章制度或者纪律,实施按其年龄和认知能力应当知道具有危险或者可能危及他人的行为的;

(二)学生行为具有危险性,学校、教师已经告诫、纠正,但学生不听劝阻、拒不改正的;

(三)学生或者其监护人知道学生有特异体质,或者患有特定疾病,但未告知学校的;

(四)未成年学生的身体状况、行为、情绪等有异常情况,监护人知道或者已被学校告知,但未履行相应监护职责的;

(五)学生或者未成年学生监护人有其他过错的。

3.其他相关人员的责任事故

其他相关人员的责任事故,即因与学校或学生个人活动有关的,其他个人或组织的过错造成的事故。

4.混合型责任事故

混合型责任事故,即多方当事人共同过错造成的事故。

二、学生伤害事故责任及主要法律依据

目前,我国处理学生伤害事故的法律依据主要有三个。

1.《中华人民共和国未成年人保护法》

《中华人民共和国未成年人保护法》于1991年9月颁布,2006年12月第一次修订;2012年第一次修正,2020年第二次修订,2024年再一次进行了修正,并于2024年4月26日正式实施。这是一部全方位保障未成年人权益的综合性、基础性法律。修订后的《中华人民共和国未成年人保护法》分为总则、家庭保护、学校保护、社会保护、网络保护、政府保护、司法保护、法律责任和附则,共9章132条。

(1)学校保护

《中华人民共和国未成年人保护法》第三章"学校保护",对学校应尽的法律责任作了严格界定,包括教育教学行为、安全管理制度、学生安全教育、校舍条件保障等,特别增加了"防校园欺凌""防性侵"等内容。第二十七、二十八、三十三条,对教职员工不得具有体罚、变相体罚或者其他侮辱人格尊严的行为,不得违反国家规定开除、变相开除未成年学生,学校不得占用节假日组织义务教育阶段的未成年学生集体补课等作出了明确规定。

(2)预防欺凌

《中华人民共和国未成年人保护法》第三十九条对防治学生欺凌作出了规定。

学校对学生欺凌行为应当立即制止,通知实施欺凌和被欺凌未成年学生的父母或者其他监护人参与欺凌行为的认定和处理;对相关未成年学生及时给予心理辅导、教育和引导;对相关未成年学生的父母或者其他监护人给予必要的家庭教育指导。

(3)法律责任

第六十二条 密切接触未成年人的单位招聘工作人员时,应当向公安机关、人民检察院查询应聘者是否具有性侵害、虐待、拐卖、暴力伤害等违法犯罪记录;发现其具有前述行为记录的,不得录用。

密切接触未成年人的单位应当每年定期对工作人员是否具有上述违法犯罪记录进行查询。通过查询或者其他方式发现其工作人员具有上述行为的,应当及时解聘。

第一百一十九条 学校、幼儿园、婴幼儿照护服务等机构及其教职员工违反本法第二十七条、第二十八条、第三十九条规定的,由公安、教育、卫生健康、市场监督管理等部门按照职责分工责令改正;拒不改正或者情节严重的,对直接负责的主管人员和其他直接责任人员依法给予处分。

第一百二十六条　密切接触未成人的单位违反本法第六十二条规定，未履行查询义务，或者招用、继续聘用具有相关违法犯罪记录人员的，由教育、人力资源和社会保障、市场监督管理等部门按照职责分工责令限期改正，给予警告，并处五万元以下罚款；拒不改正或者造成严重后果的，责令停业整顿或者吊销营业执照、吊销相关许可证，并处五万元以上五十万元以下罚款，对直接负责的主管人员和其他直接责任人员依法给予处分。

2.《学生伤害事故处理办法》

《学生伤害事故处理办法》由教育部2002年颁布、2010年修正，这是一个行政法规。

（1）适用范围

第二条对学生伤害事故适用范围作了明确规定："在学校实施的教育教学活动或者学校组织的校外活动中，以及在学校负有管理责任的校舍、场地、其他教育教学设施、生活设施内发生的，造成在校学生人身损害后果的事故的处理，适用本办法。"这一条有两个方面的含义：

第一，从时空上看，有无过错，是否尽到了教育管理的责任。在学校对学生负有管理责任的所有时间和空间内发生的学生伤害事故都适用。具体而言，包括两个层面：在学校组织的校内外教育教学活动中，包括课堂教学、实验、军训、课间活动、社会实践、公益活动等；在学校负有管理责任的场地，包括校内的建筑物、一切场地和设备设施不安全造成的学生伤害。

第二，从事故的结果看，是否实际造成了学生伤害。伤害分为人身伤害和精神伤害。人身伤害是指直接对身体造成有损害后果的创伤，造成的后果有明显的征兆，或通过普通医学手段进行身体检查作出鉴定，对造成的原因能作出准确判断。《学生伤害事故处理办法》的适用范围仅限于人身伤害。造成精神损害的则需要用民法典相关条款处理。

（2）法律责任。

《学生伤害事故处理办法》第九条对学校应当依法承担责任的12种情形作了明确规定，以上已经一一罗列出来。造成学生伤害事故的责任主要包括以下几个方面：

①损害赔偿责任。

学生伤害事故赔偿的范围与标准，按照有关行政法规、地方性法规或者最高人民法院司法解释中的有关规定确定。

但在实际调解处理过程中，政府及主管部门为了息事宁人，赔偿标准往往远远高于国家法律规定的标准。如，2015年"6·11"篮球架垮塌致学生死亡事件，2016年"11·21"小学生坠楼事件,经过政府工作组调解,学校实际赔偿的各种费用都超过100万元。

经济赔偿一般由学校负责筹措,学校无力完全筹措的,由学校的主管部门或者举办者协助筹措。学校购买校方责任险,正是为了降低风险,减少损失。因学校教师或者其他工作人员在履行职务中的故意或者重大过失造成的学生伤害事故,学校予以赔偿后,可以向有关责任人员追偿。

②行政处分及刑事责任。

发生学生伤害事故,学校负有责任且情节严重的,教育行政部门应当根据有关规定,对学校直接负责的主管人员和其他直接责任人员,分别给予相应的行政处分。学校内部也会给予相应的行政处分或劳动纪律处分。有关责任人的行为触犯刑律的,应当移送司法机关依法追究刑事责任。

③对单位的行政处罚。

学校管理混乱,存在重大安全隐患的,主管的教育行政部门或者其他有关部门应当责令其限期整顿;对情节严重或者拒不改正的,应当依据法律法规的有关规定,给予相应的行政处罚。

(3)学校不承担责任的情形

《学生伤害事故处理办法》第十三条　下列情形下发生的造成学生人身损害后果的事故,学校行为并无不当的,不承担事故责任;事故责任应当按有关法律法规或者其他有关规定认定:

(一)在学生自行上学、放学、返校、离校途中发生的;

(二)在学生自行外出或者擅自离校期间发生的;

(三)在放学后、节假日或者假期等学校工作时间以外,学生自行滞留学校或者自行到校发生的;

(四)其他在学校管理职责范围外发生的。

3.《中华人民共和国民法典》

《中华人民共和国民法典》由第十三届全国人民代表大会第三次会议于2020年5月28日通过,自2021年1月1日起施行。第七编"侵权责任"相关条款规定:

第一千一百七十九条　侵害他人造成人身损害的,应当赔偿医疗费、护理费、交通费、营养费、住院伙食补助费等为治疗和康复支出的合理费用,以及因误工减少的收入。

造成残疾的,还应当赔偿辅助器具费和残疾赔偿金;造成死亡的,还应当赔偿丧葬费和死亡赔偿金。

第一千一百八十三条　侵害自然人人身权益造成严重精神损害的,被侵权人有权请求精神损害赔偿。因故意或者重大过失侵害自然人具有人身意义的特定物造成严重精神损害的,被侵权人有权请求精神损害赔偿。

第一千一百九十九条　无民事行为能力人在幼儿园、学校或者其他教育机构学习、生活期间受到人身损害的,幼儿园、学校或者其他教育机构应当承担侵权责任;但是,能够证明尽到教育、管理职责的,不承担侵权责任。

第一千二百条　限制民事行为能力人在学校或者其他教育机构学习、生活期间受到人身损害,学校或者其他教育机构未尽到教育、管理职责的,应当承担侵权责任。

第一千二百零一条　无民事行为能力人或者限制民事行为能力人在幼儿园、学校或者其他教育机构学习、生活期间,受到幼儿园、学校或者其他教育机构以外的第三人人身损害的,由第三人承担侵权责任;幼儿园、学校或者其他教育机构未尽到管理职责的,承担相应的补充责任。幼儿园、学校或者其他教育机构承担补充责任后,可以向第三人追偿。

民法典的颁布,在中国法治建设进程中具有里程碑意义,被誉为公民权利的宣言书和保障书。同时,也充分体现了对未成年人的保护原则。依法治校、依法执教是学校管理者及教育工作者应该遵守的底线原则,但是在学校日常管理和教育教学当中,原来一些习以为常的做法,一不小心就触犯了民法典的规定,值得引起广大教育工作者的警惕。

(1)泄露学生个人信息和隐私

学生个人信息和隐私包括其本人及监护人的姓名、出生日期、身份证件号码、生物识别信息、住址、电话号码、电子邮箱、健康信息、行踪信息等。学校容易泄露学生个人信息的情况包括:

一是在学校网站、微信公众号等平台发布学生个人信息。如,某校教务处开学时在学校网站上公布新生分班信息时,将学生家庭住址、家长联系电话等信息也公开,被电信诈骗犯罪分子获取,谎称是班主任或学校的教师,向学生家长打电话,帮忙代缴学费,要求学生缴费到某账户上。短短几个小时,几十名学生家长接到此类电话,一些家长上当受骗,纷纷找学校索赔。

二是向一些合作的单位、如电信运营商、保险机构、校外辅导机构等提供学生的信息。

三是为了安全管理需要,在学生宿舍内、洗澡间周围安装监控摄像头。

四是教育过程中,向其他学生泄露某个学生的身体缺陷。

(2)侵犯学生的姓名权和肖像权

民法典第一千零一十二条规定:自然人享有姓名权,有权依法决定、使用、变更或者许可他人使用自己的姓名,但是不得违背公序良俗。

第一千零一十九条规定:任何组织或者个人不得以丑化、污损,或者利用信息技术手段伪造等方式侵害他人的肖像权。未经肖像权人同意,不得制作、使用、公开肖像权人的肖像,但是法律另有规定的除外。未经肖像权人同意,肖像作品权利人不得以发表、复制、发行、出租、展览等方式使用或者公开肖像权人的肖像。

学校容易侵犯学生的姓名权和肖像权主要有以下几种情况:一是学校在成绩宣传、招生宣传、学校形象宣传等过程中,通过公众媒体、自媒体、宣传展板、条幅等形式在网络、纸质载体、实物等上面向社会公众发布信息时,未经学生本人或监护人同意,使用学生的姓名和照片。二是学校在教育教学管理中,有些管理者和教师习惯用手机拍摄违纪学生的照片,然后发到学校教职工群、家长群中。

(3)侵犯学生的身体权和健康权

民法典第一千零一十一条规定:以非法拘禁等方式剥夺、限制他人的行动自由,或者非法搜查他人身体的,受害人有权依法请求行为人承担民事责任。

教师在教育管理学生时容易侵权的行为包括:管制刀具收缴行动中强制搜查学生的身体、书包等;师生财物丢失被盗,怀疑系某生所为,强制搜查学生身体和物品等。

2021年3月,教育部颁布的《中小学教育惩戒规则(试行)》正式实施。不少教师认为,可以名正言顺地惩罚、体罚那些顽劣的学生了。实则不然,《中小学教育惩戒规则(试行)》强调,实施教育惩戒应当遵循教育性、合法性、适当性的原则,"实施教育惩戒应当符合教育规律,注重育人效果;遵循法治原则,做到客观公正;选择适当措施,与学生过错程度相适应"。教育惩戒与体罚和变相体罚更是不同性质的行为,《中小学教育惩戒规则(试行)》第十二条明确禁止了八类不当教育行为,划定了教师的行为红线。

第十二条 教师在教育教学管理、实施教育惩戒过程中,不得有下列行为:

(一)以击打、刺扎等方式直接造成身体痛苦的体罚;

(二)超过正常限度的罚站、反复抄写,强制做不适的动作或者姿势,以及刻意孤立等间接伤害身体、心理的变相体罚;

(三)辱骂或者以歧视性、侮辱性的言行侵犯学生人格尊严;

(四)因个人或者少数人违规违纪行为而惩罚全体学生;

（五）因学业成绩而教育惩戒学生；

（六）因个人情绪、好恶实施或者选择性实施教育惩戒；

（七）指派学生对其他学生实施教育惩戒；

（八）其他侵害学生权利的。

（4）侵犯学生受教育的权利

违反教育法及上述法律法规的相关规定，随便让学生听课、停学、赶撵成绩差的学生造成其辍学等行为，属于侵犯学生受教育的权利。

三、学生伤害事故处理程序

当学生发生伤害事故时，教师要按照法律法规和学校应急预案的程序和要求及时处置。

1.及时救助受伤害学生

《中小学教育惩戒规则（试行）》第十五条规定：发生学生伤害事故，学校应当及时救助受伤害学生，并应当及时告知未成年学生的监护人；有条件的，应当采取紧急救援等方式救助。发生学生伤害事故时，无论学校是否承担责任，学校对受伤害学生的救助应是无条件的。最先在现场发现情况的教职工负有"首遇责任"，如果视而不见、不闻不问将会承担相应的责任。注意以下几个原则：第一，救人第一原则。教职工如果有救助能力则可以对学生进行救助，否则不允许进行救助，只能拨打120急救电话，等待医疗急救车辆的到来。如果学生心理受到较大伤害和刺激，需第一时间安排专业心理辅导教师介入和干预。第二，及时报告原则。立即向部门主管或安稳办领导报告，情况紧急或事态严重的可以直接向校长报告并及时通知受害学生监护人；发生暴恐事件或重大伤亡的还应该拨打110或向辖区派出所报警。情形严重的，学校应当及时向主管教育行政部门及有关部门报告；属于重大伤亡事故的，教育行政部门应当按照有关规定及时向同级人民政府和上一级教育行政部门报告。第三，保护现场。有些突发意外伤害事故需要我们保护好现场，等待公安机关调查取证；必要时可以录音录像，但不得随意外传，更不能发到微信平台或网上。

2.在受伤害学生治疗过程中的注意事项

在受伤害学生治疗过程中，许多学生家长认为既然伤害事故发生在学校，学校也投保了校方责任险,所产生的医疗费用及其他损失都应该由学校承担。虽然校方责任险属于强制保险,但其商业性质没有改变,因此校方责任险的理赔也是有严格规定的。为了避免因学生伤害事故赔偿处理引发不必要的家校纠纷,学校及教师应提示家长在受伤害学生治疗过程中需注意的问题。

一是治疗医院的选择。学生在学校受伤后,通常应选择当地县级以上正规医院治疗,如果因当地医院治疗水平限制而无法治疗学生的伤病,应由医院出具转院证明或治疗建议。如果受伤害学生家长擅自转院治疗,将来在校方责任险理赔中可能会拒绝赔偿转院后的医疗费用,引发不必要的纠纷。

二是治疗用药的选择。保险公司只赔付在医疗保险范围内发生的医疗费用,对于自费药品,保险公司不予理赔。而有些医院为了商业利益,会向患者推荐自费药品,尤其在伤害事故中更为明显,受伤害学生家长出于治疗心切的原因,又因伤害事故发生在学校,很容易接受医生的建议而选择自费药品。为了避免以后的纠纷,学校必须对家长进行提醒和告知。

三是交通费问题。在受伤害学生治疗过程中必然会产生交通费,而交通费仅包括受伤害学生因治疗伤病而产生的交通费用,不包括因亲属探望等产生的交通费用。因现在很多家长都会选择开车将孩子送医治疗,并留存汽车加油的票据作为交通费用的凭证,学校应提醒受伤害学生家长,保存好交通费票据,如果用私家车送医治疗,不需要以加油费票据作为交通费用凭证,保险公司会根据治疗的次数及往返的路程确定合理的费用。

四是护理费和营养费问题。在学生伤害事故后续赔偿处理中,很多受伤害学生家长会提出护理费和营养费的赔偿,而保险公司对上述费用的赔付必须以医嘱上记载需要护理和加强营养为依据。因此学校应告知受伤害学生家长,如果需要护理和加强营养,应有医嘱,或诊断证明上有清晰的记载和说明,否则事后如果主张护理费和营养费,保险公司不会赔付,法院诉讼也不会支持该项主张。

五是保存好诊断证明、医药费发票、病历等所有原始治疗资料。

3.学生伤害事故善后处理

在我国,由于独生子女家庭多,加之一些家长的法治意识淡薄,学生伤害事故处理起来十分棘手。处理时一般遵循以下几个原则:依法依规,客观公正,及时妥善,而不是抱着"息事宁人"的态度,让学校、教师多承担责任。处理的程序包括:谈判协商、司法程序、保险理赔、事故调查、责任追究等环节。

《中小学教育惩戒规则(试行)》第十八条规定:发生学生伤害事故,学校与受伤害学生或者学生家长可以通过协商方式解决;双方自愿,可以书面请求主管教育行政部门进行调解。成年学生或者未成年学生的监护人也可以依法直接提起诉讼。

经教育行政部门调解，双方就事故处理达成一致意见的，应当在调解人员的见证下签订调解协议，结束调解；在调解期限内，双方不能达成一致意见，或者调解过程中一方提起诉讼，人民法院已经受理的，应当终止调解。调解结束或者终止，教育行政部门应当书面通知当事人。

四、学生伤害事故的预防

学生受到伤害甚至非正常死亡，学校和教师承担责任，经济赔偿和行政处罚都是无奈之举，这些永远也无法弥补学生和一个家庭身心受到的伤害。因此，做好学生伤害事故的预防才是重中之重，包括常态化安全检查和设备设施维护，制定和完善学生教育管理制度，过程管理全域覆盖不留空当，安全警示教育的针对性和实效性，师生员工的安全技能培训和自救自护能力训练，等等，充分发挥人的主观能动性。

1.学生伤害事故主要风险

尽管各级党委政府、教育行政主管部门、基层学校对安全工作高度重视，但学生伤害事故频发，非正常死亡人数呈上升趋势。据统计，我国每年有1.6万名左右的中小学生非正常死亡，相当于平均每天有一个班的学生消失。造成中小学生非正常死亡主要有九大风险，依次是：溺水、交通事故、自杀、拥挤踩踏、食物中毒、建筑物倒塌、消防、校园暴力、校园活动事故。

目前，自杀已经位于学生伤害事故之首，成为困扰学校安全管理的最大风险，其背后的根源是特殊家庭背景、心理健康问题等导致的高风险学生日益增多。中小学自杀呈现出以下特点：从学段来看，高中学生易发，初中学生特别是女生快速增长，小学阶段时有发生，有低龄化发展趋势；从家庭背景来看，单亲、离异、留守等特殊家庭背景的学生风险最高；从行为方式来看，绝大多数自杀发生在校外和节假日，行为包括投江、跳楼、服药等。

2.预防措施

（1）抓好"三防"建设，落实安全职责和常规安全工作

包括学校安全制度建设完善、安全职责明确、安全预案制定、安全教育和管理、安全隐患的排查整改……归纳起来就是要抓好"三防"建设。

人防：明确职责、落实责任、值班值守、宣传教育等，重点是全员落实安全管理的"一

岗双责"。

物防:设备设施、条件保障、隐患排查、周边环境等,重点是学校设备设施安全隐患的"日周月"排查整改。

技防:管理机制、工作流程、技术手段、技能提升等,重点是技术手段和技能提升。

(2)抓住重难点,减少特殊群体学生的伤害事故

2020学年,我们通过两次摸底统计,发现本校有留守、单亲、离异、重组及家庭成员残疾、精神病、吸毒、服刑、刑满释放等特殊家庭背景的学生超过50%。全校有身心特异质学生102人,占2.2%。其中,有明显心理问题的学生58人,占学生总数的1.25%;确诊或达到转介标准的23人,占学生总数的0.5%,休学治疗的4人;已有自伤自杀行为表现的15人。

针对这一突出问题,我们的主要对策如下:

一是学校成立了一个特殊群体学生教育管理工作领导小组,由分管德育和安全的副校长牵头负责,组成人员包括学生处主任、安稳办主任、心理健康教师、校医、分管卫生的副校长、社区卫生院心理健康评估或治疗方面的专家等,全面领导特殊群体学生的筛查、评估、干预、转介、康复管理等各个环节的工作。同时,建立和完善风险管理及危机处置等一套比较专业而规范的流程。

二是打造一支心育队伍,充分发挥心理健康教师的专业引领作用。如我校选拔了20名兼职心理健康教师队伍,定期开展专题培训研讨,提升上课水平。

三是制定心理健康课程方案,开发德育和健康教育系列课程,将心理健康课纳入课程计划。同时加强学生"世界观、人生观、价值观"以及"生命、生存、生活"教育引导。

四是对班主任、家长等开展全员培训,定期推送心育课程、沟通技巧。发挥团队的力量,完善班校共育、家校共育、全员共育机制。

五是实行全员导师制,对特殊家庭、心理疾患等高风险学生全面摸底,建立台账,分解到导师管理和帮扶引导。重点做好心理问题突出学生的干预、转介和治疗。

但面对一些心理障碍严重的高风险学生,我们仍心有余而力不足。一方面,我们要借助专家资源,寻求上级的制度保障和帮助;另一方面,希望学校和每位教职工能高度重视此问题,发挥团队的智慧和力量,群策群力共同防范。

生命最宝贵,安全大于天!我们在从事教育教学工作的同时,必须强化安全的底线思维,保护好学生的生命健康安全,最大限度地减少学生伤害事故,这是我们工作的前提和底线,也是对我们自身的保护。

教育叙事

小雨，请原谅老师的无能为力

一

那是2022年春季开学第二周的星期一晚上七点多。是的，时间我记得很确切，因为第二天的日历是一串特殊的数字——2022-02-22。

接到高中部部长的电话，我正在办公室津津有味地阅读塔拉·韦斯特弗的处女作《你当像鸟飞往你的山》，美好的心情一下子被破坏，我的心猛地提到了嗓子眼。

"高一年级学生小雨刚刚给副班主任发微信，说她在回城的路上，马上要到学校来寻死！"

"马上通知学生处主任、安稳办主任、班主任和老师到前后校门拦截，暂不能让她进校！"

"请安稳办主任马上报警，紧闭大门！"

"请班主任联系孩子的父母，并继续和学生保持联系，先稳住她的情绪！"

我第一时间下达了一连串指令，然后急匆匆地向校门走去。

我生怕一开学就发生什么不测！因为就在本学期开学报名的第一天和第二天，附近的两所学校已有两名学生相继在校内跳楼身亡。难道厄运又会降临到我们头上？我忐忑不安。

安稳办主任把小雨的照片及近1.8米身高的特征信息发到安全群里，发出警告。等我走到校门口，所有的人员都已经到位，包括两名警察。所有的人员都严阵以待，如临大敌。

二

我把高中部的管理干部和班主任叫到一旁，了解孩子的大致情况。

小雨2021年9月在我校入学就读高一。入学不久，班主任就发现她经常不能控制自己的情绪，她割伤自己的手腕，然后把沾有血迹的面巾纸若无其事地送给周围的同学,而且在自己的朋友圈经常发一些自伤的图片。班主任联系家长,家长说孩子很正常啊,没什么问题。

班主任是一位年轻的女老师,副班主任是一位阳光帅气的小伙子,他们为小雨操碎了心。小雨在班上没有几个要好的朋友,她唯一信任的人只有副班主任,有什么话只向他讲。

后来,高中部部长又联系了小雨初中学校的班主任,进一步了解情况。孩子原来在外省就读,八年级时转入他们学校,有严重的心理健康问题。小雨的父母感情不和,经常吵架打架。小雨五岁时,父母离异了,小雨被判给母亲,但母亲并没有自己带小雨,而是将小雨送到小雨的姨妈家寄养、上学。小雨初中快毕业时,回到老家和母亲共同生活,但她从不与继父说话。

心理辅导老师介入几次,没有什么效果,情况越来越糟糕。不能再让她的情况恶化下去了。2022年1月中旬,班主任和学部负责人做通家长的工作,请他们到学校办理了休学治疗手续,小雨离开了学校。

"还是没联系上家长吗?"我问。

"她的继父第一次接了电话,说让她母亲来学校处理,但她母亲一直不接电话。她继父后来不接电话了,再打手机已经关机了。"班主任无奈地摇头。

"她怎么会今天突然发信息给你们?"我追问班主任和副班主任。

"她的父母从来没告诉我小雨休学后的治疗情况。前天,她母亲说她已经在外地的一个精神专科医院治疗出院,现在没问题了,想要复学。我让他们把出院证明和复学证明拍照给我,但一直没发给我。"副班主任接着补充说,"孩子昨天给我发微信,说是学校不让医院给她开复学证明的。我说复学要履行相关的手续,要请示学校领导,我没有这个权力。"

我们让警察先回避一下,不然小雨到校门后看见了不好。

三

"小雨来了!"有老师报告。

"你们出去找个奶茶店和她交流一下,不能把她带进学校。"

保安打开大门,高中部部长和副班主任过去和小雨交流。我远远地望着,灯光下,一个身材清瘦高挑的女生,身着浅蓝色牛仔夹克、黑色九分裤子,开衩的裤管下是一双时尚的白鞋。一个白色大口罩和齐肩的长发几乎遮住了整张脸,只看到一副眼镜,手里拿着一叠资料。

没几分钟,孩子转身走了,老师进入校门。

"孩子哪儿去了？"

"她说她回家去。"副班主任手里拿着一个书本大小的字框。

"你应该找一个地方坐下来和她继续交流，然后请家长到店里接她回去。"

副班主任追了出去，但已不见孩子的踪影。他气喘吁吁地跑回来了。

"问小雨到哪儿去了，继续联系家长。"

小雨不回信，家长还是不接电话。

我们七八个人回到办公室商量对策。我拿起副班主任手中的字框，他说这是小雨特意来送给他的，大家一起欣赏起来。中间用毛笔宣纸书写"天官赐福"，右边竖题"壬寅初春"，左边落款为她的名字，扇面格式、书写流畅、方形木纹外框装裱。字写得不错嘛！

听班主任介绍，小雨的作业工整，平时考试的成绩还不错。

"小雨回信息了！"——"老师，如果今晚我的手腕出血太多，我会不会死？"大家的心又提到了嗓子眼。

一屋子七八个人又开始忙乱起来了。

"马上拨打110！"

"请公安局定位小雨的位置！"

"向公安局校保大队报告！"

"向教委安监科报告！"

"稳住小雨的情绪，先答应她所有的要求！"

…………

派出所的民警找到小雨父母提供给学校的家庭住址，敲开门，结果居住在里面的根本不是他们。

她妈妈还是不接电话！！！

四

公安机关终于定位到小雨了，就在学校附近。我们请派出所的两位警察和我们一起去找她，毕竟我们不敢半夜私闯民宅。

就在找小雨的路途中，她的继父终于回电话了。他说小雨没事儿，和她妈妈在家里。我们要求他告知租房的准确位置，并恳请他马上回来一趟。他说在上班，走不开，然后挂断了电话。其实，他就在三公里远的一个居民小区当保安。

初春的深夜，寒气逼人。我们匆匆忙忙，踩着坑坑洼洼的路，高一脚低一脚走进一个小巷子。按照小雨继父说的位置，找到了她家的房子，在背街小巷子的一栋居民楼底楼。窗户紧闭,多次使劲儿敲门,无人应声。

再打小雨继父的电话,他还是坚持说小雨母女俩在家没事儿,因为小雨的母亲一直在和他联系。高中部部长郑重地告诉他,如果他今晚不回来,我们只好叫开锁公司来开门。不然,公安局还以为我们报假案。

我们继续敲门,仍然无人应声。

警察通知楼长马上过来,又让我们联系开锁公司来开门。

反正今天一定要找到她!!! 我们都铁了心。

正在我们打电话联系开锁匠时,小雨继父打电话说15分钟内赶回来。

等吧! 这是一家什么样的人——每个人心中都在纳闷儿。

12分钟,13分钟,14分钟⋯⋯还是不见人。

直到第15分钟,巷子那头射过一道光,一个人骑电瓶车过来了。身着保安服,是小雨的继父。他在窗子边大声呼喊小雨母亲的外号:"×老大,×老人",无人应声。他掏出钥匙,门倒闩了。他使劲儿打门,我们终于听到里面有吱呀的开门声。

开门的是小雨。她继父怒声吼道:"为什么不开门?"

"我在睡觉,怎么听得到?"小雨若无其事地回答。

"你割了手腕没有? 把袖子捞起来我们看。"高中部部长不相信。

手腕上有新的伤痕,但很轻微,没什么大碍。

这时,小雨的母亲从另一个卧室出来了,神色慌张。

"你为什么不接我们的电话?"高中部部长问她。

"我很久都没有电话了。"我们不和她争辩。因为前天她还在和班主任联系,刚才一直都在和她丈夫联系。小雨的继父站在那里,表情极不自然。

"像你们这样,我们惹不起,请你们尽快到学校来办理退学手续!"高中部部长甩下一句话,我们离开了。

简直把我们当猴耍! 一路上,大家愤愤不平。

五

深夜十一点半,我回到家。思绪难平,彻夜难眠。

这几年,耳闻目睹太多孩子的心理和品行问题,父母痛不欲生、老师焦头烂额,一个又一个正值花季的生命宁愿抛弃父母和这个美好的世界而去。一个个严重心理疾患的孩子,就是悬在老师和学校头上的"不定时炸弹"! 而作为学校、作为老师,有时候我们又是那样的无能为力和无可奈何。哪一天,哪一颗炸弹被一丁点儿火星引爆了,学校又得好一段时间鸡犬不宁、劳民伤财。这是我们不能承受的教育之痛。

是谁造就了一个又一个的"小雨"？

这些年,我们一直在反思,我们的教育到底出了什么问题？应试教育,重点学校制度,教育产业化,高校盲目扩招,形式化的教育教学改革……学校和老师被裹挟在功利化教育的道路上渐行渐远,美其名曰"为了孩子更好地适应现实生活"和"更美好的未来生活"。然而,"教育的目的是让学生摆脱现实的奴役,而非适应现实"①。负责任的学校、存良知的教师、有远见的家长,仍然"可以为自己的学生和孩子创造一个尽可能好的小环境,把大环境对他们的危害缩小到最低程度"②。

几乎每一个"小雨"的背后,都有一个特殊的家庭或从小受到了不良的家庭教育。冰冻三尺,非一日之寒。百分之八九十的跳楼、跳河或其他方式自杀自伤的孩子——要么从小父母离异,生活在单亲、重组家庭,说不完的痛苦,抹不去的阴影;要么从小留守在家,隔代抚养、寄人篱下,遣不完的孤独,道不尽的辛酸;要么父母品行不端、行为不检点,看不惯的现象,让孩子不堪忍受;要么家长在物质上无微不至,功课上步步紧逼,精神上麻木不仁,③孩子压力山大,有苦难言……一场场揪心悲剧的上演,一个个年轻生命的消失,难道还不足以让我们警醒吗？孩子的第一所学校——家庭,孩子的第一任老师——父母,如果已经让一棵幼苗长成了畸形或让孩子人生第一粒扣子扣歪了,即便学校和老师付出再多的努力,有时候也难以扭转乾坤。

我想对"小雨们"的父母说——年轻时不要视婚姻为儿戏,说离就离。其实,受伤害最大的是子女,一旦孩子的心理和教育上出现严重问题,你们会终生悔恨不已。成家后为了事业、为了生计而四处奔波,原本无可厚非,但从孩子降生的那一天起,你们就要考虑孩子的教育问题,"教育子女也是事业中的一部分"④。无论你现在或是将来给孩子再多的物质、金钱上的安慰,你都无法弥补孩子在亲情和教育上的缺失。"你这个满身铜臭之人,你以为用钱就可以给你的儿子找到另一个父亲吗？"那么,"谁来教育我的孩子呢？""只有你自己"。⑤在中小学幼儿园教师"集体女性化"的情况下,父亲的教育愈发显得重要,但现实中父亲在家庭教育中缺位的情况十分普遍。"儿童需要爸爸。"⑥在卢梭看来,一个父亲对人类有生育人

① 周国平.周国平致教师:点亮孩子的心灵[M].杭州:浙江人民出版社,2022:4.
② 周国平.周国平致教师:点亮孩子的心灵[M].杭州:浙江人民出版社,2022:16.
③ 周国平.愿生命从容[M].北京:北京十月文艺出版社,2015:157.
④ 刘国正.叶圣陶教育文集(第二卷)[M].北京:人民教育出版社,1994:45.
⑤ 卢梭.爱弥儿(精选本)[M].彭正梅,译.2版.上海:上海人民出版社,2011:13.
⑥ 阿莫纳什维利.孩子们,你们生活得怎样？[M].朱佩荣,高文,译.2版.北京:教育科学出版社,2005:93.

的义务,对社会有培养社会人的义务,对国家有造就公民的义务,而生养孩子只完成了他三分之一的任务。①

我想对"小雨们"的父母说,既然为人父母,就要承担起另外三分之二的责任——多陪伴孩子和关心孩子的教育,家庭成员"要像朋友一样在一起生活"②。给孩子一个温馨、和睦、友爱的家庭环境,不能只顾自己潇洒自在。"教育始于生命的诞生。"③

当孩子的生命力逐渐旺盛起来,他"总想搞乱他所看见的一切;是他能拿到的物品,他都把它打个粉碎;他像捏碎一块石头似地把小鸟捏死了,他还不知道他干了什么!"④因此,在孩子还在婴幼儿时期,就要辨别他们哪些欲望是自然产生的,哪些是由心里想出来的,给予他们生理、体力、安全方面真正的帮助。"绝不能依从他们胡乱的想法和没有道理的欲望","少让他们养成驾驭他人的思想,让他们自己多动手,少要别人替他们做事"。⑤

当孩子第一次出现心理、品行问题时,父母要及时纠正,不要任其发展到不可收拾的地步。否则,父母会为当初对孩子的放纵、溺爱、迁就酿下苦果,终有一天和孩子一起吞下。"自己在泉水的源头播撒了毒药,日后亲自喝到苦水,却又感到大惑不解。"⑥而另一方面,父母"将他们变成了劣迹斑斑的顽童,却又愚蠢地希望他们长成谦谦君子"⑦。以为学校教育是万能的,能解决孩子所有的教育问题。一旦孩子出现问题,父母更要勇敢坚强地面对,回避、甩锅都解决不了问题,只会毁掉孩子的一生。毕竟,从教育关系而言,老师和孩子是暂时的,而父母却是终身的。

我想对"小雨们"的父母说,给孩子一个美好的童年,是为孩子开掘一生的幸福源泉,这是为人父母的责任,也是最好的教育方式。父母给孩子最深沉的爱,不仅是物质上的,更是精神上的,"因为饱了他们心灵的饥饿,暖了他们心灵的寒冷了"⑧。如果"童年不幸,一生也别想幸福","若童年是快乐的,那么,即使以后人生是不幸的,至少这段幸福时光,会为以后的生活准备活力和生命力"。⑨童年的生

① 卢梭.爱弥儿(精选本)[M].彭正梅,译.2版.上海:上海人民出版社,2011:12.
② 阿莫纳什维利.孩子们,你们生活得怎样?[M].朱佩荣,高文,译.2版.北京:教育科学出版社,2005:92.
③ 卢梭.爱弥儿(精选本)[M].彭正梅,译.2版.上海:上海人民出版社,2011:16.
④ 卢梭.爱弥儿(精选本)[M].彭正梅,译.2版.上海:上海人民出版社,2011:21.
⑤ 卢梭.爱弥儿(精选本)[M].彭正梅,译.2版.上海:上海人民出版社,2011:23.
⑥ 洛克.教育漫话[M].杨汉麟,译.北京:人民教育出版社,2006:30.
⑦ 洛克.教育漫话[M].杨汉麟,译.北京:人民教育出版社,2006:31.
⑧ 叶圣陶.叶圣陶教育文集(第二卷)[M].北京:人民教育出版社,1994:46.
⑨ 卢梭.爱弥儿(精选本)[M].2版.彭正梅,译.上海:上海人民出版社,2011:序10.

活令我们终生难忘,即使人到中年仍历历在目,梦中也会经常回到儿时生活的那些场景——广阔的原野、碧绿的稻田、有趣的游戏、和伙伴儿奔跑嬉戏、与父母紧紧相依……正如柯灵《乡土情结》所描述的那样:

> 人生旅途崎岖修远,起点站是童年。人第一眼看见的世界——几乎是世界的全部,就是生我育我的乡土。他开始感觉饥饱寒暖,发为悲啼笑乐。他从母亲的怀抱,父亲的眼神,亲族的逗弄中开始体会爱。但懂得爱的另一面——憎和恨,却须在稍稍接触人事以后。乡土的一山一水,一虫一鸟,一草一木,一星一月,一寒一暑,一时一俗,一丝一缕,一饮一啜,都溶化为童年生活的血肉,不可分割。

小雨,我也想告诉你,生活是残酷的,每一个人甚至一个动物的成长都会面临重重考验。我们每个人都孤独地漂泊在人生的大海上,都会领略"生的乏味"和"死的恐惧",但"无论生活以怎样的方式向你走来,你都必须接受它,尽可能地享受它"①。生命是宝贵的,你不能轻易拿来开玩笑。你的谎言也好、威胁也罢,你也终将为你的任性付出代价。为什么我们宁可相信你发出的一条条信息是真的?那是我们的职业良知——不能让花季的生命凋谢在人生的春天里。哪怕你的父母不管你或管不了你!

决定你是谁的最强大因素来自你的内心,将自己从精神奴役中解放出来,只有我们自己才能解放我们的思想。②小雨,请原谅老师的无能为力,因为现在唯一能拯救你的是你自己!

---

① 周国平.愿生命从容[M].北京:北京十月文艺出版社,2015:195.
② 塔拉·韦斯特弗.你当像鸟飞往你的山[M].任爱红,译.海口:南海出版公司,2019:307.

尾声

"逼"自己成长:
反思性实践永葆教师生命活力

在30年短暂而又漫长的教育生涯中,我常常在教育理想与现实的矛盾中痛苦地煎熬。正如佐藤学所描述的那样,"一方面是沸沸扬扬的教育改革舆论和政策的实施,另一方面,在现实的学校中,学生、教师和家长的混乱和迷惘愈益严重"①,"在教育实践中直面儿童、文化与社会的对峙,不断地设问自身存在的意义"②。教师让自己的生命发光,照亮学生前行的路,为何自己却一天天黯淡下去? 教师年复一年、日复一日地重复劳动,职业的倦怠感日益严重,怎样找到职业的幸福感? 一个普通的中小学教师,怎样升华自己生命的价值和意义? 在无数次迷惘中,我默默地吟诵纪伯伦的诗句:

生活的确是黑暗的,除非有了渴望;

所有渴望都是盲目的,除非有了知识;

一切知识都是徒然的,除非有了工作;

所有工作都是空虚的,除非有了爱……

带着爱去工作,是我们摆脱内心黑暗走向幸福生活的秘诀。

首先,要热爱自己的职业,慢慢把职业变成自己的事业。或许,当初我们从事教师职业是被迫无奈的选择;或许,从教之初也有过不甘终身做教师的挣扎。但如果你做过各种尝试与努力之后依然还站在讲台上,那么就要静下心来,去寻找教师职业的价值与意义。

其次,要热爱学生。教师的爱有什么特点? 除了态度和责任之外,更需要教育的眼界、方法和智慧。教师应该选择与自己的力量不相称的远大目标,因为只有这样,他才能使自己的学生和本人变得高尚起来。超越他本人力量的目标将使他成为一个乐观主义者、不懈的探索者和充满着高昂的激情的人,这样,他才能无

---

① 佐藤学.课程与教师[M].钟启泉,译.北京:教育科学出版社,2003:中译本序2.

② 佐藤学.课程与教师[M].钟启泉,译.北京:教育科学出版社,2003:206.

所不能地去创造。①教师带着智慧去工作，那是对学生最深沉的爱。

教育智慧从何而来？实践出真知，反思出智慧，教育的智慧需要我们持续地熬炼。不断学习、勤于反思、勇于探索应该是教师生活的常态。或者说，教师生活的本质就是自觉地过一种研究的生活，这种研究更多是草根式、不带功利性的，通过研究不断"逼"自己成长，永葆教师生命的活力。正如苏霍姆林斯基所言，如果你想让教师的劳动能够给教师一些乐趣，使天天上课不致变成一种单调乏味的义务，那你就应当引导每一位教师走上从事一些研究的这条幸福的道路上来。②

朱永新的新教育实验认为，教师特别是新教师成长有"吉祥三宝"：一是以阅读为基础的"专业引领"模式，站在大师的肩膀上前行；二是以写作作为基础的"研究反思"模式，站在自己的肩膀上攀登；三是以同伴互助为基础的"教育生态"模式，站在集体的肩膀上飞翔。即，通过专业阅读、专业写作、专业发展共同体来自我培训。余文森教授在论述学生应具备的关键能力时指出，不会阅读的学生是潜在的"差生"，不会思考的学生是没有潜力的学生，不会表达的学生是没有影响力的学生。③同样的道理，教师发展更需要具备三种关键能力：阅读、思考和表达的能力。正如张爱军博士所说：

唐僧不上路，就取不回如来的真经；

教师不研究，就遇不到更好的自己！

一、"逼"自己读：在反思性阅读中提升教育素养

课程改革，成也教师，败也教师。正如朱永新先生所说，一次次改革之所以最终走入形式主义的老路而成效甚微，根本原因在于教师专业素养的不足。④没有教师的核心素养，就难以培养出学生的核心素养。我们欣喜地看到，近年来，越来越多的硕士、博士等高学历人才投身基础教育事业，年轻一代的中小学教师学历越来越高。但高学历不一定代表高素养，教师需要读书来不断提升学科素养和教育素养。教师应该首先是一个读书人。什么是读书人？就是一辈子爱读书的人，就是以读书为乐的人，为生活方式的人。⑤重视教师成长的学校会"逼"教师读书，当然更需要我们"逼"自己读书。

首先，要培养广泛的阅读兴趣和坚持不懈的阅读习惯。广泛涉猎文学、历史、

① 阿莫纳什维利.孩子们，祝你们一路平安[M].朱佩荣，译.2版.北京：教育科学出版社，2005：225.
② 苏霍姆林斯基.给教师的建议（修订本全一册）[M].杜殿坤，编译.2版.北京：教育科学出版社，1984：494.
③ 余文森.核心素养导向的课堂教学[M].上海：上海教育出版社，2017：18-21.
④ 朱永新.心灵的教育[M].合肥：安徽教育出版社，2009：311-312.
⑤ 周国平.周国平致教师：点亮孩子的心灵[M].杭州：浙江人民出版社，2022：167.

哲学、艺术、科技等书籍,有助于我们开阔视野、增长见识、厚植底蕴,同时积累教育教学的资源和素材,为学生阅读作示范引领。有些书籍看似与教育无关,其实都可以找到与教育的联系,让我们跳出教育看教育。如,周国平的散文《善良丰富高贵》《愿生命从容》等,除了让我们深入思考生命的价值和意义,还在直接论述教育的现象和哲理。又如,林语堂先生的《苏东坡传》、刘慈欣的《三体》等,语文老师、历史老师、科学老师、艺术老师阅读的视角、关注的重点、个人的体验可能各不相同,但都可以找到与本学科教学的联系。

党的二十大报告指出,要"加快建设教育强国、科技强国、人才强国","建设全民终身学习的学习型社会、学习型大国"。教育是传授已知、更新旧知、开掘新知、探索未知的事业,这就决定了教师更应该是一个终身学习者。我的家族每代人都有医生,与医生的职业相比,教师最多只能算半个专技人员。医生开错方、抓错药,是会死人的,病人和家属会找医生索命。医生必须长期坚持学习,因为新的疗法、新的药物日新月异。一个教师,如果总是在低效的课堂浪费学生宝贵的青春时光,如果仅靠一味布置大量作业、无休止地挤占学生的时间来提高教学成绩,如果面对一个具体的教育情境开出错误的教育处方,把学生引向歧途,虽然不会立即死人(有时也会死人),却也无异于谋财害命!因此,格鲁吉亚教育家阿莫纳什维利不断提醒自己,也是在告诫我们每位教师:"要谨慎!别出差错!别损害儿童!"他认为教育灵感的源泉有三:每天与之交往的儿童,同事的经验和热情,"啃"学者和伟大思想家的著作。[①]

法国思想家狄德罗说过,"人不再阅读之日,就是他的思维停止之时"。再忙,读书的时间还是可以挤出来的,更何况教师还有令人羡慕的寒暑假。年轻教师要抓住精力、记忆力、领悟力最强的黄金时期,每天少刷一会儿抖音微信,多挤一点儿时间阅读经典名著。

其次,教师需要专业的阅读,特别是要重视教育教学理论书籍的阅读。和大多数教师一样,我最初也是不屑于读教育教学理论专著。一方面以教育教学工作繁忙为理由,为不读书寻找借口;另一方面片面认为很多理论书是形而上的逻辑推演,脱离教育教学实际,对一线教学并没有多大的帮助,理论书籍枯燥无味、晦涩难懂,看不了几页就要打瞌睡,倒不如看点儿教学专业杂志上的名师课堂实录、教学案例更实在更实用。那时的我真是既短见又狭隘,所以只能在原地打转甚至迷失方向。其实,我们在教育教学实践中的那些困惑和问题,前人和优秀的同行早有定论,只是我们不知道而已。很可惜,在我们身边,常年不读一本教育专著、

---

① 阿莫纳什维利.孩子们,祝你们一路平安[M].朱佩荣,译.2版.北京:教育科学出版社,2005:7,14.

不订阅一本专业杂志的教师大有人在。"教师离弃书籍的现象严重。"[1]有的教师善于模仿、移植他人的成功课例和教学经验，通过磨课、赛课快速成长，精于研课却疏于读书，"一课成名"却似"昙花一现"。

直到最近十来年，我才对理论书籍产生兴趣，主要原因有三：一是在教育教学实践中经常碰到诸多困惑和问题，需要通过学习理论来指导自己的实践；二是怕在与专家名师对话、与优秀的同事交流时说外行话，被人耻笑；三是想写点儿东西的时候，常常是萝卜炒萝卜，索然寡味儿，深感浅薄和苍白。正如黄庭坚所说，一日不读书，尘生其中；两日不读书，言语乏味；三日不读书，面目可憎。当一头钻进理论书籍的海洋之中，才知大海无边，何其辽阔！当初读师范时学的教育学、心理学、教学法，随着教育的改革和发展不知已经更新了多少个版本，国内的、国外的、闻所未闻的，更别说课程论、教学论、学习论、教师论、学生论、实践论等层出不穷的新探索、新理论、新成果。

最后，阅读还要讲究一定的方法和策略。教师的时间很宝贵，读书不能贪多求快，需注重实际的收获。一是有计划地阅读。一个学年、一个阶段重点读哪些书，泛读哪些书，心里要有个大致的规划。每年读几本，日积月累，集腋成裘，水滴石穿。二是带着问题思考读。当我们在教育教学中遇到困惑时，或者专注思考某一个教育教学问题时，要有意识地去寻找和阅读相关的书籍、最新的研究成果。李海林校长说，"世界上没有一本书是处方，可以解决你所有的问题"。要善于综合大家的意见，联想自己的教育教学行为，是否符合教育的客观规律，错误的行为该如何改进。三是比较性阅读。我喜欢分类买书和读书，一次买几本同类的书，最好是国内和国外的都有。比如，教育心理学、心理健康教育、课程与教学理论、教学设计、核心素养理论等。有时你从一本书或一篇文章引用的文献中，又可以找出一大堆相关的文章和书来。在逐本浏览的基础上进行比较，重点关注最新的研究成果和权威的理论，精读一两本，力争一个问题一个问题地理解透彻。四是以写促读反复读。书到用时方恨少，平时休闲式的阅读，看似无用，但当我们想表达对某个教育问题的见解时，你会想起那些曾经读过又印象模糊的书，这时翻箱倒柜也要找出来，反复地阅读、研究重点的章节。只有通过写，才会不断加深对理论的理解。书读得越多，越有写的冲动；越是想写，越需要不断地阅读。

此外，我们还要在实践中运用和检验理论，验证理论的真伪和实际效果，不唯书、不唯上、不迷信、不盲从。如果是教育的真理，可让我们少走一些弯路；如果发现其中的谬误或缺陷，可以创造性改造，产生自己独特的教育思想或智慧。这样，

① 佐藤学.学习的快乐——走向对话[M].钟启泉，译.北京：教育科学出版社，2004：362.

我们就将"理论性知识"转化为"实践性知识"。

二、"逼"自己思:在反思性实践中积累实践知识

教师工作繁杂而无边界。一方面要备课、上课、批改作业、管理班级、处理教育教学过程中的各种偶发事件,为了学生的应试成绩不输于人而焦头烂额,为了学生的安全健康而提心吊胆,"大凡牵涉儿童生活的一切问题都作为教师的责任担当起来";另一方面,还要应付来自各个方面的各种非教学的事务性工作,各种形式的检查、评比、考核、继续教育等麻烦事情。"教师的工作无论在时间、空间上都具有连续不断地扩张的性质","这种职域与责任的'无边界性'带来了教师日常生活中的繁杂、教职专业的空洞化和职业认同的危机"。①教师在疲于应付中缺少思考的时间和空间,逐渐变成了机械的劳动者、思想的懒惰者,只管埋头教书,忘了抬头看路,疏于自我反思。正如苏格拉底所说,未经省察的生活是不值得过的。教师工作的专业属性注定它是一个终身的反思性实践者,它让教师的工作和生活充满价值感。

我国《小学教师专业标准(试行)》的基本理念之一是"能力为重",要求教师"把学科知识、教育理论与教育实践有机结合,突出教书育人实践能力;研究小学生,遵循小学生成长规律,提升教育教学专业化水平;坚持实践、反思、再实践、再反思,不断提高专业能力"②。美国《教师专业化基准大纲》(1989)认定的教师专业活动包括五个方面:教育学生,照料他们的学习;了解学科内容与学科的教学方法;管理学生的学习并提出建议;系统地反思自身实践并从自身的经验中学到知识;是学习共同体的成员。③中美教师专业标准都强调反复地、系统地反思自身的实践是教师提升专业能力的重要途径。

真正的反思绝不是对细枝末节的零敲碎打,而是思考另外一种可能。反思含有对行动方案进行深思熟虑、选择和作出抉择的意味,反思的时机可分为行动前、行动中、行动后三个方面。

行动前的反思,又包括两种类型:一种是对需要处理的一些具有挑战性的、困难的、令人困惑的情境采取具有教育意义的行动之前的期望性反思。比如,打算对某个品行、学习等方面存在严重问题的学生采取帮助和教育行为时,对该学生

① 佐藤学.课程与教师[M].钟启泉,译.北京:教育科学出版社,2003:213.
② 中华人民共和国教育部.教育部关于印发《幼儿园教师专业标准(试行)》《小学教师专业标准(试行)》和《中学教师专业标准(试行)》的通知[EB/OL].(2012-09-13)[2023-03-13].http://www.moe.gov.cn/srcsite/A10/s6991/201209/t20120913_145603.html.
③ 佐藤学.课程与教师[M].钟启泉,译.北京:教育科学出版社,2003:245-246.

的行为问题产生背景原因、打算采取何种措施、拟寻求哪些资源,以及对这些措施和行为会出现怎样的教育效果等方面进行前期分析和预判。另一种是对以任务为中心的课程计划、教学设计进行系统的反思。我们应预设和想象所设计的每个教学流程、教学活动、提问、练习、作业等,学生可能会出现的反应、理解、困难、问题,以及我们采取何种弥补措施去应对,才能更好地达成预期的教学目标。

行动中的反思,我们可以将其看作现场决策式的反思。譬如医生看病,病理学、药理学、处方用药等知识是装在他的脑海中的。当医生面对真实的病人时,他会通过望闻问切和仪器检查结果,判断疾病类型,得出诊断结论,然后决定如何用药。教师在实施具体的教育教学计划时,无论课备得多么好、准备有多么充分,但"教室里的生活是充满偶发性的,每一个时刻都是一个具体的情境"[①]。这需要教师根据学生的反映、情境的变化,适时决策下一步的行动策略,"教师在不断变化的情境中要不断地采取行动","这种不断地行动可能就像一种当机立断"[②]的智慧性行动。

行动后的反思,又称追溯性反思,教师通过回忆并理性思考自己的教育教学行为、过程、方法、策略等是否恰当。如,我应该(打算)怎么做,可我实际是怎么做的? 实际的效果是否达成了预期的目的? 哪些处理是成功的,有什么经验值得总结? 哪些是失败的,接下来我将采取怎样的补救措施? 学校要求教师在每份教育教学方案的最后一条写上自我反思,但很遗憾,大多数教师的反思栏都是空白。

实践,反思,再实践,我们努力让自己从一个"教书匠"转型为"反思性教育实践者和创造者"。这种以教师个人经验为基础,以案例研究为载体,以问题解决为目的,综合多种学术领域知识所获得的熟虑的、经验性的实践性知识,具有鲜明的个性,在教育教学决策中发挥显性和隐性作用。反思性实践者的实践性知识包括五个部分:行为过程的认识(默会知识),行为过程的反思,同情境的对话,关于行为过程的认识与反思,同反思性情境的对话。

杜威说:"哪里有反思,哪里就有悬而未决的事。"行当所行,止当所止。教师要摒弃伪善、权势、卑屈、狭隘的"非人性"文化,不要用"滑稽的教育方法"高居学生中间;不要受机械的原理所控制,被囚禁在"蛋壳结构"般的课堂,依附于世俗的权势和权力,相互孤立,彼此对立;要通过一生的努力使自己成为一名真正的教师,不要在繁杂的工作中燃尽自己,形容枯槁,精神萎靡……当一个教师有了自己的教育思想和智慧时,就形成了自己的教育风格。有了自己的风格,就会有教育

① 马克斯·范梅南.教学机智:教育智慧的意蕴[M].李树英,译.北京:教育科学出版社,2001:149.
② 马克斯·范梅南.教学机智:教育智慧的意蕴[M].李树英,译.北京:教育科学出版社,2001:145.

的定力，从而在实践中坚守自己的原则和底线——为了学生更好地发展，把顾客——学生的幸福置于最高价值。

三、"逼"自己写：在反思性研究中升华教育的智慧

读书、实践、反思只是教师专业成长的过程，最终目的是改变自己的思维和行为方式，形成独特的教育教学智慧。魏书生认为教师劳动有三重收获：收获各类人才、收获师生真挚的感情，收获创造性的劳动成果——科研成果[1]，满足自我实现的需要——作为人的最高层级的需求。实现这一目标离不开一个重要的手段——写作——不断地总结、提炼、积累反思性研究成果，将经验概括化，实践理论化。写作的过程是一个思考的过程，是一个不断解剖自己教育生活的过程。

教师如何做反思性实践研究？

从研究的目的上看，是"为我"研，不是"我为"研，不趁时髦，不为应景，不急功近利，是为了提升自己的专业水平，积累实践经验和智慧；是为了解决教育教学中的实际问题，改进自己的实践，提升教育教学质量。"只有实践者最有资格研究实践"。从某种意义上说，教师的专业化程度往往取决于其对待研究准则和研究过程的探究态度。能否设计得好、实施得好、教师教得好、学生学得好，很大程度上取决于是否具有反思性探究精神，也是能否建构富有成效的教学行动的首要环节。[2]

从研究的对象上看，前面提到的中美教师专业标准界定的教师研究对象大致包括三个方面：学科教学内容及方法、学生、教师自身实践，也就是教育的三个主要的要素。首先，教师自己既是研究的工具又是研究的对象，以自己的实践为基础，不求诸人，反求诸己，研究自己的教育思想观念、行为方法、实践经验；其次，研究学生特点及成长规律，所谓知己知彼、百战百胜；再次，研究学科课程标准、教材、教法、教育的外部环境及其变化等。向儿童学习、向教材学习、向同事学习、向社区学习，从自身的经验中持续学习的步伐，构成了教师的人生。[3]

从研究的方法上看，要以问题为导向。问题源于教师教育教学中的困惑，小问题、小切口，"Small is beautiful！"，要善于运用观察、调查，写日志、叙事、教学反思、教学案例和课例等教育研究的方法。教师的实践性研究离不开两个重要的工具：思维方式和写作方法。佐藤学通过调查和对比研究，总结了资深教师实践性思维方式的五个特点：应对时刻变化的即兴思维，对于问题情境的主体式的感性

---

[1] 魏书生.班主任工作漫谈[M].2版.桂林：漓江出版社，2005：34-37.
[2] 钟启泉，汪霞，王文静.课程与教学论[M].上海：华东师范大学出版社，2008：182-183.
[3] 钟启泉.核心素养十讲[M].福州：福建教育出版社，2018：101.

的深究式的参与,问题表象中的多元视点的统整,问题表象与解决中的背景化的思考,实践过程中问题的不断建构与再建构。①

但一说到写东西我们就感到头疼,很久不写,笔墨生锈,提笔难书,于是教师普遍患上"失语症"。其实,教师写东西就像我们要求学生写作文那样:我手写我口,我手写我心,从易到难,循序渐进。可以先从"记"入手,把自己观察或做的事如实地记录下来,如,教育备忘录、日志、日记、随笔、心得等。可采用描述性记录,把故事要素记完整,把细节记清楚;也可用解释性记录,在描述的同时写下自己的感受、思考、假设、反思等。好记性不如烂笔头,日积月累,贵在坚持,为日后进一步的研究不断积累素材。朱永新先生曾提出一个"朱永新成功保险公司"计划,要求老师用心记录生活,每天最少记录1000字,坚持10年后保证其成为一个优秀的教师,他自己也是如此做的。据说,李镇西老师坚持每天记5000字教育叙事,即便出差也不例外。

有了大量的一手记录材料,有时间就可以静下心来对原始材料进行梳理和总结,拓宽自己的理论视野,再反观自己的实践,寻求对现象和经验的超越。有了思维的碰撞和灵感,从问题提炼出研究的专题或课题,于是就上升到理性表达的阶段。从教育叙事、案例研究、经验总结上升到教育论文、研究报告写作的高度,写出个性化的语言,写出自己独特的见解。如徐汇中学曾宪一校长所说,"见人所未见,言人所未言,发人所未发;别人虽有言,另寻角度言,更加深入言"。

教育叙事是中小学教师开展教育教学研究最可行、最有效的方式。我们置身于教育教学实践的真实场景当中,每天都有故事发生,长年累月,每位教师都可以讲一大堆教育故事。但仅仅停留在讲故事的层面是远远不够的,因为每位教师、每个故事的发生都是在特定的环境背景、特殊的对象上发生的。"如果无法超越特例,那这一个个故事就仅仅是相互独立的逸闻趣事,而不能为学习理解和学习环境设计添砖加瓦。"②因此,需要我们从故事到事实,再到陈述事实。

陈述事实是通过一系列的反思性行为产生的,与教育的主体、客体、环境、自身展开多重交互对话。通过事实背后的原因分析,找到潜在的规律,揭示案例背后的启示,将情境化的故事变成拥有教育现实意义的价值观点,既描述情境化的故事,又做到经验远离(experience-distance)—经验接近(experience-near)—帮助自身或他人在工作中借鉴和利用。运用"微小归纳法",在不同的节点与链接中通过辩论法探究事实的原因,然后将其聚合起来,建构一个事实的"网络";通过"多

① 佐藤学.课程与教师[M].钟启泉,译.北京:教育科学出版社,2003:243.

② R.基思·索耶.剑桥学习科学手册(第2版)[M].徐晓东,杨刚,阮高峰,等译.北京:教育科学出版社,2021:169.

重扎根法",让许多观点相互重叠,以达到理论的"饱和"。"无论是理论还是事实,一旦能够具有超越特殊(the particular)的能力,即能够基于一般原理但又独立于任何其他的特例,就会变得无比的强大。"①

教师专业成长不是为获得某种身份地位、荣誉称号、职务标签,而是教师对教育教学认识的提高与深化,是教师对教育情境的洞察,是教师专业生涯的责任感和幸福感。②读书、实践、反思、研究、写作都是教师专业成长的外延,其真正内涵是教师养成了实践智慧,最终成为智慧型教师和具有教育家精神的教师。

《左传》曰:"太上有立德,其次有立功,其次有立言,虽久不废,此之谓不朽。"作为一位普通的中小学教师,我们不求立德立功,但求问心无愧;我们不求"救世和改造社会",但求"自救和个人完善"。我们只有潜心钻研教育教学,才会有立言出彩的机会,也才会有教育报国梦想成真的机会。虽然大多数教师可能终身默默无闻,也不会获得极高的职称或荣誉,但一个终身进行创造性劳动的教师,以智慧开启学生更美好的未来,将会永远得到学生的拥戴、家长的口碑——那是对教师的最高奖励。为自己良心、才能、生命做的事,即使没有一个人承认,也丝毫无损。③

"我之所以感到幸福,因为我在斗争。"④与顽劣的学生斗智斗勇,与低效无效的教学行为斗嘴斗舌,与违背教育规律、坑害学生成长的人和事明争暗斗。

"我们都生活在阴沟里,但我们中有些人仰望星空。"(王尔德名言)最后,借用印度民族解放运动领导人甘地的一句名言来概括教师的成长:

> 信念变了,思考才会变;
>
> 思考变了,语言才会变;
>
> 语言变了,行动才会变;
>
> 行动变了,习惯才会变;
>
> 习惯变了,人格才会变;
>
> 人格变了,命运才会变。

---

① R.基思·索耶.剑桥学习科学手册(第2版)[M].徐晓东,杨刚,阮高峰,等译.北京:教育科学出版社,2021:168-170.

② 邓友超.教师实践智慧及其养成[M].北京:教育科学出版社,2007:5.

③ 周国平.愿生命从容[M].北京:北京十月文艺出版社,2015:25.

④ 阿莫纳什维利.孩子们,祝你们一路平安[M].朱佩荣,译.2版.北京:教育科学出版社,2005:15.